PHILOSOPHIE DES MATHÉMATIQUES

COMITÉ ÉDITORIAL

Emmanuel CATTIN

Sandra LAUGIER

Michel MALHERBE

assisté de
Gaël KERVOAS

TEXTES CLÉS

PHILOSOPHIE DES MATHÉMATIQUES

Ontologie, vérité, fondements

Textes réunis et présentés par
S. GANDON et I. SMADJA

Traductions par
Anne-Marie BOIVERT, Sébastien GANDON, Bruce HALIMI,
Igor LY, Sébastien MARONNE, Ivahn SMADJA ,
Benoît TIMMERMANS

PARIS
LIBRAIRIE PHILOSOPHIQUE J. VRIN
6, place de la Sorbonne, V^e
2013

P. BENACERRAF, « What Numbers Could not Be », *The Philosophical Review*, Vol. 74 , No. 1
© 1965, Philosophical Review. All rights reserved.
Translated by permission of Duke University Press.

P. BENACERRAF, « Mathematical Truth »,
Journal of Philosophy, 74 (1973)
© Paul Benacerraf, with kind permission of Columbia University Press.

H. PUTNAM, *Philosophie de la logique*, trad. fr. P. Peccatte
© Éditions de l'éclat, 1996.

H. PUTNAM, « Realism in the Philosophy of Mathematics »,
Mathematics, Matter and Method, 1975.
© Cambridge University Press 1975, 1979, translated with permission.

H. FIELD, *Science without Numbers : a Defence of Nominalism,*
Princeton University Press
© Hartry Field 1980, with kind permission.

M. STEINER, « The Application of Mathematics to Natural Science »,
Journal of Philosophy, 86 (1989)
© Mark Steiner, with kind permission of Columbia University Press.

R. HECK, « Introduction au théorème de Frege », trad. fr. L. Perrin,
in M. Marion et A. Voizard (éd.), *Frege : Logique et philosophie*
© L'Harmattan, 1998.

M. DETLEFSEN, « Brouwerian Intuitionism », *Mind*, XCIX
© Mind Association, 1990. By permission of Oxford University Press.

© *Librairie Philosophique J. VRIN*, 2013
Imprimé en France
ISSN 1639-4216
ISBN 978-2-7116-2478-2
www.vrin.fr

INTRODUCTION

Le compagnonnage entre la philosophie et les mathématiques ne date pas d'hier. Depuis les Grecs, presque tous les grands courants de la philosophie occidentale (la philosophie médiévale, les penseurs de la Renaissance, Descartes et les post cartésiens, les Lumières et les Encyclopédistes français, Kant et les post kantiens, Husserl, la philosophie analytique) ont vu dans les mathématiques, selon les cas, un objet d'étude privilégié, une voie d'accès à la philosophie, une source d'inspiration méthodologique. Certes, il y a de grandes philosophies qui ne partagent pas cet enthousiasme pour les mathématiques : l'épicurisme antique, l'empirisme anglais, par exemple. Mais les philosophes de ces écoles n'ont pas pour autant ignoré le sujet. Au contraire, il est bien établi que certains développements dans les *Eléments* d'Euclide et dans les écrits mathématiques postérieurs sont un effort pour répondre aux objections des philosophes sceptiques, remettant en cause précisément la validité de tels ou tels résultats ou de telles ou telles procédures. Il est aussi bien connu que Berkeley a été le premier à critiquer la façon dont Leibniz justifiait le calcul différentiel. La philosophie de Hegel fournirait encore une autre illustration d'un rapport distancié de la philosophie aux mathématiques. Que l'on songe aux remarques de la *Science de la Logique* (1812-1816) sur la *Théorie des fonctions analytiques* (1797) de Lagrange ou les *Disquisitiones Arithmeticae* (1801) de Gauss. Nombreux sont les exemples qui tendraient ainsi à accréditer l'idée que, d'une manière ou d'une autre, les philosophies d'envergure ont eu à se confronter aux mathématiques de leur temps comme à un régime concurrent ou auxiliaire de la rationalité.

On pourrait distinguer quatre modalités selon lesquelles les relations entre mathématiques et philosophie se sont nouées dans l'histoire.

Les mathématiques ont d'abord été une source d'inspiration méthodologique pour les philosophes. La preuve mathématique a été considérée comme un modèle de rigueur et la connaissance mathématique comme la connaissance la plus parfaite. Si tous les philosophes ne reprennent pas à leur compte le mot d'ordre « Que nul n'entre ici s'il n'est géomètre » (qui aurait été gravé au fronton de l'Académie, l'école fondée par Platon), de très nombreux ouvrages de philosophie se sont inspirés plus ou moins explicitement des *Éléments* d'Euclide. Le *mos geometricum* de Spinoza n'est ainsi rien d'autre qu'une reprise explicite de ce modèle euclidien. Plus spécifiquement, la matrice de certaines théories très célèbres dérive de l'analyse et de l'interprétation de méthodes mathématiques particulières – ainsi en va-t-il de la théorie du schématisme qui, chez Kant, est liée à une analyse de la structure des preuves euclidiennes.

Il y a une autre sorte d'interactions entre philosophie et mathématiques, symétrique par rapport à la précédente. Les mathématiques, dans les périodes de crises et de renouvellement, ont souvent fait appel à la philosophie pour justifier telle ou telle avancée. L'illustration la plus célèbre d'un tel phénomène est fournie par l'histoire du calcul différentiel au XVIIe et XVIIIe siècles. Les mathématiciens de l'époque s'accordaient tous, peu ou prou, sur les règles gouvernant le nouveau calcul – en revanche, ils s'opposaient fortement sur la manière de concevoir les opérations élémentaires du nouvel algorithme infinitésimal. Une « métaphysique du calcul » censée fournir les explications nécessaires et garantir la légitimité de la nouvelle discipline, s'est alors développée pour répondre à cette exigence de clarification grâce à l'élaboration de cadres théoriques appropriés (les fluxions newtoniennes, les infiniment petits leibniziens). La querelle des fondements au début du XXᵉ siècle fournit un autre exemple de ces entrelacements entre les mathématiques et les réflexions philosophiques – entrelacements qu'un philosophe comme Carnap a entrepris de défaire. Selon cette seconde modalité, ce n'est pas la philosophie qui prend modèle sur les mathématiques, mais les mathématiques qui demandent de l'aide à la philosophie.

Le rapport entre philosophie et mathématiques peut aussi prendre la forme plus distanciée d'une interrogation réflexive sur les spécificités de la connaissance mathématique. Le rapport à l'expérience sensible est, en mathématiques, tout à fait particulier. Les mathématiciens étudient les propriétés d'objets « abstraits » (nombres, ensembles, fonctions, points, etc.) qu'on ne peut ni voir ni toucher – qui ne semblent s'inscrire ni dans l'espace ni dans le temps de l'expérience vécue. Et pourtant, comme le dit Kant dans la *Critique de la Raison Pure*, soumettez au géomètre une question de son ressort, vous le verrez aussitôt s'affairant à tracer des cercles, prolonger des droites, marquer des intersections, appliquer des aires, etc., bref déployer, dans ce temps et cet espace-ci, toute une activité productrice dont les diagrammes tiennent le registre. Comment concilier ces différents aspects ? Ces questions philosophiques, indissociablement liées à la pratique des mathématiques grecques, ont été discutées et diversement argumentées tout au long de l'histoire de la philosophie. Et si l'on en croit Proclus, elles faisaient déjà l'objet d'âpres débats dans l'Antiquité au sein de l'Académie platonicienne. D'un côté Speusippe, fidèle à une certaine orthodoxie platonicienne, affirmait que l'objet de la connaissance mathématique est éternel, immuable et soustrait au devenir, et que donc ces constructions dont les géomètres font si grand cas ne sont rien d'autre que les étapes dont nous avons besoin pour nous élever à la contemplation des essences. De l'autre Ménechme, élève d'Eudoxe et lui-même géomètre, soutenait que les actes de construction sont essentiels en mathématiques et que leur enchaînement engendre bel et bien les objets dont les mathématiques traitent. Mais l'ontologie n'est cependant pas le seul titre auquel les mathématiques posent problème à la philosophie. La connaissance mathématique se caractérise en effet par une forme de nécessité que les vérités relevant des autres branches de la science ne possèdent pas. Si, comme l'écrivait éloquemment J. T. Desanti, « les mathématiques ne sont ni du Ciel ni de la Terre », comment rendre compte de ces spécificités tant ontologiques que gnoséologiques ? Kant, Husserl ou Frege, chacun à leur manière, ont cherché à répondre à ces questions mais en se démarquant des réponses sédimentées tout au long de l'histoire de la philosophie, c'est-à-dire, à chaque fois, en inventant un langage spécifique et en adoptant une perspective neuve qui nous permette de nous les réapproprier. Les philosophes contemporains dont nous proposons ici les textes ne font pas autre chose.

Enfin, et l'on a tendance parfois à l'oublier, il se trouve que certains grands esprits ont à la fois marqué l'histoire des mathématiques et l'histoire de la philosophie. Descartes, bien sûr, Leibniz aussi. Tous deux ont révolutionné les mathématiques et ont marqué de leur empreinte la philosophie occidentale. Sans pour autant rivaliser avec ces deux géants, certains penseurs furent à la fois de grands mathématiciens et des philosophes importants. On peut citer Pascal, d'Alembert, Frege, Poincaré, Weyl, Hausdorff, Brouwer. D'autres esprits ont fait le chemin inverse : philosophes, ils se sont hissés à la hauteur des théories mathématiques de leur temps, jusqu'à proposer des contributions originales. Les noms de Russell, Peirce viennent en tête. Bien entendu, on pourrait faire observer que la distinction entre philosophie et science est relativement récente et qu'il n'est donc pas étonnant que des penseurs aient fait œuvre dans les deux domaines. Mais comme en témoignent les noms cités plus haut, cette porosité entre les deux champs a persisté au XXe siècle.

*

Du point de vue de l'historien de la philosophie, il y a donc un lien étroit entre la réflexion philosophique et le travail mathématique. Mais cette évidence est perdue lorsque l'on adopte une autre perspective. En particulier, les mathématiciens, ou apprentis mathématiciens, sont souvent extrêmement surpris, voire incrédules, lorsqu'ils apprennent que des philosophes, aujourd'hui, prennent pour objet leur discipline. Que dire de plus des concepts mathématiques – nombres, espaces, fonctions, structures algébriques, etc. – que ce qu'en disent les mathématiques elles-mêmes ? Une fois qu'un problème a été résolu, qu'un théorème a été démontré, que reste-t-il d'autre à faire ? Certes, les mathématiques ne se résument pas seulement à prouver des théorèmes, ou à résoudre des problèmes. Unifier différents champs d'étude, refaçonner des théories, élaborer des programmes de recherches, trouver de nouvelles conjectures fait partie intégrante de la discipline.

Mais précisément : ce sont les mathématiciens eux-mêmes qui s'attellent à ces tâches. Nul besoin de demander l'aide du philosophe. Lorsque l'on comprend la solution d'un problème mathématique (par exemple, la duplication du carré, comme dans le *Ménon*), on peut avoir légitimement le sentiment que l'on s'est totalement acquitté de la tâche que l'on s'était assignée, que la réalisation du but est pleine et entière, complète, sans reste, qu'aucune certitude plus haute, eu égard à la question posée, ne saurait être atteinte. Dès lors, aucune exigence supplémentaire ne peut être posée qui n'ait sa source dans un malentendu, une incompréhension quant à la nature du problème étudié, voire une confusion dans les concepts auxquels on recourt pour le résoudre. En mathématiques, la raison est pour ainsi dire chez elle. A la différence de ce qui se passe dans les autres sciences, la transparence n'est ici altérée par aucune référence à un contenu empirique étranger. Pourquoi donc sortir des mathématiques ? Quel point de vue le philosophe pourrait-il prendre sur les mathématiques dont le mathématicien ne puisse pas déjà se prévaloir ?

Il est important de comprendre que ce sentiment de perplexité quant aux compétences spécifiques du philosophe face aux mathématiques n'est pas sans quelque fondement. Comme Brunschvicg[1] l'avait déjà noté, les mathématiques présentent la caractéristique de se réfléchir elles-mêmes : elles peuvent se prendre elles-mêmes comme objet d'étude. Dès

---

1. L. Brunschvicg, *Les étapes de la philosophie mathématique*, Paris, Alcan, 1912 ; réédition Paris, Blanchard, 1993. C'est bien entendu une idée reprise et développée par Cavaillès, notamment dans ses *Remarques sur la formation de la théorie abstraite des ensembles, étude historique et critique*, Paris, Hermann, 1938. Pour une analyse de la question, voir L. Corry, « Linearity and Reflexivity in the Growth of Mathematical Knowledge », *Science in Context*, 3, p. 409-440, 1989.

lors, la question se pose inévitablement au philosophe : si les mathématiques parviennent à prendre soin d'elles-mêmes, quelle nécessité y a-t-il à élaborer une philosophie des mathématiques ?

Reprenons l'exemple de la question du fondement du calcul différentiel aux XVIIᵉ et XVIIIᵉ siècles évoqué plus haut. Comme nous l'avons dit, les mathématiciens cherchèrent, dans une première phase, à étayer les règles du nouveau calcul par des considérations métaphysiques relatives aux infiniment petits ou aux fluxions. Cependant, dans une seconde phase, l'idée que les mathématiques pouvaient se suffire à elles-mêmes et prendre en charge ce qui avait été un temps dévolu à la philosophie s'imposa. Euler puis Lagrange fondèrent le calcul différentiel sur la théorie des séries, Cauchy l'assit ensuite sur une nouvelle théorie de la limite. Cette histoire, dans le détail extrêmement riche et compliquée[1], n'est évoquée ici que pour montrer comment un développement mathématique peut se substituer purement et simplement à une construction philosophique. Le besoin de philosophie des mathématiques n'est peut-être que le symptôme de mathématiques en crise, encore jeunes et non parvenues à maturation – une phase transitoire en somme, destinée à être dépassée.

Une autre raison de prendre au sérieux cette idée que les mathématiques n'ont pas besoin de la philosophie tient à la nature fragmentée des mathématiques actuelles. Jusqu'au XIXᵉ siècle, concevoir les mathématiques comme un régime spécial de connaissance était légitime. Les mathématiques avaient une unité, elles pouvaient être définies comme la science de la

---

1. Voir entre autres A. Dahan-Dalmedico, J. Peiffer, *Une histoire des mathématiques : routes et dédales*, Paris, Seuil, 1986 et H. N. Jahnke (ed.), *A History of Analysis*, U.S.A., American Mathematical Society, 2003.

quantité, *i.e.* la science des nombres et des grandeurs géométriques. Au XXᵉ siècle, cette vision a volé en éclats, sans pour autant qu'une solution alternative ne s'impose définitivement. La révolution algébrique dans les années trente et le Bourbakisme ont un temps accrédité l'idée que la caractérisation des mathématiques comme science des structures pouvait constituer une définition acceptable. Mais la notion même de structure a, depuis lors, fait l'objet de multiples interrogations et le rapport des structures à la théorie des ensembles reste toujours énigmatique. En outre, il n'est pas certain que les mathématiciens prêts à brandir de nouveau l'étendard Bourbakiste soient légion aujourd'hui.

Lorsqu'un philosophe s'avise de prendre les mathématiques pour objet dans un contexte aussi mouvant, la question qui se pose donc d'emblée à lui est celle de savoir de quelles mathématiques au juste il parle. S'agit-il des mathématiques élémentaires, ce socle commun d'arithmétique et de géométrie appris au collège et au lycée ? Ou bien plutôt de mathématiques plus avancées, telles que celles qu'on enseigne à l'université ? Mais qu'est-ce qui est élémentaire ? Les notions ensemblistes ou les bonnes vieilles opérations arithmétiques ? Par quoi commencer ? Que choisit-on d'enseigner, et dans quel ordre, à une époque et dans un contexte donné ? À quelque stade que ce soit, ces mathématiques qui servent de base à l'enseignement ont été façonnées au fil du temps par un jeu complexe d'interactions qui engage aussi bien les acteurs, les institutions que les contenus, et dont résulte en fin de compte la forme stable qu'on leur connaît. Nous n'échappons donc pas à la réflexivité. L'objet que nous croyions naïvement tenir pour acquis se dérobe, et nous n'avons plus que des processus historiques qui se sédimentent, dans une conjoncture donnée, dans des formes institutionnelles d'enseignement et des manuels. On dira alors que pour savoir ce que sont les mathématiques, il faut se tourner vers les mathématiques « en train de se faire », et non vers les mathématiques « faites », bref vers la recherche mathématique dans sa dynamique propre. Mais là encore la prudence serait de mise.

Les mathématiques contemporaines sont en effet un labyrinthe dont personne peut-être n'a, aujourd'hui, une vue d'ensemble. Bien entendu, certaines théories semblent occuper une position plus centrale que d'autres, mais qui gagerait que cette répartition soit définitive ? Chacune des branches en outre fait l'objet de multiples approches, selon les stratégies mises en œuvre, de sorte qu'il serait bien présomptueux de prétendre dégager ne serait-ce qu'une carte approximative du territoire. À la différence de la situation qui prévalait au XVIIIe et au début du XIXe, aucun consensus ne semble émerger à présent sur la façon de concevoir l'unité des mathématiques. Dès lors, l'idée même de considérer les mathématiques comme un régime de connaissance spécifique, douée de caractéristiques propres, semble compromise. Que les mathématiques aient la consistance et la stabilité suffisante pour permettre l'élaboration d'une philosophie *des* mathématiques n'est donc tout simplement plus aujourd'hui une évidence.

Qu'en est-il donc de l'hypothèse, qui n'est pas sans attrait pour qui fait des mathématiques, que les mathématiques se suffisent à elles-mêmes, et n'ont nul besoin de la philosophie ? Quelle que soit leur pertinence, les arguments développés jusqu'ici à l'appui d'une telle idée ne sont cependant pas concluants. Que les mathématiques, dans leur développement, « internalisent » en quelque sorte des problèmes qui, un temps, ont été perçus comme du ressort de la philosophie, ne signifie cependant pas que toute demande philosophique ne serait que le symptôme d'une mathématisation incomplète.

Gardons-nous de toute conclusion systématique en l'espèce. Ce processus même d'internalisation réflexive produit de nouvelles mathématiques qui, à leur tour, pourront, ou non, susciter de nouvelles questions d'ordre philosophique, lesquelles, à un stade ultérieur, pourront, ou non, trouver leur résolution par internalisation. Ces alternatives ouvertes, à chaque étape, font constitutivement partie du devenir des mathématiques. Rien ne permet en effet, dans un contexte déterminé, de tracer par avance une ligne de démarcation nette entre les questions philosophiques qui pourraient être «ressaisies» par les mathématiques et celles qui demeure-raient authentiquement philosophiques. Rien non plus ne nous permet par avance de décider, dans une théorie mathématique ou un ensemble de théories, ce qui fait question d'un point de vue philosophique. Confronté à une configuration historique-ment déterminée des mathématiques, le philosophe doit en effet construire les questions qui sont pertinentes relativement à cette configuration, et il ne peut le faire qu'en élaborant un langage et des concepts appropriés à cette configuration spéci-fique. Il arrive, nous l'avons dit, que certaines de ces questions neuves réaniment, sous une forme inattendue, certaines des questions de la *philosophia perennis*, mais il arrive aussi que certaines de ces questions soient sans précédent, et enrichis-sent le répertoire de la philosophie. Les textes que nous présentons dans ce volume en proposent un large échantillon.

*

Si la philosophie des mathématiques n'a de sens qu'articulée à la pratique des mathématiques, alors un ouvrage qui se propose d'introduire à cette discipline par une sélection de textes doit nécessairement prendre en compte aussi bien les perplexités et interrogations des philosophes et apprentis philosophes, que celles, souvent différentes, des mathématiciens et apprentis mathématiciens. Dans la rédaction de ce volume, nous avons été guidés par le souci de nous adresser à ces deux catégories de lecteurs, et donc de ne pas considérer d'emblée que la perspective philosophique sur les mathématiques allait de soi. Les exigences propres à ces publics différents ont gouverné le choix des thèmes, la détermination du corpus, et l'organisation des différentes introductions. Développons tour à tour ces trois points.

Une thématique généraliste

Nous avons, en premier lieu, privilégié des articles et des auteurs qui proposaient avant tout une réflexion « généraliste » sur les mathématiques, et non l'examen critique de théories ou de pratiques particulières. Certains champs des mathématiques actuelles soulèvent en effet des problèmes spécifiques, passionnants et profonds. Donnons-en deux exemples :

1. Les questions liées aux fondements des probabilités : après qu'un cadre théorique stable a été élaboré au xxe siècle, la question de la nature des probabilités, et de l'indépendance probabiliste, divise cependant toujours les savants. Certains considèrent la probabilité comme une limite de fréquence, d'autres comme le degré de croyance d'un sujet rationnel, d'autres enfin comme la mesure d'une propensité [1].

---

1. Voir entre autres D. Gillies, *Philosophical Theories of Probability*, Routledge, 2000. Sur la question du rapport entre conditionalisation et causalité, voir R. Rashed, « Probabilité conditionnelle et causalité : un problème d'application des mathématiques », dans J. Proust, E. Schwartz (éd.), *La connaissance philosophique. Essais sur l'œuvre de Gilles Gaston Granger*, Paris, P.U.F., p. 271-293, 1994.

2. Le statut des axiomes de la théorie des ensembles : certains philosophes prétendent que toutes les mathématiques se réduisent au fond à la théorie des ensembles, aussi l'une des questions est-elle d'élaborer une axiomatique à la fois suffisamment puissante pour nous permettre de développer les mathématiques standard, mais aussi suffisamment naturelle pour que nous puissions la justifier par des arguments d'ordre philosophique ou métaphysique[1]. Corrélativement, la question se pose de savoir si les mathématiques requièrent de nouveaux axiomes qu'il faudrait ajouter aux théories des ensembles standard pour pouvoir résoudre certains problèmes spécifiques. L'évaluation de ce programme d'extension qui a sa source dans l'article de Gödel « What is Cantor's Continuum Problem? » (1947) a fait l'objet d'importants développements récents[2].

La « philosophie des mathématiques » contemporaine est traversée par de nombreuses questions « régionales » de ce genre. Si nous les avons écartées, ce n'est pas pour minorer leur importance, mais pour essentiellement deux raisons. La première est que la compréhension des enjeux exige souvent une connaissance approfondie de la théorie particulière qui en est la source (c'est le cas pour les questions liées à la fondation de la théorie des ensembles), et que nous souhaitions privilégier l'accessibilité du volume pour les non spécialistes. La seconde est que, la philosophie des mathématiques étant ici entendue comme le nom d'un problème plutôt que celui d'un

1. Voir par exemple M. Potter, *Sets : An Introduction*, Oxford University Press, 1990 ; *Set Theory and its Philosophy*, Oxford University Press, 1994.
2. S. Feferman, H. Friedman, P. Maddy, J. R. Steel, « Does Mathematics need new axioms ? », *The Bulletin of Symbolic Logic*, vol. 6, n°. 4 (Dec., 2000), p. 401-446.

domaine, il était cohérent de privilégier des articles où la notion même d'une philosophie des mathématiques était interrogée. La question de la possibilité et du sens de la philosophie des mathématiques est ainsi à l'horizon de tous les textes qui suivent. Cela ne veut certes pas dire que les mathématiques elles-mêmes sont absentes de l'ouvrage – comme le lecteur s'en rendra vite compte, ce n'est pas le cas. Mais les développements mathématiques ou logiques particuliers sont toujours des cas d'étude destinés à illustrer, préciser et défendre des conclusions plus générales, qui prétendent valoir pour d'autres types de mathématiques.

Un corpus homogène

Nous avons ensuite choisi des textes qui présentent une homogénéité temporelle et « référentielle » (au sens où tous les auteurs se réfèrent à peu près aux mêmes mathématiques et aux mêmes travaux philosophiques). Tous les articles traduits sont postérieurs à 1965, et appartiennent tous à la même tradition dite analytique de la philosophie, informée par la logique et les travaux de Russell, Frege, Carnap et Quine. Notre volonté de proposer un corpus de textes homogène ne procède pas de la croyance que certaines traditions ou cadres philosophiques (en l'occurrence le cadre analytique) seraient intrinsèquement plus appropriés que d'autres à l'analyse des problèmes posés par les mathématiques. Il y a en France une tradition de philosophie des mathématiques qui s'inscrit dans le droit fil du rationalisme français, de Léon Brunschvicg à Jean Cavaillès, de Albert Lautman à Jean-Toussaint Desanti, Jules Vuillemin et Gilles-Gaston Granger. Cette tradition porte haut l'exigence d'une compréhension interne des mathématiques et de son histoire, et sans doute la pérennité de son influence doit-elle beaucoup à la structuration du champ de l'enseignement supérieur en France, où mathématiques et philosophie se sont longtemps partagées la palme des études académiques. L'excellence de l'école mathématique française et l'attrait qu'elle a exercé en France sur des générations de jeunes philosophes tout à la fois formés à l'histoire de la philosophie, mais férus de pensée formelle, ont durablement façonné la philosophie mathématique « à la française ». Il nous a semblé qu'en faisant connaître aux deux publics mentionnés plus haut des textes qui s'inscrivent dans une autre tradition, longtemps ignorée en France, nous faisions davantage œuvre utile.

Des introductions de sections ajustées aux difficultés

Ce qui rend la philosophie des mathématiques difficile n'est pas le degré de sophistication des arguments déployés. On y rencontre des positions subtiles et très articulées, qui mobilisent et synthétisent des chaînes argumentatives complexes, mais sans doute pas davantage que dans d'autres champs de la recherche contemporaine. Mais l'objet que l'on considère est difficile, rétorquera-t-on, il y a en effet la difficulté des mathématiques elles-mêmes. Personne ne songerait à le nier. Toutefois la réelle difficulté que présente la philosophie des mathématiques n'est pas là, elle tient davantage au nouage de deux exigences propres, respectivement, à l'argumentation philosophique et à la rigueur mathématique. La virtuosité argumentative du philosophe ne lui sera que de peu d'utilité s'il ne comprend pas les mathématiques ; et inversement l'intelligence des mathématiques n'est pas nécessairement une garantie de profondeur philosophique. Aucune des deux perspectives ne se suffit en effet à elle-même. Pour saisir la nature des problèmes étudiés, il faut certes avoir une compréhension parfois très fine des concepts mathématiques dont il est question, mais la maîtrise technique des notions ne suffit pas. Il faut encore parvenir à situer, dans les calculs, les moments philosophiquement problématiques. Les obstacles ne sont donc pas les mêmes selon que l'on est rompu aux subtilités de l'une ou de l'autre de ces deux formes de discursivité : argumentation ou démonstration. Un parcours dans la philosophie des mathématiques ressemble à une randonnée virtuelle où, subitement, des parois verticales s'élèveraient, des précipices s'ouvriraient sous les pas, mais à des endroits et à des moments différents selon les participants et selon les trajectoires qu'ils empruntent. Aux uns, les « philosophes », c'est la référence à telle théorie mathématique difficile qui pourra leur faire perdre pied en creusant pour eux une lacune béante dans l'argumentation ; aux autres, les « mathématiciens », c'est telle forme d'argument ou tel usage de concepts dont ils ne sont pas familiers qui leur paraîtra une jonglerie dont ils ne goûtent pas le sel et qui interdira toute progression.

Pour pallier cette difficulté, nous n'avons pas hésité à proportionner la taille des présentations qui ouvrent chaque section, au niveau de technicité des textes qu'elles introduisent. Ces présentations sont donc naturellement plus courtes pour le premier tome, plus élémentaire, que pour le second, plus difficile du point de vue mathématique. Toutefois, même dans ce premier tome, nous avons cru utile de compléter la présentation de la troisième partie par une dernière section plus exigeante d'un point de vue technique et s'adressant à ceux des lecteurs qui souhaiteraient approfondir. Nous avons voulu ainsi ménager plusieurs niveaux de lecture, en signalant expressément quels passages pouvaient être laissés de côté, à la première lecture, par les étudiants de philosophie n'ayant pas de bagage mathématique préalable.

*

Quelques mots de l'organisation de cet ouvrage. Comme nous l'avons mentionné plus haut, nous avons divisé le volume en deux tomes, composés, pour chacun d'entre eux, de trois sections. Le premier tome, sous-titré « Ontologie, vérité, fondements », réunit des textes qui concernent principalement la question de la nature et de l'existence des objets mathématiques, et celle, connexe, du statut de la vérité en mathématiques et du type de justification qu'elle requiert. Le second tome, sous-titré « Logique, preuve, pratiques », s'attache davantage à ce qui fait la texture des mathématiques et aux interactions entre mathématiques et logique, en privilégiant différentes questions directrices : Comment faut-il comprendre les rapports complexes qui lient un concept mathématique au contexte qui lui donne sens et fécondité ? Comment envisager les rapports entre logique et mathématiques dans l'après-coup des grands programmes fondationnels ? En quel sens certaines transformations décisives de champs mathématiques déterminés ont-elles une portée philosophique ?

Complémentaires, les deux tomes sont néanmoins indépendants. En caricaturant, au risque de simplifier à l'excès, on pourrait dire qu'ils engagent respectivement deux approches différentes de la philosophie des mathématiques : le premier tome regroupe des contributions centrées en définitive sur les grandes questions de la tradition philosophique ; le second en revanche rassemble des textes qui invitent à réfléchir en prenant davantage en compte les pratiques mathématiques, et de ce fait promeuvent l'émergence de nouvelles questions philosophiques.

Afin de donner au lecteur une perspective générale, exposons brièvement le contenu des deux tomes, en détaillant toutefois davantage les trois sections du présent ouvrage.

La première section contient les deux articles désormais classiques de Paul Benacerraf (« What Numbers Could Not Be » et « Mathematical Truth ») dont, rétrospectivement, la fortune critique nous apparaît avoir eu une importance décisive dans la constitution d'un champ homogène de question-nement. Ces deux textes jouent en effet en philosophie des mathématiques à peu près le même rôle que le court texte de Gettier en épistémologie. En élaborant un conte destiné à rendre manifeste l'absurdité du réductionnisme et en propo-sant un dilemme au sujet de la possibilité éventuelle que nous pourrions avoir de connaître quoi que ce fût concernant les objets abstraits que sont les nombres, les fonctions, les ensembles, etc., Benacerraf met ses contemporains au défi. Ce faisant, il influence durablement ses successeurs, en leur donnant un agenda. Certains chercheront à le réaliser, d'autres au contraire s'en détourneront, mais l'ensemble des philo-sophes des mathématiques qu'on regroupe plus ou moins pertinemment sous l'étiquette commune de philosophes « ana-lytiques », auront à cœur de prendre position par rapport aux problématiques « benacerrafiennes », fût-ce pour les congédier (*cf.* le texte de Wilson dans le second tome).

La seconde section contient quatre textes de trois auteurs différents : deux courts extraits de Hilary Putnam consacrés à l'argument dit « d'indispensabilité » ; une traduction du début du manifeste nominaliste qu'est *Science without Numbers* de Hartry Field ; enfin une reproduction partielle de l'article de Steiner « The Application of Mathematics to Natural Science ». Le problème abordé est celui, vénérable, du rapport entre mathématiques et sciences de la nature – comment

expliquer que les mathématiques s'appliquent aux phénomènes du monde réel ? Cette question est elle-même liée au
dilemme de Benacerraf selon lequel on ne peut rendre compte
à la fois de la vérité des mathématiques et du fait que nous
puissions en avoir une connaissance. Le fait que les mathématiques soient indispensables en physique est en effet considéré
par de nombreux philosophes (dont Quine et Putnam) comme
la meilleure raison dont on puisse disposer pour attribuer au
discours mathématique une forme de vérité. C'est cet « argument d'indispensabilité » que Field a dans sa ligne de mire ;
pour lui, l'utilité incontestable des mathématiques en physique
n'est pas un argument en faveur de leur vérité. Le discours
mathématique ne serait en effet pas référentiel – les concepts et
les théorèmes mathématiques ne seraient plutôt que des
« accélérateurs inférentiels », permettant de condenser et de
court-circuiter de longues chaînes de raisonnement, au sein
d'une théorie qui, en droit, doit pouvoir être formulée sans
faire l'hypothèse qu'il y a des objets et des vérités mathématiques. Le dernier texte de cette section, celui de Steiner, vise à
montrer que la solution nominaliste de Field ne permet pas de
rendre compte de la physique du XXe siècle. Non seulement,
comme Quine et Putnam l'avancent, les physiciens contemporains utilisent les nombres, fonctions et toutes les structures
algébriques disponibles, mais pire encore (pour un nominaliste), tout se passe comme si les physiciens d'aujourd'hui
se laissaient guider par les structures mathématiques et les
analogies entre structures pour découvrir les lois de la
nature : comment expliquer cette harmonie apparemment
« miraculeuse » entre les structures mathématiques les plus
abstraites et les plus générales et les lois de l'univers ? Tel est
l'étonnement que Steiner nous invite à ne pas perdre de vue.

La troisième section porte plus particulièrement sur l'unité et la spécificité de la connaissance mathématique. Comment rendre compte de la nécessité qui se manifeste dans le raisonnement mathématique ? Comment expliquer la fécondité des mathématiques, le fait qu'elles ne se réduisent pas à une simple tautologie, ou à une explicitation d'un résultat déjà là ? Ces questions, kantiennes, n'ont pas disparu de l'horizon de la philosophie des mathématiques contemporaines. Mais elles nous arrivent diffractées par la rencontre avec les grands courants fondationalistes du début du XXe : le logicisme, l'intuitionnisme et le formalisme hilbertien. Si le contexte actuel n'est plus celui qui prévalait dans les années vingt et trente, au temps des discussions parfois vives entre Hilbert, Brouwer, Carnap et Gödel, ces oppositions polarisent toutefois encore le champ philosophique. Nous proposons dans cette section la traduction de deux articles, l'un sur Frege, l'autre sur Brouwer. Le premier texte, « Introduction au théorème de Frege » de Richard Heck, présente une lecture néo-logiciste des *Grundlagen der Arithmetik* de Frege ; le second, « Brouwerian Intuitionism » de Michael Detlefsen défend une interprétation épistémologique radicale de l'intuitionnisme brouwerien. Les deux articles ont en commun de renouveler la philosophie des mathématiques en puisant leurs ressources dans les réflexions des grands précurseurs du début du XXe siècle. Si nous avons cru bon dans notre présentation de ne pas respecter formellement la tripartition en incluant aussi à cet endroit un article sur le programme de Hilbert, c'est en raison de l'importance que la théorie de la démonstration a prise dans la logique et la philosophie des mathématiques contemporaines, laquelle nous a semblé justifier de réserver à l'examen approfondi de la postérité du formalisme une place plus significative dans le second tome. C'est donc avec cette troisième section que se clôt le présent volume.

La section 4 (la première section du second tome) comportera la traduction de deux articles : l'un de Jamie Tappenden « Mathematical Concepts and Definitions », l'autre de Mark Wilson « Can We Trust Logical Form ? ». Ces deux auteurs ont en commun de placer au centre de leurs préoccupations les problèmes relatifs à la formation et l'évolution des concepts mathématiques. Le mathématicien a souvent l'intuition que tel ou tel problème exige d'être envisagé de telle ou telle manière, dans tel ou tel cadre théorique. Lorsque les contextes « appropriés » n'existent pas encore, ce sont les problèmes eux-mêmes qui suscitent la formation des cadres « adéquats » et lancent ainsi le processus de croissance des mathématiques. L'objet de cette section est d'examiner la relation subtile d'« adéquation » entre un concept mathématique et son contexte. La section 5 reviendra sur les rapports entre langages formels, théories axiomatisées et pratique mathématique, déjà évoqués dans la section 3. Elle contiendra la traduction de deux articles, l'un de Stewart Shapiro, intitulé « Second-Order Logic, Foundations, and Rules », portant sur la logique du second-ordre et la signification philosophique de la catégoricité, l'autre de Solomon Feferman « What rests on what ? The proof-theoretical analysis of mathematics », qui présente une exploration précise et systématique, dans les termes de la théorie de la démonstration, des relations qui lient théories formelles et cadres fondationnels à la pratique mathématique. Enfin, la section 6 s'attachera à la question de la portée philosophique des avancées mathématiques. Comment penser l'articulation entre l'émergence de nouvelles pratiques et de nouveaux paradigmes en mathématiques et le questionnement philosophique sur les mathématiques ? Deux articles permettront d'illustrer ce problème. Le premier, « The four-color problem and its philosophical significance », écrit par Thomas Tymoczko, défend l'idée que l'usage récent des ordinateurs pour prouver des théorèmes doit nous conduire à réviser le statut du concept de preuve, et par là l'opposition entre connaissance mathématique et connaissance empirique. Le second, « Structure in Mathematics and Logic : A categorical Perspective », écrit par Steve Awodey, vise à montrer que l'émergence de la théorie des catégories permet de renouveler l'approche structuraliste des mathématiques.

Bien entendu, ce choix de textes, ainsi que les regroupements opérés, sont en partie arbitraires. D'autres articles auraient pu être sélectionnés, tout aussi stimulants et représentatifs, et le volume lui-même aurait pu être organisé différemment. La solution retenue n'est d'ailleurs pas sans défauts. Certains auteurs (George Boolos, Geoffrey Hellman, Jaakko Hintikka, Philip Kitcher, Penelope Maddy, Charles Parsons, etc.) dont l'influence est considérable sont absents. Certains thèmes ne sont pas traités. On a déjà évoqué le peu de place dévolu aux probabilités et à la théorie des ensembles ; on pourrait également regretter qu'il n'y ait pas de textes sur les approches psychologiques (au sens large) des mathématiques : sur la cognition numérique[1], sur le rôle des diagrammes[2] ou sur les travaux d'ethno-mathématiques[3]. Il ne fait aucun doute

---

1. Voir S. Dehaene, *La Bosse des Maths*, Paris, Odile Jacob, 1996, et aussi G. Lakoff, R. E. Núñez, *Where Mathematics Comes From. How the Embodied Mind Brings Mathematics into Being*, New York, Basic Books, 2000.

2. P. Mancosu, K. Jørgensen, S. Pedersen (eds), *Visualization, Explanation and Reasoning Styles in Mathematics*, Berlin, Springer, 2005.

3. U. D'Ambrosio, H. Selin, *Mathematics Across Cultures : The History of Non-western Mathematics*, Dordrecht, Kluwer, 2000.

en effet que les travaux récents des psychologues et cognitivistes ainsi que ceux des historiens et des ethnologues jettent une autre lumière sur l'ensemble des pratiques que l'on appelle mathématiques. Il n'est pas certain à cet égard que la bibliographie conclusive, à laquelle nous renvoyons le lecteur curieux, puisse être en mesure de combler tous ces manques.

Il y a cependant une vertu à assumer et à rappeler le caractère arbitraire du parcours que nous proposons. Nous ne voulons pas donner au lecteur l'impression que la philosophie des mathématiques analytique contemporaine est un domaine parfaitement structuré, charpenté par des problèmes bien déterminés, avec un cahier des charges reconnu par tous. Sans doute fallait-il marquer des différences entre les positions des uns et des autres (nominalistes, réalistes, logicistes, etc.), mais sans cependant leur attribuer plus de rigidité qu'elles n'en ont souvent en réalité. Avant de lire les textes qui suivent, nous voudrions inviter le lecteur à rompre avec l'idée selon laquelle la philosophie analytique des mathématiques serait une arène où différentes positions s'affronteraient de façon attendue et réglée. Chacun des protagonistes a au contraire sa propre vision de l'espace qui l'entoure, de son rapport avec les « adversaires » ou les « alliés », de son rapport aux philosophies du passé, enfin de son rapport aux mathématiques. Aucun accès global, aucune carte ne fournit un compte rendu fidèle du territoire, des problèmes et des différentes discussions, car c'est précisément l'identité des problèmes qui est en question. On ne peut donc pas, ici comme ailleurs, court-circuiter l'épreuve solitaire et difficile de la lecture. C'est cette conviction qui nous a conduits à présenter des articles complets ou quasiment complets (hormis les deux extraits de Putnam qui sont un préambule au texte de Field), plutôt qu'une suite de courts extraits, qui aurait sans doute présenté davantage de variété, mais aurait été en définitive moins profitable, pour autant que le découpage aurait surdéterminé l'identité des enjeux et appauvri le sens des problèmes. Cette même conviction nous amène à souligner, pour finir, que le recueil qu'on s'apprête à lire n'est rien d'autre qu'un cheminement possible dans la littérature contemporaine sur les mathématiques. Certes pas une vision en surplomb, mais plutôt une invitation à entrer dans le jeu.

On raconte que Ptolémée, roi d'Egypte et fondateur de la bibliothèque d'Alexandrie, trouvant l'étude des *Eléments* trop ardue, s'était enquis auprès d'Euclide d'une voie plus aisée pour accéder aux contenus. Celui-ci, dit-on, lui aurait répondu: «Grand Roi, il n'y a pas de voie royale vers la géométrie». Mais il n'y en a sans doute pas davantage pour accéder à la philosophie des mathématiques.

PREMIÈRE PARTIE

LES DILEMMES DE BENACERRAF

PRÉSENTATION

Les deux articles partiellement reproduits ici constituent la source de tout un pan de la philosophie des mathématiques contemporaine. Des structuralistes aux nominalistes, en passant par les néo-logicistes, les acteurs du débat ne cessent de se référer au « dilemme », au « problème », aux « thèses » de Benacerraf – au point qu'un volume entier édité par Adam Morton et Stephen P. Stich leur a été récemment consacré[1]. À la première lecture, il n'est cependant pas évident de saisir ce que ces textes ont de si novateur – ni non plus aisé d'identifier leur noyau conceptuel commun. En effet, le premier article, datant de 1965, intitulé « Ce que les nombres ne peuvent pas être », se présente comme un conte philosophique. Benacerraf met en scène le désaccord sur la nature des nombres entiers qui ne manquerait pas d'opposer, selon lui, deux enfants, Ernie et Johnny, qu'on suppose éduqués par des parents « logicistes ». C'est seulement dans la troisième partie et dans la conclusion de son texte que Benacerraf commente et tire la morale de son

---

1. A. Morton, S. P. Stich (eds.), *Benacerraf and His Critics*, Oxford, Blackwell, 1996.

histoire : les entiers ne sont pas des objets, et leurs critères d'identité ne peuvent être qu'intra-mathématiques. Le second texte, plus tardif puisque publié en 1973, intitulé «La vérité mathématique», tranche, dans sa forme, avec le précédent. Plus question ici d'accompagner le lecteur vers la conceptualisation philosophique – le problème, très abstrait, est dès le début posé dans sa plus grande généralité. Pas question non plus d'extraire de l'argumentation une quelconque thèse : le but de Benacerraf est au contraire de souligner que toute philosophie des mathématiques est confrontée à deux exigences qu'elle ne peut simultanément satisfaire. Sur le fond, également, les propos diffèrent : alors qu'en 1965, Benacerraf maintient qu'il faut rejeter l'idée que les entiers sont des objets, une des exigences à laquelle le même auteur affirme, en 1973, qu'il faut souscrire est précisément que les entiers sont des objets. Enfin, les cibles ne sont pas non plus les mêmes. Dans «Ce que les nombres ne peuvent pas être», c'est à Frege et Russell que Benacerraf s'en prend. Dans «La vérité mathématique», c'est la tension entre une sémantique tarskienne et une épistémologie causaliste, héritée du problème de Gettier[1], qui est visée.

En dépit de ces divergences stylistiques et substantielles, il y a cependant une idée commune qui parcourt les deux articles et qui explique leur très grande postérité : penser les mathématiques, c'est penser le statut des *objets* mathématiques.

---

1. Gettier a montré que la définition classique de la connaissance comme croyance vraie justifiée n'est pas adéquate, et le recours à la catégorie de la causalité (une croyance vraie justifiée à propos d'un objet *a* est une connaissance si et seulement si elle est causée par *a*) trouve sa source dans le désir de remédier à cette inadéquation. Sur le problème de Gettier et sa postérité, voir *Philosophie de la connaissance. Croyance, connaissance, justification*, J. Dutant, P. Engel (éd.), Paris, Vrin, 2005.

Benacerraf est persuadé du fait que les entiers doivent être considérés comme des objets, *i.e.* comme des référents de noms au même titre que les villes sont les référents des noms de villes. Mais il est également convaincu du caractère singulier de l'objectivité mathématique – si un entier est bien un objet, il ne l'est pas tout à fait au même sens que les objets ordinaire. Un entier ne peut ainsi pas être dit différent de Jules César ou plus généralement d'un objet relevant d'une catégorie différente de la sienne.[1] En 1965, Benacerraf mettait l'accent sur la seconde de ces deux intuitions, alors qu'en 1973, c'est la première qui est mise en vedette[2]. Mais dans les deux cas, c'est bien tout à la fois la nécessité et la difficulté de caractériser la nature des objets mathématiques qui constituent le cœur du propos. On comprend dès lors pourquoi ces deux textes sont restés si célèbres : ils réintroduisent les questions ontologiques au cœur de la philosophie des mathématiques. Tout en mettant à distance le platonisme, ils en révèlent d'une certaine manière la pertinence philosophique. Quelle conception générale de l'objet faut-il développer pour pouvoir rendre compte de l'objectivité mathématique ? Comme nous aurons amplement l'occasion de le voir dans le reste du volume, ces questions sont

1. Sur le problème de César, voir Heck, « Introduction au théorème de Frege », *in* M. Marion, A. Voizard, *Frege : Logique et Philosophie*, Paris, L'Harmattan, 1998, reproduit dans la section 3.

2. Voir « What Numbers Could Not Be », *The Philosophical Review*, vol. 74, n° 1, 1965, p. 63-64, où Benacerraf insiste sur la nécessité d'avoir une théorie absolutiste de l'identité et de relativiser la notion d'objet. Voir également « Mathematical Truth », *The Journal of Philosophy*, vol. 70, n° 19, Seventieth Annual Meeting of the American Philosophical Association, Eastern Division, 1973, p. 663-665, sur la nécessité de respecter le langage des mathématiciens, de le prendre à la lettre, et de justifier toute déviation par rapport à cette norme générale.

au centre de toute une veine de la philosophie contemporaine des mathématiques.

« Ce que les nombres ne peuvent pas être » est constitué de deux parties nettement séparées, le « conte » et la discussion philosophique. Soulignons d'abord que le lien tissé par Benacerraf entre les questions liées à l'apprentissage des mathématiques et le problème des fondements n'est en rien artificiel. Ce sont en effet la nécessité de réformer les cursus d'enseignement de mathématiques (en Italie, en Angleterre), voire même la simple nécessité de construire un cours cohérent de calcul infinitésimal pour des étudiants de première année (voir la préface de *Continuité et nombres irrationnels* de Dedekind (1872)) qui ont le plus souvent conduit les mathématiciens du XIXᵉ à s'interroger sur les fondements ultimes de leur science. Benacerraf retourne ici ce schéma en imaginant quelle forme d'éducation pourrait être façonnée à partir des conceptions fondationnelles logicistes, lesquelles ont de fait constitué historiquement un point d'arrivée et non un point de départ. Il imagine en particulier une opposition entre deux sortes d'enseignement de l'arithmétique élémentaire : l'éducation scolaire commune[1], basée sur l'apprentissage des tables d'addition et de multiplication, et l'éducation prodiguée au sein de deux familles de « logicistes », fondée sur des caractérisations ensemblistes différentes des entiers (l'une inspirée de Zermelo, l'autre de Von Neumann)[2]. Benacerraf

1. En réalité, elle n'est pas si commune que cela – dans les années soixante et soixante-dix une réforme de l'enseignement des mathématiques, les « mathématiques modernes », qui ressemble sur bien des points à l'éducation « logiciste » décrite par Benacerraf, est mise en place en France et dans les pays occidentaux.

2. Voir P. Benacerraf, « What Numbers Could Not Be », *op. cit.*, p. 54.

montre que les deux enfants « logicistes » (supposés brillant) pourront parfaitement répondre à tous les exercices proposés par le maître d'école, mais qu'ils divergeront sur des questions combinant théorie des ensembles et arithmétique, du style « 3 appartient-il à 17 ? ». Ce désaccord ne peut pas être éliminé : 3 appartient bien à 17 dans la construction de Von Neumann et ce n'est pas le cas dans la construction de Zermelo. Benacerraf souligne également que le différend ne pourra être réglé en classe, car pour le maître d'école, un entier n'est tout simplement pas un ensemble. La racine du problème vient du fait que les logicistes cherchent à doter les signes numériques d'une référence univoque – qui diffère dans les deux cas – alors que dans la pratique arithmétique commune cette question de la référence est en réalité indifférente [1]. Cette fiction permet ainsi de pointer les risques de rupture entre les règles et les usages traditionnellement mis en œuvre par la communauté des mathématiciens d'une part, et les règles et les usages qui seraient « décrétés » par les philosophes-logiciens, lesquels, soucieux avant tout de les mettre en accord avec leurs principes, apparaîtraient du même coup comme sectaires.

Cet article est souvent cité comme la source de l'argument des réductions multiples : puisque les entiers peuvent se définir

---

1. Voir « What Numbers Could Not Be », *op. cit.*, p. 62 : « Si les nombres sont des ensembles, alors ils doivent être des *ensembles particuliers*, car chaque ensemble est un ensemble particulier. Mais si le nombre 3 est vraiment un ensemble plutôt qu'un autre, il doit être possible de donner une raison convaincante pour penser cela [...]. Mais il semble qu'il y ait peu de raisons pour choisir entre les descriptions. [...] Si tout ce qui précède est cohérent, nous ne pouvons rien conclure sinon que toute partie d'une description qui identifie 3 avec un ensemble est superflue – et donc que 3, ainsi que ses compagnons nombres, pourraient ne pas du tout être des ensembles. »

de multiples manières dans la théorie des ensembles et qu'il n'y a aucune raison mathématique de préférer une version à une autre, toute identification des entiers à des ensembles est impossible. Cette ligne argumentative est explicitement développée par Benacerraf mais il est important de faire la distinction entre explication et réduction. Dans le sillage de Quine[1], Benacerraf considère qu'il est utile et nécessaire, dans certains contextes, d'identifier les entiers aux ensembles[2] – ce qu'il conteste, c'est simplement la tendance métaphysique à considérer ces explications comme des identités d'essence. Cette opposition entre ce que les mathématiciens font et ce que les philosophes projettent est d'une certaine façon réfléchie dans l'analyse que Benacerraf donne des énoncés d'identité à la fin de son article. Benacerraf semble anticiper les théories relativistes de l'identité qui seront développées par Geach en 1967[3], mais il s'en distingue en affirmant que l'identité est non-ambiguë (qu'elle est absolue) et « que la notion d'objet varie d'une théorie à l'autre, d'une catégorie à l'autre »[4]. Les critères d'individuation des entiers sont donnés par l'usage que les mathématiciens font des entiers; et c'est donc une erreur que de vouloir comparer les nombres à des objets relevant d'une autre catégorie (comme les ensembles ou Jules César, par exemple).

---

1. Voir notamment W. V. O. Quine, « Foundations of Mathematics », *Scientific American*, 208, 1964.

2. « What Numbers Could Not Be », *op. cit.*, p. 67-68.

3. P. Geach, « Identity », *Review of Metaphysics*, 21 : 1, 1967. Pour une mise au point sur cette question, voir J. Hawthorne, « Identity », *in* M. Loux, D. Zimmermann (eds.), *The Oxford Handbook of Metaphysics*, Oxford University Press, 2003.

4. « What Numbers Could Not Be », *op. cit.*, p. 66.

L'article « La vérité mathématique » est tout entier construit sur une opposition entre deux exigences auxquelles il est pourtant raisonnable de demander à une philosophie des mathématiques de satisfaire. La première est sémantique : elle consiste à faire l'hypothèse que le langage mathématique obéit à la même syntaxe et à la même sémantique que n'importe quelle autre partie du discours. À première vue, cette exigence va à l'encontre de l'idée développée en 1965 selon laquelle les philosophes des mathématiques doivent ajuster leurs questionnements aux règles qui gouvernent l'usage des termes mathématiques dans la communauté des mathématiciens. Mais en réalité, la demande qui veut que la sémantique soit la même en mathématiques et dans les autres sphères de la connaissance contraint le philosophe à prendre au sérieux le discours des mathématiciens. Comme l'explique longuement Benacerraf, si les mathématiciens disent qu'il existe trois nombres parfaits plus grands que 17, c'est que ces trois nombres parfaits existent, exactement au sens où les grandes villes plus vieilles que New York existent[1]. La seconde exigence que Benacerraf fait valoir est épistémologique : il faut pouvoir rendre compte du fait que nous connaissons des vérités qui portent sur les nombres entiers, ou encore que nous avons accès à ces vérités. Or on ne voit pas, dans le cas de l'arithmétique, comment notre esprit pourrait interagir avec ces êtres abstraits (sans efficace causale) que sont les nombres. Benacerraf adhère ainsi en 1973 à une conception causale de la connaissance, et son argument peut paraître vulnérable sur ce point. Mais plusieurs philo-

---

1. P. Benacerraf, « Mathematical Truth », *op. cit.*, p. 663.

sophes, à la suite de C. Peacocke [1], ont montré que l'on pouvait en affaiblir la composante épistémologique tout en en conservant la structure essentielle : il ne s'agit pas tant de savoir comment les entiers et leurs propriétés causent nos croyances arithmétiques, que de trouver une explication qui ne fasse pas de la correction de nos croyances le fruit d'une simple coïncidence. Cette condition épistémologique, plus faible que celle originellement formulée par Benacerraf, suffit cependant à entrer en conflit avec l'exigence sémantique, car on ne voit tout simplement pas comment les objets que sont les entiers pourraient d'une quelconque manière contraindre les croyances que nous avons à leur sujet.

Dans son article, Benacerraf ne cherche pas à résoudre la tension entre demande sémantique et demande épistémologique ; il souligne au contraire que bien que ces deux exigences apparaissent comme raisonnables, toute philosophie des mathématiques qui satisfait l'une sacrifie l'autre. Ainsi, les philosophes réalistes qui postulent l'existence d'objets abstraits ne parviennent pas à rendre compte du lien qui unit ces objets et la connaissance que nous avons de leurs propriétés. Inversement, les philosophes constructivistes, qui se concentrent généralement sur les preuves et cherchent à rendre compte de la façon dont la connaissance mathématique est acquise, n'expliquent pas en quoi les théorèmes prouvés sont vrais. «La vérité mathématique» se clôt donc sur un constat d'échec, en forme de défi lancé à la communauté philosophique : comment élaborer une conception des mathéma-

---

1. C. Peacocke, *Being Known*, Oxford University Press, 1999. Voir aussi H. Field, « Recent Debates about the A Priori », *in* Gendler, Hawthorne (eds.), *Oxford Studies in Epistemology*, Oxford University Press, 2005.

tiques qui ne sacrifie ni l'exigence sémantique, ni l'exigence épistémologique?

On aurait pu s'attendre à ce que les lecteurs ultérieurs émettent quelques réserves sur la formulation et la pertinence des problèmes soulevés par Benacerraf. L'exigence d'avoir une sémantique uniforme, notamment, aurait pu être mise en cause. Wittgenstein[1], par exemple, y aurait sans doute tout simplement vu le fruit d'une confusion entre régimes de discours (jeux de langage) hétérogènes, qui est toujours selon lui à la source des problèmes philosophiques. Cependant, l'argument des réductions multiples, développé en 1965, a certainement joué un rôle déterminant dans la réception du dilemme formulé en 1973. À qui refuse de prendre le discours du mathématicien « *at face value* », il est en effet toujours aisé de rétorquer, qu'en rejetant la grammaire, il se prive du seul critère objectif lui permettant de choisir entre les multiples analyses possibles d'une même proposition. Ce genre de manœuvre est monnaie courante dans le structuralisme de Shapiro, qui réunit les deux arguments (celui des réductions multiples et celui de la sémantique uniforme) dans ce qu'il nomme la « *faithfulness constraint* », à savoir le desideratum d'élaborer une philosophie des mathématiques « qui considère, autant qu'il est possible, ce que les mathématiciens disent de leur sujet, pris à la lettre, comme littéralement vrai »[2]. Quoi qu'il en soit, et quelles qu'en soient les raisons, le problème de Benacerraf, tel que formulé dans « La vérité mathématique », a de fait été largement repris, et a constitué ainsi le cadre d'une

1. Ou également pour Mark Wilson, « Can We Trust Logical Form? », *Journal of Philosophy*, 91 (10), p. 519-544, 1994, traduit dans le second tome.

2. S. Shapiro, « Structure and identity », in *Modality and identity*, F. MacBride (ed.), Oxford, Oxford University Press, 2006.

bonne partie de la réflexion contemporaine. De nombreux philosophes des mathématiques se sont assignés comme but de résoudre le dilemme.

Parmi les tentatives de résolution, on peut distinguer deux grandes familles. Il y a, d'une part, les philosophes qui soutiennent que les mathématiques, lorsqu'elles sont correctement comprises, ne posent aucun problème ontologique particulier. Certains, comme les nominalistes ou les fictionnalistes, prétendent ainsi qu'il n'y pas d'objectivité, pas de vérité, donc pas de référentialité en mathématiques – et que dès lors le dilemme de Benacerraf s'évanouit. C'est notamment la position de Field dont une partie de l'ouvrage fondamental (1980) est partiellement traduit dans ce volume (voir section 2). D'autres, comme Maddy[1] ou Balaguer[2], considèrent que les mathématiques sont vraies et qu'il y a des objets mathé-

---

1. Dans son *Realism in Mathematics*, Oxford, Clarendon Press, 1990, Penelope Maddy soutient notamment que la notion mathématique d'ensemble résulte d'une élaboration et d'une abstraction à partir de nos perceptions. Nous percevrions donc des ensembles, et à partir de ce noyau empirique, élaborerions, dans un second temps, le concept mathématique. Pour la philosophe, le terme d'« ensemble » est référentiel – mais cette thèse n'entre pas nécessairement en conflit avec l'exigence épistémologique. Le fait que la notion d'ensemble ait une base empirique explique que nous puissions les connaître.

2. Dans son *Platonism and Anti-Platonism in Mathematics*, Oxford, Oxford University Press, 1998, Mark Balaguer soutient entre autres choses qu'une version du platonisme (qu'il appelle *full blooded platonism*) permet de désarmer l'objection épistémologique. L'idée, simplifiée, est de considérer que la réalité mathématique est si « riche » que toute théorie non contradictoire en décrit un aspect. Pour Balaguer, la plénitude de la sphère des objets abstraits fait qu'à toute description (consistante) correspond quelque chose, et que dès lors la question de savoir comment les objets mathématiques contraignent nos croyances ne se pose pas : le monde mathématique est si riche qu'il ne nous contraint jamais.

matiques – mais ils prétendent que ces objets peuvent être conçus de façon à éviter les difficultés épistémologiques décrites par Benacerraf. Malgré leur diversité, toutes ces réponses ont en commun d'adopter une stratégie « régionale » : c'est l'analyse des mathématiques, et non pas une révision du cadre ontologique général, qui doit permettre de résoudre le dilemme de Benacerraf. Ce qui distingue les tentatives appartenant à la seconde famille, c'est au contraire qu'elles ne séparent pas les questions ontologiques générales de la réflexion sur la vérité et la référentialité en mathématique. Dans cette catégorie, on peut ranger les diverses versions du structuralisme, et particulièrement le structuralisme réaliste *ante rem* que développe Shapiro[1] – mais également le néologicisme de Wright ou Hale dans lequel une nouvelle théorie de l'abstraction est élaborée[2]. Pour ces philosophes, héritiers

---

1. Dans son *Philosophy of Mathematics : Structure and Ontology*, Oxford, Oxford University Press, 1997, Shapiro défend la thèse (le structuralisme *ante rem*) selon laquelle les structures ne sont pas simplement des systèmes de relations entre des objets, mais également des objets de plein droit, que l'on peut nommer et sur lesquelles on peut quantifier. En un sens, il unifie les deux articles de Benacerraf – dans « What Numbers Could Not Be », *op. cit.*, Benacerraf a raison de dire que les entiers sont des places dans une structure, et dans « Mathematical … », *op. cit.*, Benacerraf a raison d'affirmer que les entiers sont des objets. Sur Shapiro, voir section 5 dans le second tome. Notons que la volonté d'avoir des axiomatiques catégoriques (donc d'utiliser les ressources de la logique du second ordre) est intimement liée chez Shapiro au réalisme structural – en effet, c'est ultimement le fait que le discours mathématique porte sur des structures qui justifie l'idée que la catégoricité est une vertu des systèmes formels qu'il faut rechercher.

2. Voir entre autres, B. Hale, C. Wright, « Benacerraf's Dilemma Revisited », *European Journal of Philosophy*, 10 : 1, 2002, p. 101-129. Sur les principes d'abstraction, nous renvoyons à Heck, *op. cit.*, dans ce volume. Le lien entre principe d'abstraction et dilemme de Benacerraf est le suivant : la partie droite de l'équivalence du principe d'abstraction contient des variables

de Benacerraf mais aussi d'une tradition beaucoup plus
ancienne, puisqu'elle remonte à Platon, l'enquête ontologique
et la recherche sur l'objectivité mathématique ne peuvent être
dissociées l'une de l'autre[1].

NOTE SUR LES TRADUCTIONS

Compte tenu de la variété de ses usages en anglais, le terme
« account » n'a pas été traduit de façon uniforme : il a été tantôt
rendu par « explication », tantôt par « description », ou encore
par « conception », « théorie », « caractérisation ».

dont le domaine est constitué d'objets ontologiquement et épistémologiquement non problématiques, tandis que dans la partie gauche du même principe
apparaissent des variables dont le domaine est constitué d'« objets » abstraits.
Ainsi, dans « la direction de a est la même que la direction de b si et seulement si
la droite a est parallèle à la droite b », les objets apparaissant dans le membre de
droite sont les familières droites de la géométrie euclidienne, alors que les
objets apparaissant dans la partie gauche sont les mystérieuses directions. Les
principes d'abstraction visent donc à expliquer comment nous en venons à
connaître les vérités abstraites à partir de vérités non problématiques (partie
droite de l'équivalence) tout en garantissant que ces « objets » mathématiques
abstraits existent de plein droit (partie gauche de l'équivalence). Pour Hale
et Wright, le fait tout à la fois qu'il y ait des objets abstraits et que l'on
puisse les connaître provient ainsi de notre capacité à réorganiser, à restruc-
turer le contenu conceptuel de certains énoncés – les néo-logicistes appellent
cette restructuration le « *content-carving* » (voir « Grundlagen § 64 »,
in Hale, Wright, *The Reason's Proper Study : Essays Towards a Neo-Fregean
Philosophy of Mathematics*, Oxford, Oxford university Press, 2001).

1. Pour des développements plus approfondis sur la postérité des dilemmes
de Benacerraf dans la philosophie contemporaine des mathématiques,
nous renvoyons à M. Panza, A. Sereni, *Introduction à la philosophie des
mathématiques. Le problème de Platon*, Paris, Flammarion, 2013.

PAUL BENACERRAF

CE QUE LES NOMBRES NE PEUVENT PAS ÊTRE [1]

|L'attention du mathématicien se concentre avant tout **47**
sur les structures mathématiques, et son plaisir intellectuel
vient (en partie) de ce qu'il constate qu'une théorie donnée
présente telle ou telle structure, voit comment une structure se
« modèle » dans une autre, ou exhibe une nouvelle structure
puis démontre comment elle se rapporte à celles déjà étudiées
[…]. Mais […] le mathématicien est satisfait pourvu qu'il ait
des « entités » ou des « objets » (des « ensembles », des « nombres », des « fonctions », des « espaces », des « points ») avec
lesquels il peut travailler, et ne se pose pas de questions quant
à leur nature intrinsèque ou leur statut ontologique.

Le philosophe logicien, par contre, sera plus attentif aux
aspects ontologiques et s'intéressera en particulier au(x)
type(s) d'entités réellement présentes […] Il ne s'en tiendra
pas pour quitte si on se contente de lui dire que telles ou telles
entités exhibent telle ou telle structure mathématique. Il
voudra s'enquérir plus en profondeur de ce que sont ces
entités et de leurs rapports à d'autres entités. […] Il voudra

1. « What Numbers Could Not Be », *The Philosophical Review*, vol. 74,
n° 1, Jan. 1965, p. 47-73.

également savoir si l'entité en question est *sui generis* ou si elle est de quelque façon réductible à (ou peut se construire en termes) d'autres, peut-être plus fondamentales.

R. M. Martin, *Intension and Decision*

Nous pouvons [...] en utilisant [...] [nos] [...] définitions dire ce que signifie
« Le nombre 1 + 1 appartient au concept F »
puis, en utilisant cela, donner le sens de l'expression
« le nombre 1 + 1 + 1 appartient au concept F »
etc. ; mais nous ne pouvons jamais [...] décider au moyen de nos définitions si le nombre Jules César appartient à un concept, ou si le célèbre conquérant de la Gaule est un nombre ou non.

G. Frege, *Les Fondements de l'Arithmétique*

48 | 1. L'ÉDUCATION

Imaginons Ernie et Johnny, les fils de deux logicistes militants – des enfants auxquels on n'a pas enseigné de manière ordinaire (à l'ancienne) mais pour qui l'ordre des choses pédagogique a été l'ordre épistémologique. Ils n'ont pas tout de suite appris à compter. Au lieu de commencer leur apprentissage mathématique par l'arithmétique comme les personnes ordinaires le font, ils apprirent d'abord la logique – c'est-à-dire, dans leur cas, la théorie des ensembles. On leur parla ensuite des nombres. Mais parler des nombres à des personnes dans leur situation était une tâche aisée – très semblable à celle qui incomba au précepteur de Monsieur Jourdain (qui, bizarrement, était un philosophe). Les parents de nos enfants fictifs n'avaient qu'à indiquer quel aspect ou quelle partie de ce que leurs enfants connaissaient déjà, sous d'autres noms, correspondaient à ce que les gens ordinaires appelaient « nombres ». Apprendre les nombres impliquait seulement d'apprendre de nouveaux noms pour des ensembles qui leur étaient familiers. Les vérités anciennes (de la théorie des ensembles) s'habillaient des vêtements nouveaux (de la théorie des nombres).

La façon dont on procéda mérite toutefois un examen approfondi. Pour faciliter mon exposition, je me concentrerai sur Ernie et suivrai son éducation arithmétique jusqu'à son achèvement. Je reviendrai ensuite à Johnny.

Cela aurait pu se passer ainsi. On dit à Ernie qu'il y avait un ensemble dont les éléments étaient ce que les gens ordinaires désignaient comme les nombres (naturels), et qui étaient ce qu'il avait toujours connu comme étant les éléments de l'ensemble (infini) **N**. On lui dit ensuite qu'il y avait une relation définie sur ces « nombres » (à partir de maintenant, j'omettrai les guillemets), la relation *inférieur à*, pour laquelle les nombres étaient bien ordonnés. Il apprit que cette relation était en fait celle, définie sur **N**, pour laquelle il avait toujours employé la lettre « R ». Et, en effet, en parlant maintenant de manière intuitive, Ernie pouvait vérifier que tout sous-ensemble non vide de **N** contenait un « plus petit » élément – c'est-à-dire, un élément qui vérifiait R avec tout autre élément du sous-ensemble. Il pouvait également montrer qu'aucun élément ne vérifiait R avec lui-même, et que R était transitive, antisymétrique, irréflexive, et connexe dans **N**. En bref, les éléments de **N** formaient une progression, ou une suite, selon R.

Et puis il y avait 1, le plus petit nombre (pour des raisons de commodité, nous ignorons 0). Ernie apprit que ce que les gens **49** avaient désigné par 1 était en réalité l'élément a de **N**, le premier ou plus petit élément de **N** (selon R). Ce qu'on disait des « successeurs » (chaque nombre est dit en avoir un) se traduisait facilement dans les termes du concept d'élément « immédiatement suivant » de **N** (selon R). Parvenu à ce point, cela ne relevait nullement d'une simple astuce de montrer que les énoncés tenus pour évidents par les gens ordinaires au sujet des nombres étaient en fait des théorèmes pour Ernie. Car sur la base de sa théorie, il pouvait établir les axiomes de Peano – un avantage qu'il avait sur les mortels ordinaires, qui devaient plus ou moins les accepter comme donnés, ou comme évidents par eux-mêmes, ou bien utiles quoique dénués de sens, ou autre chose encore. [1]

Ernie devait apprendre deux choses encore avant qu'on puisse le considérer comme quelqu'un capable de converser avec tout un chacun. Il fallait lui montrer quelles opérations sur les éléments de **N** étaient celles désignées par l'« addition », la « multiplication », l'« exponentiation », etc. Là aussi il était en position de supériorité épistémologique. Car tandis que les gens ordinaires devaient introduire de telles opérations par des définitions récursives, un euphémisme pour dire qu'ils postulaient, Ernie en revanche était en position de montrer que ces opérations pouvaient être *explicitement* définies. Ainsi, l'on pouvait aussi montrer que les postulats supplémentaires supposés par les tenants des nombres étaient dérivables dans sa théorie, une fois qu'on avait vu quelles opérations de la théorie des ensembles l'addition, la multiplication etc. étaient en réalité.

La dernière chose nécessaire pour compléter l'éducation de Ernie consistait à lui expliquer les *applications* de ces deux mécanismes que sont compter et mesurer. Car ils utilisent des concepts qui allaient au delà de ceux déjà introduits. Mais heureusement, Ernie pouvait repérer ce qui correspondait à ces activités dans ce qu'il faisait (nous nous concentrerons sur le

---

1. Je n'ennuierai pas le lecteur avec le détail des démonstrations.

comptage, en supposant que la mesure peut être expliquée de manière semblable, ou alors en termes de comptage).

Il y a deux types de comptage, correspondant aux usages transitifs et intransitifs du verbe «compter». Dans l'un, «compter», s'emploie avec un complément d'objet direct, comme dans «compter les billes», dans l'autre non. Le cas que j'ai en tête est celui du patient prêt à être opéré que l'on prépare pour la salle d'opération. Le masque à éther est placé sur son visage et on lui dit de compter, aussi loin qu'il | le peut. On ne **50** lui a pas demandé de compter quoi que ce soit mais simplement de compter. Un scénario probable veut que nous apprenons d'ordinaire les premiers nombres en nous rapportant aux ensembles ayant le même nombre d'éléments – c'est-à-dire, en termes de comptage *transitif* (on apprend ainsi l'usage des nombres),

et qu'on apprend ensuite comment engendrer «le reste» des nombres. En vérité, le «reste» demeure toujours une chose relativement vague. La plupart d'entre nous apprennent simplement que nous n'épuiserons jamais les nombres, que notre notation ira aussi loin que nous aurons besoin de compter. Apprendre ces mots, et comment les répéter dans le bon ordre, c'est apprendre le comptage *intransitif*. Apprendre leur usage pour mesurer des ensembles, c'est apprendre le comptage *transitif*. Que nous apprenions une façon de compter avant l'autre est sans importance pour ce qui concerne les premiers nombres. Ce qui est certain, et non sans importance, est que nous devrons apprendre une procédure récursive pour engendrer la *notation* dans l'ordre adéquat avant que nous ayons appris à compter transitivement, car faire cela, c'est faire correspondre, directement ou indirectement, les éléments de la suite des nombres avec les éléments de l'ensemble que nous comptons. Il semble donc qu'il soit possible d'apprendre à

compter intransitivement sans apprendre à compter transitivement. Mais pas vice versa. C'est, je pense, un point d'une
certaine importance. Mais qu'*est* ce que le comptage transitif,
au juste?

Compter les éléments d'un ensemble, c'est déterminer la
cardinalité de l'ensemble. C'est établir qu'une certaine relation C prévaut entre l'ensemble et un nombre – c'est-à-dire,
l'un des éléments de **N** (nous nous restreignons ici à compter
des ensemble finis). De manière pratique, et dans les cas
simples, on détermine qu'un ensemble a k éléments en prenant
(parfois métaphoriquement) ses éléments un par un, tout en
énumérant les nombres un par un (en commençant par 1 et dans
l'ordre croissant, le dernier nombre énuméré étant k). Compter
les éléments d'un ensemble b à k éléments, c'est établir une
correspondance biunivoque entre les éléments de b et les
éléments de **N** inférieurs ou égaux à k. La relation «désigner
chaque élément de b tour à tour en énumérant les nombres
jusqu'à et incluant k», établit une telle correspondance.

Puisque Ernie a à sa disposition la machinerie nécessaire
pour montrer qu'une telle correspondance existe entre deux
ensembles finis équipotents, un théorème de son système dira
51 qu'un ensemble | a k éléments si et seulement si il peut être mis
en correspondance biunivoque avec l'ensemble des nombres
inférieurs ou égaux à k[1].

[…]

---

1. Tout le monde n'est pas d'accord pour reconnaître que ces deux
dernières parties de notre description [*account*] (définir les opérations et définir
la cardinalité) soient vraiment requises pour fournir une explication [*explication*] adéquate des nombres. W.V. Quine, par exemple, nie catégoriquement
qu'on ait besoin de faire autre chose que de produire une suite qui jouerait le rôle
des nombres. […]

|Ce fut ainsi qu'Ernie apprit qu'il avait pratiqué toute sa **53** vie la théorie des nombres (j'imagine que de la même façon *nos* enfants apprendront sur eux-mêmes cette chose étonnante si la *nouvelle vague* des professeurs de mathématiques parvient à tous les noyer).

Il semble clair que l'éducation d'Ernie est à présent achevée. Il a appris à parler avec l'homme du commun, et tout le monde devrait s'accorder sur le fait que ma description initiale est correcte. Il avait à sa disposition tout ce qui est requis pour le concept de nombre. On pourrait même dire qu'il était déjà en possession des concepts de nombre, cardinal, ordinal, et des opérations usuelles sur les nombres, et n'avait besoin que d'apprendre un vocabulaire différent. Je prétends que rien de ce qui a trait à la tâche de « réduire » le concept de nombre à la logique (ou à la théorie des ensembles) ne manque à l'appel dans ce qui a été fait plus haut, ou du moins qu'on pourrait le faire en suivant les lignes que j'ai indiquées.

|Récapitulons. Il était nécessaire : 1) de donner les défi- **54** nitions de « 1 », « nombre », « successeur », et de « + », « × », etc. à partir desquelles on peut dériver les lois de l'arithmétique ; (2) d'expliquer les usages « extra-mathématiques » des nombres, le principal étant de compter – en introduisant pour ce faire le concept de *cardinalité* et de nombre cardinal.

Je considère que ces deux tâches ont été accomplies de manière satisfaisante, et que ce qui précède contient tous les éléments d'une description correcte, fût-elle quelque peu incomplète. Rien de ce qui précède n'est essentiellement nouveau. Je m'excuse d'avoir ennuyé le lecteur en exposant ces détails une fois de plus, mais il était crucial pour mon argument que la description esquissée plus haut apparaisse clairement comme étant suffisante. Car si elle est suffisante, vraisemblablement Ernie sait *maintenant* quels ensembles sont les nombres.

2. Le dilemme

Le récit de la section précédente aurait pu tout aussi bien concerner Johnny, le camarade d'Ernie, car son éducation satisfait également les conditions que je viens de mentionner. Enchantés de ce qu'ils avaient appris, ils se mirent à démontrer des théorèmes sur les nombres. En comparant leurs notes, ils s'aperçurent rapidement que quelque chose n'allait pas, car immédiatement un désaccord survint : 3 appartenait-il à 17 ou non ? Ernie disait que oui, Johnny disait que non. Des tentatives pour régler ce différend en demandant aux gens ordinaires (qui considéraient depuis longtemps les nombres *comme* des nombres) n'engendrèrent naturellement que des regards vides. Pour soutenir son point de vue, Ernie s'appuya sur son théorème énonçant que pour un couple de nombres x et y, x est inférieur à y si et seulement si x appartient à y et x est un sous-ensemble propre de y. Puisque c'est une notion commune que 3 est plus petit que 17, il s'ensuivait que 3 appartenait à 17. Mais de son côté Johnny objecta que le théorème d'Ernie était erroné, puisque pour deux nombres donnés, x et y, x appartient à y si et seulement si y est le successeur de x. Ces deux théorèmes étaient clairement incompatibles. En excluant la possibilité de l'inconsistance de leur théorie des ensembles commune, l'incompatibilité devait résider dans les définitions. Premièrement dans la relation « inférieur à ». Mais les deux soutenaient que x était inférieur à y si et seulement si x vérifiait R avec y. Toutefois, en approfondissant un peu, ils trouvèrent la source du problème. Pour Ernie, le successeur selon R d'un nombre x était l'ensemble formé par x et tous les éléments | de x, tandis que pour Johnny le successeur de x était simplement le singleton $\{x\}$ – l'ensemble dont l'unique élément est x. Puisque pour chacun d'eux, 1 était le singleton réduit à l'ensemble vide, leurs suites respectives étaient :

(i) $\{\varnothing\}, \{\varnothing, \{\varnothing\}\}, \{\varnothing, \{\varnothing\}, \{\varnothing, \{\varnothing\}\}\}, \ldots$ pour Ernie

et

(ii) $\{\varnothing\}, \{\{\varnothing\}\}, \{\{\{\varnothing\}\}\}, \ldots$ pour Johnny.

D'autres désaccords s'ensuivirent. Nous avons vu qu'Ernie avait pu démontrer qu'un ensemble avait n éléments si et seulement si il pouvait être mis en correspondance biunivoque avec l'ensemble des nombres inférieurs ou égaux à n. Jusque là Johnny était de son avis. Mais ils s'opposèrent lorsqu'Ernie affirma ensuite qu'un ensemble avait n éléments si et seulement il pouvait être mis en correspondance biunivoque avec le nombre n lui-même. Pour Johnny, chaque nombre avait un seul élément. En bref, leurs relations de cardinalité étaient différentes. Pour Ernie, 17 avait 17 éléments, alors que pour Johnny il n'en avait qu'un seul. [1] Et ainsi de suite.

Dans ces circonstances, la cause de ces désaccords devint parfaitement évidente. Mais c'était la façon de les résoudre qui ne l'était pas. Car le problème était le suivant :

Si les conclusions de la section précédente sont correctes, les deux garçons ont tous les deux reçu des descriptions correctes des nombres. Le père de chacun d'eux dit à son fils quel ensemble était vraiment l'ensemble des nombres. Chacun des deux apprit quel objet – dont il pouvait démontrer

---

1. Certains de leurs cousins tenants de la théorie des types avaient des points de vue encore plus bizarres – car pour être de cardinalité 5 un ensemble devait *appartenir* à un des nombres 5. Je dis « certains » parce que d'autres n'employaient pas cette définition de la cardinalité, ni des nombres, mais se rangeaient soit du côté d'Ernie, soit du côté de Johnny.

l'existence indépendante – était le nombre 3. Chacun reçut une
description de la signification (et de la référence) des mots-
nombres, qui ne souffrait aucune exception et sur la base de
laquelle tout ce que nous savons ou faisons concernant les
nombres pouvait être expliqué. Chacun apprit qu'un certain
ensemble d'objets contenait ce que désignaient les gens employant les mots-nombres. Mais les ensembles étaient différents dans chaque cas, comme l'étaient les relations définies
sur ces ensembles – y compris les relations essentielles,
comme la cardinalité et les autres du même genre. Mais si,
comme nous en sommes convenus, la description de la section
précédente était correcte – pas seulement dans une certaine
56 mesure, mais correcte en ce qu'elle contenait | des conditions à
la fois nécessaires et *suffisantes* pour toute description correcte
du phénomène dont il est question, alors leur désaccord quant
aux ensembles particuliers que sont les nombres porte un coup
fatal à l'idée que chaque nombre est un ensemble particulier.
Car si le nombre 3 est en fait un certain ensemble particulier b,
il n'est pas possible que deux descriptions correctes de la signification de « 3 » – et donc aussi de sa référence – assignent deux
ensembles différents à 3. Car s'il est vrai que pour un ensemble
b, $3 = b$, alors il ne peut pas être vrai que pour un ensemble c,
différent de b, $3 = c$. Mais si l'interprétation de Ernie est adéquate parce qu'elle satisfait les conditions énoncées dans la
première section, celle de Johnny l'est également, parce
qu'elle aussi satisfait ces conditions. Nous sommes face à un
dilemme. Nous avons deux (une infinité, en réalité) descriptions de la signification de certains mots (« nombre », « un »,
« dix-sept », etc.), et chacune d'elles satisfait ce qui semble être
les conditions nécessaires et suffisantes d'une description
correcte. Bien qu'il existe des différences entre les deux
descriptions, il apparaît qu'elles sont toutes les deux correctes

parce qu'elles satisfont les mêmes conditions. S'il en est ainsi, les différences sont superficielles et n'affectent pas la correction des descriptions. De plus, dans la terminologie frégéenne, chaque description détermine le *sens* des mots dont elle fournit l'analyse. Chaque description doit donc également déterminer la *référence* de ces expressions. Pourtant, ainsi que nous l'avons vu, une différence entre ces deux descriptions tient aux référents attribués aux termes soumis à l'analyse. Cela nous conduit à l'alternative suivante :

(A) Les deux descriptions sont vraies dans leurs affirmations : chaque description contenait des conditions dont chacune était nécessaire et qui ensemble étaient suffisantes. Donc $3 = \{\{\{\varnothing\}\}\}$ et $3 = \{\varnothing, \{\varnothing\}, \{\varnothing, \{\varnothing\}\}\}$.

(B) Il n'est pas vrai que les deux descriptions soient correctes ; c'est-à-dire, l'une d'elles au moins contenait des conditions qui n'étaient pas nécessaires, et n'en contenait peut-être pas d'autres qui, ajoutées aux autres, auraient formé un ensemble de conditions suffisantes.

(A) est bien sûr absurde. Nous devons donc explorer (B).

Les deux descriptions s'accordent dans leur structure globale. Mais elles sont en désaccord lorsqu'il s'agit de déterminer les référents des termes en question. Les nombres étant identifiés à un ensemble particulier | d'ensembles, les deux descriptions s'accordent sur les relations définies sur cet [57] ensemble ; dans les deux cas, nous avons, on peut le démontrer, une progression récursive et une fonction successeur suivant l'ordre de cette progression. De plus, les notions de cardinalité sont définies dans les termes de la progression, ce qui permet de prouver le théorème énonçant que pour tout n, un ensemble a n éléments si et seulement si il peut être mis en correspondance biunivoque avec l'ensemble des nombres inférieurs ou égaux à n. Finalement, les opérations arithmétiques ordinaires sont définies pour ces « nombres ». Ces descriptions diffèrent néanmoins par leur façon de définir la cardinalité, car dans la description d'Ernie le fait qu'un nombre n avait n éléments était exploité pour définir la notion de posséder n éléments. Toutefois, elles s'accordent sur tous les autres aspects.

Et donc, si on n'a pas à la fois $3 = \{\{\{\varnothing\}\}\}$ et $3 = \{\varnothing, \{\varnothing\}, \{\varnothing, \{\varnothing\}\}\}$, ce qui est sûr, alors au moins l'une des deux descriptions correspondantes est incorrecte parce qu'elle contient une condition qui n'est pas nécessaire. Elle pourrait aussi être incorrecte sous d'autres aspects, mais au moins ceci est clair. Je peux à nouveau distinguer deux possibilités : soit toutes les conditions listées ci-dessus, partagées par les deux descriptions, sont nécessaires pour une description correcte et complète, soit certaines ne le sont pas. Supposons la première de ces deux possibilités, bien que je me réserve le droit de rejeter cette hypothèse s'il devient nécessaire de la remettre en question.

Si toutes les conditions qu'elles partagent sont nécessaires, les conditions superflues sont donc à trouver parmi celles qui ne sont pas partagées. Une fois encore il y a deux possibilités : soit au moins l'une des descriptions satisfaisant les conditions que nous supposons nécessaires, mais qui assigne un ensemble défini à chaque nombre, est correcte, soit aucune ne l'est. Clairement deux descriptions différentes ne peuvent l'être, puisqu'elles ne sont pas même équivalentes extensionnellement, et encore moins intensionnellement. Donc, soit l'une est correcte, soit aucune des deux ne l'est. Mais alors celle qui est correcte doit être celle qui distingue quel ensemble d'ensembles les nombres sont *en réalité*. Nous sommes maintenant face à un problème capital : si une telle description

« correcte » existe, existe-t-il aussi des arguments qui montre-
ront qu'elle est correcte ? Ou existe-t-il un certain ensemble
d'ensembles *b*, qui est *en réalité* l'ensemble des nombres, mais
tel qu'on ne puisse fournir aucun argument pour établir que
c'est bien cet ensemble-ci, et non celui d'Ernie par exemple,
qui serait en réalité l'ensemble des nombres ? Il paraît tout à fait
| évident que cette dernière possibilité frise l'absurdité. Si les **58**
nombres constituent un ensemble particulier d'ensembles, et
pas un autre, il doit exister des arguments pour nous indiquer
lequel. En insistant sur cela, je ne m'engage pas sur la déci-
dabilité par démonstration de toute question mathématique –
puisque je considère que cette question n'est ni mathématique,
ni susceptible d'être démontrée. La réponse à la question
que je pose découle de l'analyse des questions de la forme
« Est-ce que *n* = … ? ». Il suffira pour le moment de souligner la
différence entre notre question et

> Existe-t-il un plus grand nombre premier *p* tel que *p* + 2 est
> aussi un nombre premier ?

ou même

> Existe-t-il un ensemble infini de nombres réels qui ne soit ni
> équipotent à l'ensemble des entiers ni à l'ensemble des
> nombres réels ?

En demandant à être éclairés sur la véritable identité de 3
nous ne demandons pas la démonstration d'un théorème
profond. Au stade où nous nous trouvons, sans avoir déterminé
jusque-là l'identité de 3, nous ne pouvons aller plus loin. Nous
ne savons pas à quoi *pourrait* ressembler une preuve de cela.
La notion de « description correcte » se détache de ses amarres
si nous admettons l'existence de réponses correctes mais non
justifiables à des questions telles que celle-ci. Prendre au

sérieux la question « Est-ce que $3 = \{\{\{\varnothing\}\}\}$? » tout court (et
non pas comme une tournure elliptique pour « $3=\{\{\{\varnothing\}\}\}$
dans la description d'Ernie »), en l'absence de tout moyen de la
régler, c'est se perdre complètement. Non, si une telle question
a une réponse, il y a des arguments pour l'étayer, et si de tels
arguments n'existent pas, alors il n'y a pas de description
« correcte » qui se détache parmi toutes les descriptions satisfaisant les conditions que nous avons récapitulées plus haut.

[…]

62 | Et maintenant où en sommes-nous ? J'ai soutenu qu'il ne
peut y avoir qu'une description correcte au plus parmi toutes
les descriptions distinctes, en nombre infini, qui satisfont nos
conditions, en me fondant sur le fait qu'elles ne sont pas même
extensionnellement équivalentes, et que donc toutes sauf une,
ou peut-être même toutes, contiennent des conditions qui
ne sont pas nécessaires et qui mènent à l'identification des
nombres avec un certain ensemble d'ensembles. Si les nombres sont des ensembles, alors ils doivent être des *ensembles
particuliers*, car chaque ensemble est un ensemble particulier.
Mais si le nombre 3 est vraiment un ensemble plutôt qu'un
autre, il doit être possible de donner une raison convaincante
pour penser cela ; car soutenir qu'il s'agit d'une vérité incon-
naissable est difficilement tenable. Mais il semble qu'il y ait
peu de raisons pour choisir entre les descriptions. Relativement à notre objectif de rendre compte de ces questions,
l'une ou l'autre convient, préférences de style mises à part.
Il n'existe rien se rapportant à la référence des mots-nombres
qui nous permettra de choisir entre elles, *car les descriptions
diffèrent là où il n'y a pas la moindre connexion entre les
caractéristiques des descriptions et nos usages des mots en
question.* Si tout ce qui précède est convaincant, nous ne
pouvons rien conclure sinon que toute partie d'une description

qui identifie 3 avec un ensemble est superflue – et donc que 3, ainsi que ses compagnons nombres, pourraient ne pas du tout être des ensembles.

3. SOLUTION

Dans cette troisième et dernière section, j'examinerai et avancerai des considérations qui, je l'espère, rendront plausible la conclusion de la section précédente, au moins par contraste. Evidemment, les questions qui se posent sont nombreuses et complexes, et couvrent un large spectre de problèmes philosophiques. Je ne peux dans cet article rien faire de plus qu'indiquer quels sont les problèmes et comment, en général, | on peut les résoudre. J'espère néanmoins qu'une **63** explication plus constructive émergera à partir de ces considérations.

A. *Identité.* Tout au long des deux premières sections, j'ai traité des expressions de la forme $n = s$, où n est une expression numérique et s une expression ensembliste, comme si je pensais que ces expressions faisaient parfaitement sens, et que notre tâche consistait à séparer le vrai du faux.[1] Il pourrait sembler que ma conclusion était que toutes les formulations de ce type étaient fausses. J'ai fait cela pour dramatiser le type de réponse qu'un Frégéen pourrait donner à la demande d'analyse du nombre – pour indiquer le sens dans lequel Frege prenait ce type de question. Clairement, il souhaitait que l'analyse

---

1. J'ai été heureux de voir que plusieurs arguments dans ma discussion de Frege ont été avancés de façon assez indépendante par Charles Parsons dans un article intitulé « Frege's Thesis that Numbers are Objects », non publié [N.d. T : « Frege's Theory of Numbers », paru dans Black (ed.), *Philosophy in America*, Ithaca, Cornell UP, 1965, p. 180-203]. Je suis redevable à son examen de la question de m'avoir suggéré plusieurs améliorations.

détermine une valeur de vérité pour chaque identité de ce type. En fait, il voulait déterminer le sens du résultat de la substitution de s par un nom ou une description quelconque (tandis qu'une expression ordinairement censée nommer un nombre occupait la place de n). Etant donné la symétrie et la transitivité de l'identité, il y avait trois types d'identités satisfaisant ces conditions, correspondant aux trois types d'expressions qui peuvent apparaître à droite :

a) avec une expression arithmétique à droite et à gauche (par exemple, « $2^{17} = 4\,892$ », etc.) ;

b) avec une expression désignant un nombre, mais pas de façon arithmétique standard, comme « le nombre de pommes dans la marmite », ou « le nombre de F » (par exemple, 7 = le nombre de nains) ;

c) avec une expression référente à droite qui n'est pas du même type que les précédents, comme « Jules César », « $\{\{\varnothing\}\}$ » (par exemple, $17 = \{\{\varnothing\}\}$).

L'exigence que les lois habituelles de l'arithmétique dérivent de la description des nombres prend en charge le traitement de toutes les identités du premier type. Ajouter une explication du concept de cardinalité suffira donc pour celles **64** | du type (b). Mais pour y inclure celles du type (c), il semblait nécessaire à Frege de trouver des « objets » nommés par les mots-nombres et auxquels les nombres pourraient être identifiés. C'est à ce moment-là que les questions concernant quel ensemble d'objets les nombres étaient *en réalité* commencèrent à sembler exiger des réponses puisque, évidemment, la simple réponse « les nombres » ne pouvait suffire. En adoptant le point de vue de Frege, il y a un monde d'objets – à savoir les designata et les références des noms, des descriptions, etc. – sur lequel la relation d'identité étend pleinement sa juridiction.

Il faisait sens pour Frege de demander si deux noms (ou descriptions) nommaient le même objet ou des objets différents. C'est pour cette raison qu'il déplore, à un moment donné de sa discussion, qu'à ce stade on ne puisse, sur la base de ses définitions, dire si Jules César est un nombre ou non.

Je suis enclin à douter que pour expliquer l'usage et la signification des mots-nombres, il faille décider si Jules César était (est?) ou n'était pas le nombre 43. Je pense que l'insistance avec laquelle Frege soulignait la nécessité à le faire a sa source dans le fait (démontrable) que sa logique (interprétée dans un sens suffisamment large pour comprendre la théorie des ensembles) est inconsistante. Tous les items (noms) dans l'univers étaient sur un pied d'égalité, et la question de savoir si deux noms avaient le même référent était censée avoir toujours une réponse – oui ou non. L'inconsistance de la logique dont tout ceci procède est bien sûr *une* bonne raison d'envisager cette conception avec suspicion. Mais ce n'est pas tout à fait une réfutation, puisqu'on pourrait concéder que tous les énoncés d'identité ont une signification et qu'il existe un ensemble universel qui soit le champ de la relation, tout en ayant des principes d'existence d'ensemble suffisamment restrictifs pour éviter l'inconsistance. Mais une telle conception, coupée de la théorie naïve des ensembles dont elle procède, perd beaucoup de son attrait. Je suggère, à titre d'essai, que nous envisagions la question d'une autre manière.

Je propose de nier que toutes les identités aient un sens, et plus particulièrement de rejeter les questions du type (c) ci-dessus comme vides de sens, ou « non sémantiques » (elles ne sont pas totalement vides de sens, car nous pouvons suffisamment saisir quelque chose de leur sens pour expliquer pourquoi elles sont vides de sens). Les énoncés d'identité ont un sens seulement dans des contextes ou il existe des conditions d'individuation possibles. Si une expression de la forme $x = y$ doit avoir un sens, cela se peut seulement dans des contextes où il est clair qu'à la fois x et y sont du même type ou de la même catégorie C, et que ce sont les conditions indivi-

65 duant des choses *comme le même C* qui sont | opératoires et déterminent sa valeur de vérité. Clarifions ce point à l'aide d'un exemple. Si nous savons que x et y sont des réverbères (peut-être le même, mais rien dans la façon dont ils sont dési-gnés ne permet de le décider), nous pouvons nous demander s'ils sont *le même réverbère*. Ce sera leur couleur, leur histoire, leur masse, leur position, etc. qui détermineront s'ils sont effectivement le même réverbère. De la même façon, si nous savons que z et w sont des nombres, alors nous pouvons nous demander s'ils sont *le même nombre*. Et c'est le fait de savoir s'ils sont premiers, plus grands que 17, etc., qui permettra de décider s'ils sont vraiment le même nombre. Mais tout comme nous ne pouvons individuer un réverbère en fonction de ces derniers prédicats, nous ne pouvons individuer un nombre en fonction de sa masse, sa couleur ou de considérations sem-blables. Ce qui détermine qu'une chose est un *réverbère particulier* ne peut l'individuer comme un *nombre particulier*. Je soutiens que les questions concernant l'identité d'une « enti-té » particulière n'ont aucun sens. « Entité » est trop vague. Pour que de telles questions aient un sens, il doit exister un prédicat C bien établi, en fonction duquel on puisse s'inter-roger sur l'identité d'un *C particulier*, et les conditions asso-ciées à l'identification des C comme *le même C* seront les conditions qui permettent de décider. Ainsi, si pour deux prédicats F et G il n'y a pas de troisième prédicat C qui les subsume tous les deux et associe en outre des conditions uniformes pour identifier deux candidats comme le même C (ou des C différents), les énoncés d'identité franchissant

les limites de F et de G n'auront aucun sens.[1] Par exemple, cela aura un sens de demander au sujet de x (qui est en fait une chaise) si c'est la même ... que y (qui est en fait une table) parce que nous pouvons remplir le blanc avec un prédicat, « meuble », et que nous savons ce que c'est pour a et b d'être le même meuble ou des meubles différents. Pour le dire autrement, les questions d'identité contiennent la présupposition que les « entités » étudiées appartiennent toutes les deux à une catégorie générale. Cette présupposition est normalement produite par le contexte ou la théorie (c'est-à-dire, un contexte plus systématique). Dire qu'elles sont toutes les deux des « entités », c'est ne faire aucune présupposition – parce que toute chose prétend être | au moins cela. « Entité », « chose », **66** « objet » sont des mots qui ont un rôle dans le langage ; ce sont des bouche-trous dont la fonction est analogue à celle des pronoms (et, dans des contextes plus formels, à celle des variables de quantification).

L'identité *est* l'id-entité, mais uniquement dans des contextes étroitement restreints. D'un autre côté, ce qui constitue une entité est dépendant d'une catégorie ou d'une théorie. Il existe en fait deux manières corrélatives de regarder le problème. On pourrait conclure que l'identité est systématiquement ambiguë, ou bien, en accord avec Frege, estimer que l'identité est non ambiguë et qu'elle signifie toujours qu'un objet est le même, mais (au contraire de Frege) penser que la notion d'*objet* varie d'une théorie à l'autre, d'une catégorie à

1. Pour donner une explication précise, il serait nécessaire d'expliquer « conditions uniformes » de manière à exclure les contre-exemples évidents engendrés par la construction *ad hoc* de conditions disjonctives. Mais discuter la façon de le faire nous amènerait trop loin et je ne prétends pas avoir une réponse détaillée à cette question.

l'autre – et que son erreur vient du fait qu'il n'a pas su appréhender ce fait. J'insiste ici sur ce dernier point, car il a le mérite de préserver l'identité comme une relation logique générale dont l'application dans tout contexte bien défini (c'est-à-dire, un contexte dans lequel la notion d'objet est univoque) demeure non problématique. La logique peut ainsi être considérée comme la plus générale des disciplines, applicable de la même façon à (et dans) toute théorie donnée. Elle reste ainsi l'outil applicable à toutes les disciplines et théories, la seule différence étant que c'est la discipline ou la théorie qui détermine ce qui doit compter comme un « objet » ou un « individu ».

Qu'une telle conception ne manque pas de plausibilité, c'est également ce que le langage suggère. Les contextes de la forme « le même *G* » abondent, et c'est en effet dans des termes relevant de ces contextes que l'identité devrait être expliquée, car ce qui comptera comme « le même *G* » dépendra étroitement de *G*. Le même *homme* devra être un homme individuel; « la même *action* » est une description qui peut être satisfaite par beaucoup d'actions individuelles, ou par une seule, car les conditions individuantes pour les actions font d'elles parfois des types, parfois des occurrences (*token*). Dans le langage les contextes ouverts à (satisfiables par) un type quelconque de « chose » sont extrêmement rares. Il y en a quelques-uns – par exemple, « Sam fait référence à … », « Hélène pensait à … » – et il semble parfaitement correct de demander si ce à quoi Sam faisait référence en quelque occasion était ce à quoi Hélène pensait. Mais ces contextes sont très peu nombreux, et il semble qu'ils soient tous intensionnels, ce qui, d'un point de vue référentiel, jette un voile d'opacité sur le rôle que l'identité peut y jouer.

Certains argueront que les identités du type (c) ne sont pas vides de sens ou non-sémantiques, mais simplement fausses – en se fondant sur le fait | que l'on ne peut pas distinguer des **67** catégories. Je n'ai que l'argument suivant pour contrer ce point de vue. Il serait tout aussi difficile d'expliquer comment l'on *sait* qu'elles sont fausses que d'expliquer comment l'on sait qu'elles sont vides de sens, car normalement nous connaissons la fausseté d'une identité $x = y$ seulement si nous savons que x (ou y) possède une caractéristique que y (ou x) ne possède *pas*. Je sais que $2 \neq 3$ parce que je sais, par exemple, que 3 est impair et 2 non. Pourtant il me semble clairement faux d'affirmer que nous savons que $3 \neq \{\{\{\emptyset\}\}\}$ parce que, admettons, nous savons que 3 n'a pas (ou 17, ou une infinité) d'éléments alors que $\{\{\{\emptyset\}\}\}$ en a exactement 1. Nous ne savons rien de tel. Nous ne savons pas que ce soit le cas. Mais cela ne signifie pas que nous sachions que ce n'est pas le cas. La conception selon laquelle ces énoncés sont tous faux est séduisante, évidemment, parce qu'ils ne paraissent guère constituer des questions ouvertes auxquelles on pourrait trouver un jour de réponse. Clairement, les preuves [*evidence*] sont à notre portée, et si aucune décision n'est possible sur cette base, aucune décision ne sera jamais possible. En réalité, pour le but que nous nous sommes fixé, la différence entre ces deux points de vue n'est pas très importante. Je serais déjà heureux d'arriver à la conclusion que toutes les identités du type (c) sont soit vides de sens soit fausses.

B. *Explication et Réduction*. Je voudrais maintenant considérer la question sous un angle légèrement différent. Tout au long mon article, j'ai discuté ce qui était en substance le point de vue de Frege, et je me suis efforcé d'éclairer la signification des mots-nombres en exposant les difficultés que

l'on rencontre lorsqu'on essaie de déterminer quels objets
les nombres sont en réalité. Les analyses que nous avons
considérées contiennent toutes la condition que les nombres
sont des ensembles, et que, par conséquent, chaque nombre
individuel est un ensemble individuel. Nous avons conclu à la
fin de la deuxième section que les nombres pourraient ne pas
du tout être des ensembles – en arguant qu'il n'y a pas de
bonnes raisons pour dire qu'un nombre quelconque particulier
est un ensemble particulier. Pour étayer notre argument, il
pourrait être instructif d'examiner brièvement deux activités
étroitement liées au fait d'énoncer que les nombres *sont* des
ensembles – celles de l'explication [*explication*] et de la
réduction.

En proposant une explication du nombre, un philosophe
pourrait y inclure l'énoncé que 3 ={{{∅}}}. S'ensuit-il qu'il
commette le même type d'erreur dont j'ai accusé Frege ? Je ne
68 le pense pas. Car il existe une différence entre | *asserter* que 3
est l'ensemble de tous les triplets et *identifier* 3 à cet ensemble-
là, ce qui pourrait être fait dans le contexte d'une explication.
Je ne voudrais surtout pas que ce que j'avance dans cet article
soit considéré comme un argument contre l'identification de 3
avec quoi que ce soit que vous puissiez vouloir. La différence
est que, normalement, celui qui identifie 3 avec un ensemble
particulier ne le fait pas dans le but de présenter une théorie et
ne prétend pas qu'il a *découvert* quel objet est en réalité 3.
Nous pourrions souhaiter savoir si un ensemble (et des relations, etc.) peut représenter les nombres. En examinant cette
question, il serait parfaitement légitime d'énoncer qu'en
faisant une telle identification, on peut faire avec cet ensemble
(et ces relations) ce que nous faisons maintenant avec les
nombres. C'est ainsi que Quine dit :

> Frege traitait de la question « Qu'est-ce qu'un nombre » en
> montrant comment la tâche pour laquelle on aurait besoin des
> objets en question pouvait être accomplie par des objets dont
> la nature était présumée moins problématique.[1]

J'ignore si c'est une interprétation correcte de Frege, mais
il est clair qu'en disant cela, on n'affirmerait pas qu'il est
maintenant clair que les nombres ont toujours été en réalité des
ensembles. Dans un tel contexte, l'adéquation d'un système
d'objets à la tâche est une question tout à fait réelle qui peut être
résolue. Selon notre analyse, tout système d'objets, qu'ils
soient ou non des ensembles, formant une progression récursive doit convenir. Il est donc évident que découvrir qu'un
système conviendra ne peut être découvrir quels objets sont les
nombres … L'explication, dans le sens réductionniste précédent, est donc neutre par rapport au type de problème dont nous
avons discuté, mais elle jette une lumière dégrisante sur la
question de savoir ce que c'est qu'être un nombre individuel.

[…]

| Ces brefs commentaires sur la réduction, l'explication, et **69**
ce qu'on pourrait dire qu'elles accomplissent dans les mathématiques nous ramènent à la citation de Richard Martin mise
en exergue de cet article. Martin fait remarquer à juste titre que
l'intérêt du mathématicien s'arrête au niveau des structures. Si
une théorie peut être modelée dans une autre (c'est-à-dire,
réduite à une autre) alors de nouvelles questions concernant le
fait de savoir si les individus de la première théorie sont en
réalité ceux de la seconde ne se posent tout simplement pas.
Dans le même passage, Martin continue en faisant remarquer
(en l'approuvant, je suppose) que le philosophe n'est pas

---

1. Quine, *Word and object*, London, MIT Press, 1960, p. 262 .

satisfait par ce point de vue limité sur les choses. Il veut en savoir plus et pose des questions pour lesquelles le mathématicien ne professe aucun intérêt. Je suis d'accord. Il en pose. Et c'est ce en quoi il se trompe. Le reste de cet article sera consacré à soutenir que de telles questions passent à côté du véritable sujet de l'arithmétique.

C. Conclusion : nombres et objets. Nous avons souligné plus haut que n'importe quel système d'objets, qu'il soit ou non composé d'ensembles, formant une progression récursive [peut être adéquatement identifié aux nombres]. Mais ceci est curieux, car tout ensemble récursif peut être arrangé en une progression récursive. Donc, ce qui importe vraiment, n'est pas telle condition sur les *objets* (c'est-à-dire, sur l'ensemble) mais plutôt une condition sur la relation selon laquelle ils forment une progression. Pour le dire autrement – et c'est le cœur de la question – le fait qu'une progression récursive quelconque convienne suggère que ce qui est important est non l'individualité de chaque élément mais la structure qu'ils exhibent conjointement. C'est là une caractéristique extrêmement frappante. En partant de ce seul fait, on pourrait être conduit à considérer que la question de savoir si un « objet » particulier – par exemple, $\{\{\{\varnothing\}\}\}$ – convient pour remplacer le nombre 3 n'est absolument pas pertinente, ce qui est en effet le cas. Les « objets » ne font pas le travail que font les nombres un par un ; le système tout entier accomplit ce travail ou rien ne le fait. Je soutiens donc, en prolongeant l'argument qui menait à la conclusion que les nombres ne peuvent pas être des ensembles, que les nombres ne peuvent pas être des objets du tout ; car il n'y a pas plus de raison d'identifier un nombre individuel à un objet particulier plutôt qu'à n'importe quel autre (tout du moins s'il n'est pas déjà connu comme étant un nombre).

Le manque de pertinence de la tentative consistant à déterminer quels objets sont les nombres dérive donc directement du manque de pertinence de cette question lorsqu'elle porte sur un nombre individuel. | Les propriétés des nombres **70** qui ne procèdent pas des relations qu'ils partagent du fait de leur arrangement dans une progression sont sans conséquence aucune du point de vue de l'arithmétique. Mais ce serait uniquement ces propriétés qui distingueraient un nombre comme étant tel ou tel objet.

Par conséquent, les nombres ne sont pas du tout des objets, car en donnant les propriétés (nécessaires et suffisantes) des nombres vous caractérisez uniquement une *structure abstraite* – et la différence réside dans le fait que les « éléments » de la structure n'ont pas d'autres propriétés que celles qui les rapportent à d'autres « éléments » de la même structure. Si nous identifions une structure abstraite à un système de relations (en intension, bien sûr, ou alors à l'ensemble de toutes les relations en extension isomorphes à un système donné de relations), nous obtenons l'arithmétique en élaborant les propriétés de la relation « inférieur à », ou de tout système d'objets (c'est-à-dire de structures *concrètes*) exhibant cette structure abstraite. Qu'un système d'objets exhibe la structure des entiers implique que les éléments de ce système possèdent des propriétés qui ne dépendent pas de la structure. Il doit être possible d'individuer ces objets indépendamment du rôle qu'ils jouent dans cette structure. Mais c'est précisément ce qui ne peut être fait avec les nombres. *Être* le nombre 3 n'est rien de plus ni de moins qu'être précédé par 2, 1 et si l'on veut 0, et suivi par 4, 5 etc. Et *être* le nombre 4 n'est rien de plus ni de moins qu'être précédé par 3, 2, 1 et si l'on veut 0, et suivi par… Tout objet *peut jouer le rôle de* 3 ; c'est-à-dire, tout objet peut être le troisième élément dans une progression. Ce qui est spécifique à 3 est qu'il définit ce rôle – non pas en étant un paradigme de tout objet qui joue ce rôle, mais en représentant la relation que tout troisième élément d'une progression vérifie avec le reste de la progression.

L'arithmétique est donc la science élaborant la structure abstraite commune à toutes les progressions de par leur nature de progression. Ce n'est pas une science concernée par des objets en particulier – les nombres. Rechercher quels objets particuliers identifiables de façon indépendante les nombres sont censés être en réalité (des ensembles ? Jules César ?), c'est se fourvoyer.

Si l'on adopte ce point de vue, de nombreuses choses qui nous ont laissé perplexes dans cet article semblent trouver leur place. La raison pour laquelle de si nombreuses interprétations de la théorie des nombres sont possibles sans qu'aucune ne se dégage devient évidente : il n'y a pas un unique ensemble **71** d'objets qui sont les nombres. | La théorie des nombres est l'élaboration des propriétés de *toutes* les structures du type d'ordre des nombres. Les mots-nombres n'ont pas de référents uniques. De plus, la raison pour laquelle l'identification des nombres avec des objets fonctionne globalement mais échoue totalement objet par objet tient au fait que la théorie élabore une structure abstraite et non les propriétés d'individus indépendants, dont chacun pourrait être caractérisé sans référence à ses relations au reste. Ce n'est qu'à partir du moment où nous considérons une suite particulière comme étant, non pas les nombres, mais *exhibant la structure des nombres*, que la question de savoir quel élément est, ou plutôt *correspond à*, 3 commence à avoir un sens.

Les slogans tels que « L'arithmétique concerne les nombres », « les mots-nombres réfèrent aux nombres » convenablement défendus, peuvent être interprétés comme soulignant deux choses assez distinctes : (1) que les mots-nombres ne sont pas des noms d'entités non-numériques spéciales, comme les ensembles, les tomates ou les monstres de Gila ; et (2) qu'un point de vue purement formaliste qui échoue à assigner une quelconque signification aux énoncés de la théorie des nombres est faux. Ces choses ne sont pas nécessairement incompatibles avec ce que j'avance ici.

Pareil formalisme est excessif. Mais il en existe une variante, niant également que les mots-nombres sont des noms, qui constitue une extension plausible et attrayante du point de vue que j'ai soutenu. Je vais l'esquisser ici. Selon ce point de vue, la suite des mots-nombres est exactement cela – une suite de mots ou d'expressions avec certaines propriétés. Il n'y a pas deux types de choses, les nombres et les mots-nombres, mais un seul, les mots eux-mêmes. La plupart des langages contiennent une telle suite, et chaque suite de cette sorte (de mots ou de termes) servira les buts que nous nous sommes fixés, du moment qu'elle est récursive de façon pertinente. En comptant, nous ne mettons pas en corrélation des ensembles avec des segments initiaux des nombres pris comme entités extra-linguistiques, mais nous mettons en corrélation des ensembles avec les segments initiaux de la suite des *mots*-nombres. L'idée centrale est que cette suite récursive est une sorte de mètre étalon que nous utilisons pour mesurer les ensembles. Les questions d'identification des référents des mots-nombres devraient être rejetées comme non-pertinentes, tout comme une question sur les référents des parties d'une règle serait perçue comme non-pertinente. Bien que n'importe quelle suite d'expressions avec la structure appropriée joue le rôle dévolu à nos mots-nombres actuels, il reste toutefois une raison pour avoir une notation relativement | uniforme : c'est la **72** communication ordinaire. De trop nombreuses suites dans

l'usage commun nous obligeraient à apprendre trop d'équiva-
lences différentes. L'objection usuelle à une telle description –
qu'il y a une distinction entre les nombres et les mots-nombres
dont elle échoue à rendre compte – ne tient pas, je pense. Cette
objection est fondée sur le fait que « two », « zwei », « deux »,
« 2 » sont tous supposés « représenter » le même nombre mais
sont pourtant des mots *différents* (l'un deux n'étant pas un mot
du tout). On peut signaler des différences entre les expressions
en question, ainsi que des similitudes, sans faire apparaître les
objets extra-linguistiques qu'ils nommeraient. Il suffit de
souligner la similitude de leur fonction : dans tout système de
numération, ce qui sera important sera la place dans le système
qu'une expression particulière sert à marquer. Toutes les
expressions précédentes ont en commun cette caractéristique –
qu'elles ont aussi en commun avec l'emploi binaire de « 10 »,
mais pas avec son emploi décimal. L'« ambiguïté » de « 10 »
est ainsi aisément expliquée. Nous observons à nouveau que le
caractère des nombres individuels est de se rapporter à une
suite, si ce n'est que cela se dessine à présent d'une façon qui
nous est plus familière. On ne peut pas dire quel nombre une
expression particulière représente sans s'être donné la suite à
laquelle elle appartient. Ce sera donc à partir de sa position
dans cette suite – c'est-à-dire, à partir de sa relation avec les
autres éléments de la suite, *et à partir des règles gouvernant
l'usage de la suite pour compter* – qu'elle dérivera son individualité. C'est pour cette dernière raison que je soutiens,
contre Quine, que la description de la cardinalité doit figurer
explicitement dans la description du nombre.

[…]

73　|De plus, selon ce point de vue, nous apprenons les
opérations arithmétiques élémentaires comme les opérations
cardinales sur des petits ensembles, et nous les prolongeons à

l'aide des algorithmes usuels. De manière évidente, l'arithmétique devient donc l'arithmétique des cardinaux au niveau élémentaire, et les énoncés plus avancés deviennent facilement interprétables comme des *projections* au moyen des fonctions de vérité, des quantificateurs, et des règles récursives gouvernant les opérations. On peut être formaliste en ce sens sans nier pour autant qu'il existe quelque chose comme la vérité arithmétique, autre que la dérivabilité à l'intérieur d'un système donné. On peut même expliquer ce qui ne peut apparemment pas l'être par le formaliste ordinaire – pourquoi l'on a choisi ces axiomes et laquelle de deux extensions consistantes possibles on devrait adopter dans chaque cas donné.

Mais je dois m'arrêter là. Je ne peux défendre ce point de vue en détail sans écrire un livre. Revenons pour terminer à nos pauvres enfants abandonnés ; je pense que nous devons conclure que leur éducation fut très mal organisée – non pas tant du point de vue mathématique, puisque nous avons conclu qu'il n'y a pas de différence mathématique significative entre ce qu'on leur a enseigné et ce que savent les simples mortels ordinaires, mais du point de vue philosophique. Ils pensent que les nombres sont en réalité des ensembles d'ensembles alors que, la vérité fût-elle connue, il n'existe pas de choses telles que les nombres ; ce qui ne veut pas dire qu'il n'y a pas au moins deux nombres premiers entre 15 et 20.[1]

Traduction Sébastien Maronne[*]

---

[1]. Je suis redevable à Paul Ziff pour ses commentaires utiles sur une précédente version de cet article.

[*] N.d. T : Je remercie Frédéric Voilley pour son aide.

PAUL BENACERRAF

LA VÉRITÉ MATHÉMATIQUE [1]

En dépit du fait que ce Congrès s'intitule « La vérité mathématique », je discuterai également de questions qui sont d'une certaine manière plus larges, mais qui font néanmoins une place centrale à la notion de vérité mathématique, dans la mesure où leur examen dépend de la façon dont on explique la vérité en mathématiques. La plus importante est celle de la connaissance mathématique. Je prétends que deux types tout à fait différents de préoccupations ont motivé séparément les explications de la nature de la vérité mathématique : 1) le souci de disposer d'une théorie sémantique homogène selon laquelle la sémantique des propositions des mathématiques reste parallèle à la sémantique du reste du langage [2], et 2) le souci que

---

1. « Mathematical truth », *The Journal of Philosophy*, vol. 70, n° 19, Seventieth Annual Meeting of the American Philosophical Association, Eastern Division (8 novembre 1973), p. 661-679.

2. Je me permets ici d'admettre la fiction selon laquelle nous *disposons* d'une sémantique pour « le reste du langage », ou, plus précisément, que les tenants des vues animées par un tel souci pensent souvent d'eux-mêmes qu'ils disposent d'une telle sémantique, du moins pour des fragments philosophiquement significatifs du langage.

l'explication de la vérité mathématique concorde avec une
épistémologie raisonnable. Ma thèse générale sera que presque
toutes les explications du concept de vérité mathématique
peuvent être identifiées comme étant au service de l'une de ces
exigences *aux dépens de l'autre*. Comme de plus je pense que
toute analyse correcte doit répondre à ces deux préoccupa-
662 tions, je me trouve moi-même | profondément insatisfait par
toutes les combinaisons existantes de sémantique et d'épistémologie qui prétendent expliquer la vérité et la connaissance à
la fois au sein et en dehors des mathématiques. Car, comme je
souhaite le faire valoir, les explications de la vérité qui, dans
les limites d'une comparaison pertinente, traitent de manière
similaire le discours mathématique et le discours non mathématique de façon pertinemment similaire le font au prix de
rendre inintelligible la façon dont nous pouvons avoir quelque
connaissance mathématique que ce soit; tandis que celles qui
attribuent aux propositions mathématiques le genre de
conditions de vérité auxquelles nous pouvons clairement avoir
accès, le font au prix d'être dans l'impossibilité de mettre en
rapport ces conditions avec quelque explication que ce soit qui
montrerait de quelle façon les conditions qui leur sont attribuées sont les conditions de leur *vérité*. Si je voulais faire
comprendre mon argument, il faudrait que j'explique en détail
ce que tout ceci signifie, mais je ne peux espérer le faire ici,
dans un contexte trop limité. Je vais cependant essayer de le
rendre suffisamment clair pour vous permettre de juger si oui
ou non ma thèse a des chances de ne pas être creuse.

Je considère comme évident que toute explication
philosophiquement satisfaisante de la vérité, de la référence,
de la signification et de la connaissance, doit inclure tous

ces concepts et être adéquate pour toutes les propositions auxquelles ils s'appliquent[1]. Une théorie de la connaissance qui *semble* marcher pour certaines propositions empiriques concernant des objets physiques de taille moyenne mais qui manque à expliquer une connaissance plus théorique est insatisfaisante – non seulement parce qu'elle est incomplète, mais parce qu'elle est susceptible d'être également incorrecte, même en tant qu'explication des choses qu'elle semble recouvrir de façon plutôt adéquate. Penser autrement voudrait dire, entre autres choses, ignorer l'interdépendance qui lie les applications de notre connaissance à des domaines différents. Et il en va de même pour les explications de la vérité et de la référence. Une théorie de la vérité pour le langage dans lequel nous parlons, argumentons, théorisons, mathématisons, etc., devrait d'un même mouvement fournir à des énoncés similaires des conditions de vérité similaires. Les conditions de vérité attribuées à deux énoncés contenant des quantificateurs devraient refléter de manière similaire, dans les limites d'une comparaison pertinente, les contributions des quantificateurs en question. Tout écart par rapport à une théorie homogène de ce genre devrait être fortement motivée pour demeurer digne

---

1. Je n'aurai en réalité dans cet article rien à dire de la signification. Je pense que ce concept est tombé dans un discrédit bien mérité, mais je ne l'écarte pas pour ces raisons. De récents travaux, et plus particulièrement ceux de Kripke, suggèrent que ce qui a longtemps passé pour être de la signification – à savoir le « sens » frégéen – a moins à voir avec la vérité que Frege ou ses successeurs immédiats l'ont pensé. La référence est ce qui est certainement le plus en rapport avec la vérité, et c'est pour *cette* raison que je limiterai mon attention à la référence. S'il est acquis qu'un changement de référence peut avoir lieu sans un changement correspondant de signification, et que la vérité est une affaire de référence, alors parler de signification n'a vraiment rien à voir avec le groupe de problèmes qui nous occupe dans cet article. Ces remarques ne sont pas conçues comme des arguments, mais seulement comme une clarification.

663 de considération. Un tel écart, par | exemple, pourrait se signaler dans une théorie qui donnerait une explication de la contribution des quantificateurs différente dans le raisonnement mathématique et dans le raisonnement de tous les jours à propos de crayons, d'éléphants et de vice-présidents. David Hilbert défendit une telle conception dans « De l'infini » [1], qu'on va discuter rapidement plus bas. J'essaierai d'en dire davantage plus loin à propos des conditions que j'attendrais qu'une théorie générale satisfai-sante de la vérité respecte, ainsi qu'à propos de la façon dont une explication doit s'accorder avec ce que je considère être une explication raisonnable de la connaissance. Qu'il suffise ici de dire que, même s'il sera souvent commode de présenter ma discussion en termes de théories de la vérité mathématique, nous devrions toujours garder en tête que l'enjeu réel de la question est notre vue philosophique d'ensemble. Je défendrai l'idée que, *en tant que vue d'ensemble*, elle n'est pas satisfaisante – non pas tant parce que nous manquons d'une explication apparemment satisfaisante de la vérité mathématique ou parce que nous manquons d'une explication apparemment satisfaisante de la connaissance mathématique – mais parce que nous manquons de toute explication qui réunirait les deux de façon satisfai-sante. J'espère qu'il est ultimement possible d'élaborer une telle explication ; j'espère de plus que cet article aidera à susciter une telle explication en concentrant davantage l'attention sur certains des obstacles qui se trouvent sur sa route.

---

1. P. Benacerraf, H. Putnam (eds.), *Philosophy of Mathematics : Selected Readings*, Cambridge, Cambridge University Press, 2ᵉ éd., 1983 ; 1ʳᵉ éd., 1964.

1. Deux types d'explications

Considérons les deux énoncés suivants :

1) Il y a au moins trois grandes villes plus anciennes que New York.

2) Il y a au moins trois nombres parfaits plus grands que 17.

Ont-ils la même forme logico-grammaticale ? Plus précisément, sont-ils tous les deux de la forme

3) Il y a au moins trois FG qui ont la relation R à a,

où « Il y a au moins trois » est un quantificateur numérique éliminable de la manière habituelle au profit de quantificateurs existentiels, de variables, et de l'identité ; « F » et « G » sont à remplacer par des prédicats à une place, « R » par un prédicat à deux places, et « a » par le nom d'un élément de l'univers de discours des quantificateurs ? Quelles sont les conditions de vérité de (1) et (2) ? Sont-elles, dans les limites d'une comparaison pertinente, parallèles l'une à l'autre ? On ignorera le vague de « grand » et « plus ancien que » et les particularités des constructions d'adjectifs attributifs en français qui font qu'une grande ville n'est pas quelque chose de grand et (de plus) une ville, mais plutôt (bien que ce ne soit pas tout à fait exact) quelque chose de grand *pour* une ville. Si l'on laisse de côté ces complications, il semble clair que (3) reflète précisément la forme de (1) et ainsi que (1) sera vrai si et seulement si la chose nommée par l'expression | remplaçant « a » (« New **664** York ») a la relation désignée par l'expression remplaçant « R » (« x est plus ancien que y ») à au moins trois éléments (du domaine de discours des quantificateurs) qui satisfont les prédicats remplaçant « F » et « G » (« grand » et « ville », respectivement). Ceci est, me semble-t-il, ce qu'une définition convenable de la vérité est censée nous apprendre. Et je pense que c'est correct. Ainsi, si (1) est vrai, c'est parce que certaines villes ont certaines relations les unes avec les autres, etc.

Mais qu'en est-il de (2)? Peut-on recourir de la même manière à (3) comme à une matrice pour expliciter clairement les conditions de *sa* vérité? Cela sonne comme une question idiote à laquelle la réponse évidente est «Bien sûr». Pourtant l'histoire de ce sujet (la philosophie des mathématiques) a donné lieu à de nombreuses autres réponses. Certains (incluant l'un de mes moi passés et présents (voir mon (1965)), réticents à affronter les conséquences de la combinaison d'une telle analyse sémantique que je surnommerai «standard» avec une conception platoniste de la nature des nombres, n'ont pas osé supposer que les numéraux sont des noms et donc, par implication, que (2) est de la forme (3). David Hilbert (1926) choisit une approche différente mais tout aussi divergente, dans son cas, dans le but de parvenir à une description satisfaisante de l'emploi de la notion d'infinité en mathématiques. Selon une certaine version des choses, Hilbert mettrait à part une classe d'énoncés et de méthodes, ceux des mathématiques «intuitives», comme étant ceux qui ne demandent aucune justification supplémentaire. Supposons qu'ils soient tous «finiment vérifiables» en un certain sens qui n'est pas précisément spécifié. Des énoncés de l'arithmétique qui ne partagent pas cette propriété – typiquement, certain énoncés contenant des quantificateurs – sont considérés par Hilbert comme des procédés instrumentaux pour passer d'énoncés «réels» ou «finiment vérifiables» à des énoncés «réels», ce qui est très comparable à la façon dont un instrumentaliste considère les théories dans les sciences de la nature comme un moyen pour passer d'énoncés d'observation à d'autres énoncés d'observation. Hilbert appelle ces énoncés mathématiquement «théoriques» des «éléments idéaux», comparant leur introduction à l'introduction de points « à l'infini » en géométrie projective : ils sont introduits comme une commodité permettant de rendre plus simple et plus élégante la théorie des choses auxquelles vous vous intéressez proprement. Si leur introduction ne conduit pas à une contradiction et qu'ils ont ces fonctions auxiliaires, alors elle est justifiée ; d'où la recherche d'une preuve de consistance pour le système complet de l'arithmétique du premier ordre.

Si ce qui précède est un compte rendu raisonnable, pour sommaire qu'il soit, de la conception de Hilbert, il indique que Hilbert ne mettait pas sur un même plan, d'un point de vue sémantique, tous les énoncés quantifiés. Une sémantique pour l'arithmétique telle qu'il la concevait serait très difficile à donner. Mais, difficile ou non, elle ne traiterait certainement pas le quantificateur dans (2) de la même manière que le quantificateur | dans (1). La conception de Hilbert telle qu'on vient **665** de l'ébaucher représente un déni pur et simple du fait que (3) soit le modèle selon lequel (2) est construit.

Du point de vue d'autres explications du même genre, les conditions de vérité des énoncés arithmétiques sont définies comme étant leur dérivabilité formelle à partir d'un ensemble spécifié d'axiomes. Lorsqu'elles furent couplées au souhait d'attribuer une valeur de vérité à chaque énoncé clos de l'arithmétique, de telles vues ont été torpillées par les théorèmes d'incomplétude. Elles pouvaient être ramenées au moins à une consistance interne soit par la libéralisation de ce qui compte comme dérivabilité (p. ex., par l'inclusion de l'application de la ω-règle parmi les dérivations admissibles) soit par l'abandon du souhait de complétude. À défaut d'un meilleur terme et parce qu'elles misent presque invariablement sur les caractéristiques syntaxiques (combinatoires) des énoncés, j'appellerai de telles vues des vues « combinatoires »

des déterminants de la vérité mathématique. L'idée maîtresse
des vues combinatoires est d'attribuer des valeurs de vérité à
des énoncés arithmétiques sur le fondement (relevant habituellement de la théorie de la démonstration) de certains faits syntaxiques les concernant. Souvent, la vérité est définie comme
la dérivabilité (formelle) à partir de certains axiomes. (Il est
fréquent qu'une thèse plus modeste soit avancée – la thèse
invoquant la vérité-dans-S, où S est le système particulier en
question.) En tout état de cause, dans de tels cas la vérité n'est
manifestement pas expliquée en termes de référence, de déno-
tation ou de satisfaction. Le prédicat de « vérité » se trouve
défini syntaxiquement.

De même, certaines conceptions de la vérité en arithmétique, suivant lesquelles les axiomes de Peano sont affirmés
être « analytiques » relativement au concept de nombre, sont
aussi cependant « combinatoires » au sens que je donne à ce
terme. Il en va ainsi également des explications conventionnalistes, puisque ce qui les caractérise comme conventionnalistes
est le contraste qui les sépare de l'explication « réaliste » qui
analyse (2) en l'assimilant à (1), via (3).

Finalement, pour faire une distinction supplémentaire, une
conception n'est pas automatiquement « combinatoire » du fait
d'interpréter les propositions mathématiques comme étant à
propos de choses combinatoires, que ce soit par auréféren-
tialité ou d'une autre façon encore. Car une telle conception
peut analyser les propositions mathématiques d'une façon
« standard » dans les termes des noms et des quantificateurs
qu'elles peuvent contenir et dans les termes des propriétés
qu'elles assignent aux objets au sein de leurs domaines de
discours – ce qui revient à dire que le concept sous-jacent de
vérité est essentiellement celui de Tarski. La différence est
que ses partisans, bien que réalistes dans leur analyse du

langage mathématique, se séparent des platonistes en ce qu'ils construisent l'univers mathématique comme consistant exclusivement en des objets mathématiquement hétérodoxes : pour eux les mathématiques se limitent aux métamathématiques, et celles-ci à de la syntaxe.

Je vais reporter aux sections suivantes l'évaluation des mérites relatifs | de ces diverses approches à propos de la vérité **666** d'énoncés tels que (2). Je voudrais ici seulement introduire la distinction entre, d'une part, les conceptions qui attribuent la syntaxe évidente (et la sémantique évidente) aux énoncés mathématiques, et, de l'autre, celles qui, ignorant la syntaxe et la sémantique apparentes, tentent d'établir des conditions de vérité (ou de préciser et d'expliquer la distribution actuelle des valeurs de vérité) sur le fondement de considérations syntaxiques qui sont évidemment non sémantiques. En fin de compte je ferai valoir que chaque type d'explication possède ses mérites et ses défauts : chacune s'attelle à une composante importante d'une explication philosophique d'ensemble cohérente de la vérité et de la connaissance.

Mais quelles sont ces composantes, et comment se relient-elles les unes aux autres ?

2. Deux conditions

A. La première composante d'une telle conception d'ensemble concerne plus directement le concept de vérité. Pour les buts présents on peut poser comme une exigence qu'il y ait une théorie d'ensemble de la vérité dans les termes de laquelle il puisse être garanti que l'explication de la vérité mathématique soit effectivement une explication de la *vérité* mathématique. L'explication devrait impliquer des conditions de vérité pour les propositions mathématiques qui soient évidemment des conditions de leur vérité (et non pas *simplement*, disons, du fait qu'elles sont des théorèmes dans un certain système formel). Ce n'est pas *dénier* qu'être un théorème d'un certain système puisse être une condition de vérité pour une proposition donnée ou pour une classe de propositions. C'est plutôt exiger que n'importe quelle théorie offrant le fait d'être un théorème comme une condition de vérité *explique aussi le rapport entre le fait d'être vrai et le fait d'être un théorème.*

Une autre façon de présenter cette première exigence consiste à réclamer que toute théorie de la vérité mathématique soit en conformité avec une théorie générale de la vérité – une théorie des théories de la vérité, si vous voulez – qui garantisse que la propriété des énoncés que l'explication appelle « vérité » soit effectivement la vérité. Ceci, me semble-t-il, ne peut être obtenu que sur le fondement de quelque théorie générale du langage pris comme un tout (je suppose ici que nous évitons les paradoxes d'une manière ou d'une autre qui soit convenable). La satisfiabilité d'une telle exigence revient peut-être ici seulement à demander que l'appareil sémantique des mathématiques soit considéré comme faisant partie intégrante de celui du langage naturel dans lequel il se déploie, et ainsi que toute analyse *sémantique* que nous sommes tentés de donner des noms et, plus généralement, des termes singuliers, des prédicats et des quantificateurs dans notre langue maternelle, inclue ces parties de la langue maternelle que nous classons comme étant des mathématèmes.

Je propose que, si nous voulons répondre à cette exigence, nous ne nous satisfassions pas d'une explication qui manque- **667** rait à traiter (1) et (2) de façon parallèle, | sur le modèle de (3). Il peut bien y avoir des *différences*, mais j'attends que celles-ci émergent au niveau de l'analyse de la référence des termes singuliers et des prédicats. Je considère que nous n'avons qu'une seule explication de ce genre : celle de Tarski, et que sa caractéristique essentielle consiste à définir la vérité en termes de référence (ou de satisfaction) sur le fondement d'un type particulier d'analyse syntaxico-sémantique du langage, et donc que toute analyse putative de la vérité mathématique doit être l'analyse d'un concept qui est un concept de vérité au moins au sens de Tarski. Convenablement élaborée, je crois que cette exigence est incompatible avec toutes les conceptions que j'ai qualifiées de « combinatoires ». D'un autre côté, l'explication qui assimile (2) ci-dessus à (1) et (3), comme nombre de ses variantes, remplit évidemment cette condition.

B. Ma seconde condition portant sur une conception d'ensemble présuppose que nous ayons une connaissance mathématique et que cette connaissance, pour être mathématique, n'en soit pas moins une connaissance. Puisque notre connaissance n'est que de vérités, ou peut être ainsi interprétée, une explication de la vérité mathématique, pour être acceptable, doit être compatible avec la possibilité même d'avoir une connaissance mathématique : les conditions de vérité de propositions mathématiques ne sauraient rendre impossible pour nous de savoir que ces conditions sont satisfaites. Ce n'est pas prétendre qu'il ne peut y avoir de vérités inconnaissables – seulement que toutes les vérités ne peuvent être inconnaissables, car nous en connaissons certaines. L'exigence minimale, donc, est qu'une caractérisation satisfaisante de la vérité mathématique doit être compatible avec la possibilité que certaines de ces vérités soient connaissables. Pour le dire plus abruptement, le concept de vérité mathématique, tel qu'expliqué, doit s'intégrer dans une explication d'ensemble de la connaissance d'une manière qui rende intelligible la façon dont nous avons la connaissance mathématique que nous avons. Une sémantique acceptable pour les mathématiques doit s'accorder à une épistémologie acceptable. Par exemple, si je sais que Cleveland est entre New York et Chicago, c'est parce qu'il existe une certaine relation entre les conditions de vérité pour cet énoncé et mon état « subjectif » de croyance actuel (quelles que soient nos explications de ce qu'est la vérité et la connaissance, elles doivent se relier l'une à l'autre de cette manière). De même, en mathématiques, il doit être possible de faire un lien entre ce que c'est pour p d'être vraie et ma croyance que p. Bien que ce soit là quelque chose d'extrêmement vague, je pense qu'on peut voir en quoi la seconde condition tend à exclure toute explication qui satisfait la première, et à valider un grand nombre de celles qui n'y satisfont pas. Car une explication « standard » typique (du moins dans le cas de la théorie des nombres ou de la théorie des ensembles) décrira les conditions de vérité en termes de conditions sur des objets dont la nature, telle qu'on la conçoit normalement, les situe au-delà de la portée des moyens humains de cognition les mieux connus (p. ex., la perception sensitive et les choses du même **668** genre). Les conceptions « combinatoires », d'autre part, | proviennent habituellement d'une sensibilité à ce fait en particulier et sont par suite presque toujours motivées par des préoccupations épistémologiques. Leur vertu réside dans le fait de fournir une caractérisation des propositions mathématiques fondées sur les procédures que nous suivons lorsque nous justifions des prétentions à la vérité en mathématiques : à savoir, la preuve. Il n'est pas surprenant que *modulo* de telles explications de la vérité mathématique, il y ait aussi peu de mystère dans la façon dont nous parvenons à une connaissance mathématique. Nous avons seulement besoin d'une explication de notre capacité à produire et à contrôler des preuves formelles[1]. Toutefois, presser le ballon en ce point fait apparemment une bosse du côté de la vérité : plus justement nous cernons le concept de preuve, et plus intimement nous relions la définition d'une preuve à des caractéristiques combinatoires (plutôt que sémantiques), et plus il devient difficile de la mettre en rapport avec la vérité de ce qui est « prouvé » – c'est du moins ce qu'il semble.

Telles sont donc les deux exigences. Séparément, elles semblent relativement bénignes. Dans le reste de cet article, je vais les justifier davantage et développer l'argument que conjointes elles semblent exclure presque toutes les théories de la vérité mathématique qui ont été proposées. Je vais tour à tour considérer les deux approches principales de la vérité mathématique que j'ai mentionnées plus haut, en soupesant leurs avantages respectifs à la lumière des deux principes fondamentaux que j'avance. J'espère ce faisant que ces principes vont eux-mêmes en ressortir plus clairs et renforcés.

3. LA CONCEPTION STANDARD

J'appelle l'explication « platoniste » qui analyse (2) comme étant de la forme (3), « la conception standard ». Ses vertus sont nombreuses, et il est bon de les énumérer en quelque détail avant de passer à la considération de ses défauts.

---

1. Si on le mène à bien, il s'agit bien sûr d'un travail énorme. Néanmoins il laisse de côté l'explication de la charge qui revient à la sémantique du système et à la compréhension que nous avons de celle-ci, pour se concentrer plutôt sur notre capacité à déterminer que certains objets formels ont certaines propriétés syntaxiquement définies.

Comme je l'ai déjà signalé, cette explication assimile la forme logique des propositions mathématiques à celle de propositions empiriques apparemment similaires : propositions empiriques et propositions mathématiques contiennent de la même façon des prédicats, des termes singuliers, des quantificateurs, etc.

Mais que dire des énoncés qui ne sont pas composés (ou correctement analysables comme étant composés) de noms, prédicats et quantificateurs ? Pour en venir plus directement au fait, que dire des énoncés qui n'appartiennent pas au type de langage pour lequel Tarski nous a montré comment définir la vérité ? Je dirais que nous avons besoin pour de tels langages (s'il en existe) d'une explication de la vérité du genre de **669** celle que Tarski a | fournie pour les langages « référentiels ». J'admets que les conditions de vérité pour le langage (p. ex. le français) auquel les mathématèmes semblent appartenir sont principalement à élaborer selon les lignes articulées par Tarski. Donc, dans une certaine mesure, la question posée dans la section précédente – Comment les conditions de vérité de (2) doivent-elles être expliquées ? – peut s'interpréter comme demandant si le sous-langage du français dans lequel on fait des mathématiques est appelé à recevoir le même genre d'analyse que celle que j'admets être adaptée à l'essentiel du reste du français. S'il en est ainsi, alors les inquiétudes dont je vais donner l'idée dans la prochaine section concernant la façon d'intégrer la connaissance mathématique dans une épistémologie d'ensemble sont clairement justifiées – bien qu'on puisse peut-être les enterrer par une modification convenable de la théorie. Si, d'autre part, les mathématèmes ne sont pas analysés selon une voie référentielle, alors nous sommes clairement en manque non seulement d'une explication de la vérité (c.-à-d. d'une sémantique) pour ce nouveau type de langage, mais également d'une nouvelle *théorie des théories de la vérité* qui relie la vérité pour les langages (quantificationnels) référentiels à la vérité pour ces langages nouveaux (ou nouvellement analysés). Étant donnée une telle explication, la tâche d'expliquer la connaissance mathématique resterait toujours à remplir; mais ce serait vraisemblablement une tâche plus aisée, puisque la nouvelle image sémantique des mathématèmes aurait été suscitée dans la plupart des cas par des considérations épistémologiques. Toutefois, je ne vais pas considérer sérieusement cette solution de rechange dans cet article, parce que je ne pense pas que personne l'ait jamais réellement adoptée. Car l'adopter, c'est explicitement prendre en considération *et rejeter* l'interprétation « standard » du langage mathématique, en dépit de sa plausibilité apparente et originelle, et ensuite proposer à la place une sémantique de rechange[1]. Les tenants du « combinatorialisme » que je discute ou auxquels je me réfère ont en général voulu avoir le beurre et l'argent du beurre : ils n'ont pas pris conscience que les conditions de vérité que leur explication propose pour le langage mathématique n'ont pas été reliées à la sémantique référentielle dont ils admettent qu'elle est *également* appropriée à ce langage. Le meilleur candidat au rang d'exception est peut-être Hilbert, et la conception que j'ai ébauchée brièvement dans les pages qui ouvrent cet article. Mais poursuivre ceci ici plus avant nous emmènerait trop loin. Revenons donc à notre éloge de la « conception standard ».

---

1. Il m'arrive de penser que c'est l'une des choses que Hilary Putnam veut faire dans son article très stimulant « Mathematics without Foundations », *Journal of Philosophy*, LXIV, 1 (19 janvier 1967), p. 5-22.

L'un de ses principaux avantages est que les définitions de la vérité pour des théories mathématiques particulières analysées selon cette conception auront les mêmes clauses récursives que celles employées pour leur cousines empiriques moins éthérées. Ou, pour le dire autrement, ces théories

670 peuvent toutes être comprises comme faisant partie | d'un même langage, pour lequel nous fournissons une explication unique des quantificateurs, indépendamment de la sous-discipline considérée. Les disciplines mathématiques et les disciplines empiriques ne se distingueront pas quant à la grammaire logique. J'ai déjà souligné l'importance de cet avantage : il signifie que la théorie logico-grammaticale que nous employons dans des domaines moins touffus et plus praticables pourra nous servir ici. Nous pouvons nous débrouiller avec une seule explication uniforme, sans avoir besoin d'en inventer une autre pour les mathématiques. Ceci devrait être le cas de virtuellement n'importe quelle théorie grammaticale couplée avec une sémantique adéquate pour l'explication de la vérité. Mon préjugé en faveur de ce que j'appelle une théorie tarskienne provient simplement du fait que Tarski nous a donné la seule explication générale systématique viable que nous ayons de la vérité. Ainsi, l'une des conséquences de l'économie attachée à la conception standard est que les relations logiques font l'objet d'un traitement uniforme : elles sont invariantes quand le sujet varie. De fait, elles contribuent à définir le concept de « sujet ». Les mêmes règles d'inférence peuvent être employées et leur emploi expliqué par la même théorie qui nous fournit notre explication usuelle de l'inférence, ce qui évite ainsi d'avoir une double norme. Si nous rejetons la conception standard, l'inférence mathématique devra recevoir une nouvelle explication qui lui soit spécifique. En l'état actuel des choses, les emplois normaux des inférences

fondées sur un quantificateur sont justifiés par une forme de preuve de fiabilité. La formalisation de théories dans la logique du premier ordre requiert pour *sa propre* justification l'assurance (fournie par le théorème de complétude) que toutes les conséquences logiques des postulats pourront être obtenues comme des théorèmes. L'explication standard apporte ces garanties. Les réponses évidentes semblent donc marcher. Rejeter la conception standard, c'est mettre ces réponses au rebut. De nouvelles seraient alors à trouver.

Voilà pour les vertus évidentes de cette approche. Quels sont ses défauts ?

Comme je le suggérais plus haut, le principal défaut de l'explication standard est qu'elle semble violer l'exigence que notre explication de la vérité mathématique soit susceptible de s'intégrer dans une explication d'ensemble de la connaissance. De façon assez évidente, pour dégager un argument convaincant en ce sens, il faudrait esquisser l'épistémologie que j'estime être au moins à peu près correcte, et à l'aune de laquelle les vérités mathématiques, analysées de façon standard, ne semblent pas constituer une connaissance. Ceci demanderait un long détour à travers les problèmes généraux de l'épistémologie. Je vais laisser cela à une autre fois et me contenter ici de présenter un bref résumé des traits saillants de cette conception qui concernent le plus immédiatement notre problème.

4. LA CONNAISSANCE   **671**

Je privilégie une explication causale de la connaissance selon laquelle il faut, pour que X sache que S est vrai, qu'une certaine relation causale ait lieu entre X et les références des noms, prédicats et quantificateurs contenus dans S. Je crois en plus à une théorie causale de la *référence*, rendant ainsi *doublement* causal le lien avec mon affirmation à bon escient que *S*. J'espère que ce qui suit dissipera un peu de la brume qui entoure cette formulation.

Savoir que l'objet noir qu'elle tient est une truffe, c'est pour Hermione être (ou du moins cela implique qu'elle soit) dans un certain état (peut-être psychologique)[1]. Cela implique également la coopération du reste du monde, du moins au point de permettre à l'objet qu'elle tient d'être une truffe. De plus – et c'est là l'aspect que je voudrais mettre en avant –, dans le cas normal, le fait que l'objet noir qu'elle tient est une truffe doit figurer d'une façon convenable dans une explication causale de sa croyance que l'objet noir qu'elle tient est une truffe. Mais qu'est-ce qu'une « façon convenable » ? Je n'essaierai pas de le dire. Un certain nombre d'auteurs ont publié des positions qui semblent aller dans cette direction[2] et, en dépit des différences qui les séparent, il semble exister une intuition

---

1. J'aimerais si possible éviter de prendre position à propos du groupe de questions de philosophie de l'esprit ou de psychologie qui concernent la nature des états psychologiques. Toute conception selon laquelle Hermione peut apprendre que le chat est sur le paillasson en regardant un chat réel sur un paillasson réel fera l'affaire ici. Si regarder un chat sur un paillasson place Hermione dans un certain état et que vous souhaitez appeler cet état physique, ou psychologique, ou même physiologique, je ne ferai aucune objection, du moment qu'il est entendu qu'un tel état, si c'est bien là son état de connaissance, est causalement relié d'une façon appropriée au fait que le chat a été sur le paillasson lorsqu'elle a regardé. S'il n'existe aucun état de ce genre, alors tant pis pour ma conception.

2. Pour n'en citer que quelques uns : Gilbert H. Harman, *Thought*, Princeton (N.J.), University Press, 1973 ; Alvin I. Goldman, « A Causal Theory of Knowing », *Journal of Philosophy*, LXIV, 12 (22 juin 1967), p. 357-372 ; Bryan Skyrms, « The Explication of '*X* knows that *p*' », *ibid.*, p. 373-389.

fondamentale qu'ils partagent et qui me semble être correcte bien que très difficile à déterminer précisément.

Qu'une conception de ce genre soit correcte et sous-tende notre compréhension de la connaissance, voilà qui est indiqué par ce que nous dirions dans les circonstances suivantes. Quelqu'un prétend que X sait que p. Nous pensons que X est incapable de savoir que p. Quelles raisons pouvons-nous apporter en faveur de notre position ? Si nous sommes convaincus que X a des capacités inférentielles normales, que p est en effet vraie, etc., nous devons souvent nous rabattre sur l'argument que X n'a pas pu entrer en possession des preuves ou raisons concernées : aucun chemin dans l'espace quadri-dimensionnel de X n'assure la liaison (causale) avec les fondements de vérité de la proposition indispensable pour que X soit en possession | des éléments permettant de justifier l'inférence (si c'est d'une **672** inférence qu'il s'agissait). La proposition p impose des restrictions à ce que le monde peut être. Notre connaissance du monde, combinée à notre compréhension des restrictions imposées par p, et données par les conditions de vérité de p, nous apprennent souvent qu'un individu donné n'a pas pu entrer en possession des preuves suffisantes pour en venir à savoir que p, et nous rejetons alors sa prétention à cette connaissance.

En tant qu'explication de notre connaissance des objets de taille moyenne, pour l'instant, c'est une version correcte. Elle mobilise, causalement, une référence directe à des faits connus, et, à travers eux, une référence à ces objets eux-mêmes. De plus, une telle connaissance (de maisons, d'arbres, de truffes, de chiens, et de casiers à pain) constitue le cas le plus clair et le plus facile à traiter.

D'autres cas de connaissance peuvent être expliqués comme étant fondés sur des inférences fondées sur des cas comme les précédents, bien qu'il doive évidemment y avoir des interdépendances. Ceci est fait pour inclure notre connaissance des lois générales et des théories, et, à travers elle, notre connaissance du futur et d'une bonne partie du passé. Cette explication suit de près la version proposée par les empiristes, mais avec cette modification cruciale introduite par la condition explicitement causale mentionnée ci-dessus – mais souvent laissée de côté dans les explications modernes, largement en raison de la volonté de faire une distinction rigoureuse entre « découverte » et « justification ».

En bref, en conjonction avec nos autres connaissances, nous utilisons *p* pour déterminer l'éventail des preuves pertinentes possibles. Nous utilisons ce que nous savons de *X* (le sujet connaissant supposé) pour déterminer s'il y a pu avoir un type approprié d'interaction, si la croyance actuelle de *X* que *p* est causalement reliée d'une façon convenable à ce qui est le cas parce que *p* est vraie – si les éléments dont il dispose sont tirées de l'éventail déterminé par *p*. Si ce n'est pas le cas, alors *X* n'a pas pu savoir que *p*. Le rapport entre ce qui doit être le cas si *p* est vraie et ce qui cause la croyance de *X* peut beaucoup varier. Mais il y a toujours au moins *un* rapport, et ce rapport relie les fondements de la croyance de *X* à ce sur quoi porte *p*.

Il doit être possible d'établir une espèce appropriée de rapport entre les conditions de vérité de *p* (telles qu'elles sont données par une définition adéquate de la vérité pour le langage dans lequel *p* est exprimée) et les fondements permettant de dire que *p* est connue, du moins dans le cas des propositions qu'on ne peut qu'*être amené à connaître* – celles qui ne sont pas innées. En l'absence de cela, aucun rapport n'a été établi entre *le fait de disposer de ces fondements* et *le fait de croire une proposition qui est vraie*. Disposer de ces fondements ne peut rentrer dans une explication *du fait de connaître* **673** *p*. Le lien entre | *p* et la justification de la croyance en *p à l'aide* *de ces fondements* ne peut être fait. Mais pour ce genre de connaissance qui est proprement considérée comme une forme de croyance vraie justifiée, ce lien *doit* être fait. (Bien sûr *toutes* nos connaissances ne demandent pas d'être des croyances vraies justifiées pour pouvoir être reconnues comme sûres.)

Ce ne sera pas une surprise que tout ceci serve de préambule pour faire remarquer que la combinaison de *cette* conception de la connaissance avec la conception « standard » de la vérité mathématique rend difficile de voir comment la connaissance mathématique est possible. Si, par exemple, les nombres sont le genre d'entités qu'ils sont normalement considérés être, alors le rapport entre les conditions de vérité des énoncés de la théorie des nombres et n'importe quels faits pertinents avec lesquels sont en rapport les personnes qui sont supposées avoir une connaissance mathématique, ne saurait être exhibé[1]. Il sera impossible d'expliquer la façon dont qui que ce soit connaît quelques propositions que ce soit relevant proprement de la théorie des nombres. Cette seconde condition portant sur toute explication de la vérité mathématique ne sera pas satisfaite, car nous n'avons aucune explication de la façon dont nous savons que les conditions de vérité de propositions mathématiques sont réalisées. Une réponse évidente – à savoir que certaines de ces propositions sont vraies si et seulement si elles sont dérivables de certains axiomes au moyen de certaines règles – ne nous sera ici d'aucune utilité. Car il est certain que nous pouvons nous assurer que *ces* conditions sont réalisées. Mais dans un tel cas, ce qui nous manque, c'est le lien

---

1. Pour l'expression d'un sain scepticisme à propos de cette question et d'autres apparentées, voir Mark Steiner, « Platonism and the Causal Theory of Knowledge », *Journal of Philosophy*, LXX, 3 (8 février 1973), p. 57-66.

entre vérité et preuve, lorsque la vérité est directement définie de la manière standard. Pour résumer, bien que ce puisse être une condition de vérité de certaines propositions en théorie des nombres que d'être dérivables de certains axiomes au moyen de certaines règles, *que* ce soit là une condition de vérité doit aussi découler de l'explication de la *vérité* si la condition en question doit aider à mettre en rapport vérité et connaissance, c'est-à-dire si c'est par leurs preuves que nous connaissons les vérités mathématiques.

Bien sûr, étant donnée une certaine explication ensembliste de l'arithmétique, à la fois la syntaxe et la sémantique de l'*arithmétique* peuvent être exposées de façon à satisfaire superficiellement les conditions que nous avons posées. Mais la régression à laquelle se prête ce procédé est évidente, car les mêmes questions devront alors se poser à propos de la théorie des ensembles dans les termes de laquelle les réponses auront été formulées. [...]

Traduction Brice Halimi

DEUXIÈME PARTIE

RÉALISMES, NOMINALISMES
ET ARGUMENTS D'INDISPENSABILITÉ

PRÉSENTATION

Le dilemme de Benacerraf montre qu'il est extrêmement difficile de combiner deux intuitions qu'il paraît impossible de rejeter lorsque l'on réfléchit au statut de la connaissance mathématique. Les théorèmes mathématiques sont vrais (le mathématicien fait l'expérience d'une certaine forme de nécessité qui s'impose à lui); mais ce qui rend les théorèmes mathématiques vrais n'exerce aucune sorte de contrainte sur l'esprit qui les connaît (le mathématicien est en ce sens profondément libre, et n'a pas à soumettre son jugement à une autorité extérieure, comme l'expérience physique par exemple). Benacerraf expliquait comment ces deux intuitions, également légitimes, conduisent vers deux familles diamétralement opposées d'approches philosophiques : les diverses conceptions « réalistes », qui mettent l'accent sur la vérité des mathématiques, et tendent à délaisser le problème de savoir comment nous accédons à ces vérités; les diverses approches « nominalistes » et « anti-réalistes », qui accordent une importance centrale au fait que les propositions mathématiques sont d'abord connues par nous, et qui préfèrent ne pas se prononcer sur la question de savoir ce qu'il en est des vérités mathématiques indépendamment de notre rapport à elles.

Les textes de cette seconde section revisitent cette opposition entre réalisme et nominalisme. Mais elles attaquent le problème sous un angle différent. Ce n'est pas une réflexion sur la connaissance mathématique et ses modalités qui est ici à la source des interrogations, mais le rapport entre connaissance mathématique et connaissance de la nature. Les mathématiques sont en effet massivement présentes dans les sciences empiriques, notamment dans les sciences physiques. Comment rendre compte de cet usage ? Quelles conséquences doit-on tirer du fait que les mathématiques « s'appliquent » aux phénomènes de la nature ?

Ce sont les traductions d'extraits tirés de deux textes de Hilary Putnam qui ouvrent cette section. Le but de « Qu'est ce que la vérité mathématique ? »[1] est de défendre un réalisme qui ne postule pas l'existence d'objets mathématiques abstraits comme les ensembles, les fonctions, les nombres. L'idée fondamentale est de substituer au discours en termes d'existence un discours en termes de possibilité[2] :

> Pour dire les choses brutalement, les mathématiques se sont débarrassées de la *possibilité* en faisant simplement l'hypothèse que toutes les possibilités sont, à l'isomorphisme près en tout cas, simultanément *réalisées* – à savoir réalisées dans l'univers des « ensembles ». Il y a cependant une autre façon possible de faire des mathématiques, ou, tout du moins, de les concevoir. Cette approche […] consiste à soutenir que les mathématiques n'ont absolument *aucun* objet en propre.

1. H. Putnam, « What is Mathematical Truth ? », in *Mathematics, Matter and Method. Philosophical Papers*, vol. 1, Cambridge, Mass., CUP, 1975.
2. *Ibid.*, p. 70. Ce projet est également poursuivi, mais dans une optique nominaliste cette fois, par Chihara (voir son *Ontology and the Vicious Circle Principle*, Ithaca, CUP, 1973).

> [Ce que le mathématicien] affirme est que certaines choses
> sont *possibles* et que certaines choses sont *impossibles* – dans
> le sens fort et distinctement mathématique du « possible » et
> de l'« impossible ».

À l'instar de celui défendu dans « Mathematical Truth » de Benacerraf (1973), le réalisme de Putnam ne procède donc pas d'une volonté d'ajuster la sémantique du langage mathématique à celle du langage ordinaire, puisqu'un énoncé existentiel comme « il y a trois nombres parfaits supérieurs à 17 » est reformulé en termes modalisés (« il est possible de construire trois nombres parfaits supérieurs à 17 »). Mais si Putnam rejette l'idée qu'il y a une homogénéité sémantique du langage mathématique et du langage ordinaire, pourquoi continue-t-il à rejeter le nominalisme ? Pour quelle raison Putnam tient-il à défendre un réalisme ?

Comme Putnam le rappelle lui-même, son intuition première l'amenait à être réaliste en physique et nominaliste en mathématiques. Mais, précisément, ajoute-t-il : « les mathématiques et la physique sont enchevêtrées d'une telle manière qu'il n'est pas possible d'être réaliste vis-à-vis de la théorie physique tout en étant nominaliste concernant la théorie mathématique »[1]. Autrement dit, le réalisme de Putnam, loin de dériver de la « contrainte de fidélité » de Benacerraf et de Shapiro, procède de l'idée que les mathématiques et la physique sont tellement intriquées qu'il n'est pas possible de défendre que la physique est vraie et décrit le monde extérieur sans attribuer *ipso facto* une objectivité aux mathématiques.

---

1. H. Putnam, « What is Mathematical Truth ? », *op. cit.*, p. 74.

Putnam reprend ici en réalité un argument déjà utilisé par Quine, nommé dans la littérature « argument d'indispensabilité », qui peut être ainsi résumé :

(H1) Ce sont les variables et les quantificateurs qui dans une théorie sont les véritables marqueurs ontologiques, c'est-à-dire ce sont les variables et les quantificateurs qui nous « disent » quelle ontologie présuppose la théorie en question[1].

(H2) Nos meilleures théories physiques actuelles quantifient sur les nombres, les fonctions, les ensembles.

(Conclusion) La croyance que nos meilleures théories physiques sont vraies implique la croyance en l'existence des objets comme les nombres, les fonctions, les ensembles[2].

Dans le détail, les choses sont bien plus complexes et il existe en réalité plusieurs versions de l'argument d'indispensabilité[3]. Mais ces arguments ont tous en commun l'idée que la croyance en la vérité des sciences physiques nous « obligerait » à accepter l'idée que les mathématiques sont vraies, et que quelque chose d'externe (la structure de certains objets ou celle de possibilités) les rend vraies. Le second extrait, tiré de *Philosophie de la logique*[4] vise à expliquer (H2) en prenant

---

1. Cette hypothèse est connue sous le nom de critère d'engagement ontologique et défendue par Quine notamment dans « On what there is » publié une première fois en 1948, et repris dans *From a Logical Point of View*, Cambridge, Harvard University Press, 1980.

2. L'objectif de Putnam ici est de remplacer ce réalisme ontologique (il y a des objets mathématiques) par un réalisme modal (la différence entre ce qui est possible et ce qui ne l'est pas est objective).

3. Pour une analyse, voir M. Colyvan, *The Indispensability of Mathematics*, Oxford University Press, 2001.

4. *Philosophy of Logic*, London, George Allen & Unwin, 1972; trad. fr. P. Peccatte, Combas, Éditions de l'éclat, 1998.

l'exemple de la loi de gravitation de Newton : « la loi de Newton présente [...] l'intérêt d'avoir un contenu qui, bien qu'il soit en un sens parfaitement clair (elle dit que la « poussée » gravitationnelle est directement proportionnelle aux masses et obéit à une loi de l'inverse du carré), transcende tout à fait ce qui peut être exprimé en langage nominaliste » (*Philosophy of Logic, op. cit.*, p. 417). Putnam et surtout Quine partagent le goût pour une ontologie minimaliste, c'est-à-dire nominaliste, et toutes choses égales par ailleurs, ils auraient préféré pouvoir se passer de postuler l'existence d'objets mathématiques abstraits comme les ensembles (ou se passer de la tâche consistant à réinterpréter ces objets en termes de possibilités). Mais ce rejet les aurait conduits à abandonner leur réalisme physique, et à sombrer dans une forme de relativisme qu'ils condamnaient tous deux. C'est donc un argument indirect, qui va de la physique aux mathématiques, qui pousse ici Putnam (après Quine) à rompre avec le nominalisme, considéré comme une forme d'hypocrisie intellectuelle[1].

On pourrait distinguer, au sein des réponses nominalistes, deux stratégies. La première consiste à accepter l'ensemble de l'argument d'indispensabilité ((H1), (H2) et (Conclusion)), mais à rejeter l'idée que les nombres, les fonctions, les ensembles soient des entités abstraites. Ainsi, David Armstrong, considère que les nombres sont indispensables en physique, mais interprète les nombres comme des universaux existant dans l'espace et le temps, donc comme des entités physiques,

---

1. H. Putnam, *Philosophy of Logic, op. cit.*, p. 420 : « Il est facile, pour une seule et même personne, d'exprimer dans un contexte des convictions nominalistes, et de parler, dans un autre contexte, de « distance » comme étant quelque chose de défini (et ayant une valeur numérique) pour des points arbitraires x et y. Et pourtant, nous venons de voir qu'une telle attitude est incohérente. »

acceptables dans une ontologie nominaliste[1]. L'importance du livre de Hartry Field *Science without numbers : a defence of nominalism* (1980) tient au fait qu'il inaugure une stratégie nominaliste alternative, dite «fictionnaliste». Field admet (H1) mais refuse (H2), et donc (Conclusion) – il entend donc montrer que l'on peut élaborer une version des théories physiques actuelles (il prend comme exemple la théorie newtonienne de la gravitation) qui ne quantifie ni sur les nombres, ni sur les fonctions, ni sur les ensembles. Ce rejet de (H2) distingue la forme de nominalisme (le fictionnalisme) que Field défend, des autres versions. Comme il l'explique dans la préface, Field ne cherche pas (comme le fait par exemple Armstrong) à donner une interprétation nominaliste des variables et des quantificateurs portant sur des entités abstraites – il veut trouver une formulation des théories physiques dans laquelle de telles variables et de tels quantificateurs sont éliminés, et où par conséquent les questions relatives à la nature des entités mathématiques n'ont même pas lieu d'être. Dit autrement, Field adhère à l'exigence benacerrafienne selon laquelle le philosophe doit construire une sémantique homogène et prendre les énoncés mathématiques «*at face value*». S'il s'avérait que (H2) est vrai et que l'on ne peut reformuler nos meilleures théories scientifiques sans éliminer les références aux entités mathématiques, alors il faudrait renoncer au nominalisme. En revanche si une telle réécriture nominaliste était possible, alors le réalisme mathématique perdrait son appui le plus solide – car Field est d'accord avec Quine et

---

1. Voir notamment son ouvrage *Universals and Scientific Realism*, Cambridge, Cambridge University Press, 1978, et également son article «Are Quantities Relations? A Reply to Bigelow and Pargetter», *Philosophical Studies*, 54, 1988.

Putnam pour estimer que l'argument d'indispensabilité (et non pas simplement l'exigence d'homogénéité sémantique de Benacerraf) est la raison la plus forte en faveur du réalisme.

L'intuition à la base de la théorie de Field est que l'argument d'indispensabilité procède d'une confusion entre deux façons, fort différentes, de dépasser, en physique, ce qui est donné dans l'expérience. Le physicien, pour expliquer la réalité et pour unifier les connaissances dont il dispose, est souvent conduit à postuler l'existence d'entités inobservables, comme les particules subatomiques[1]. Ces objets, bien qu'étant localisés dans l'espace et le temps[2], sont abstraits – ils sont, comme le disaient les néo-positivistes, des « entités théoriques », dont l'existence est postulée parce qu'elle permet d'articuler entre eux de vastes domaines de connaissance. Cette forme de dépassement de l'expérience n'a cependant rien à voir avec une autre sorte de dépassement, constitué par l'introduction dans le discours physique d'entités mathématiques (des nombres, des fonctions ou des ensembles). Il y a, de prime abord, une différence de statut entre les particules subatomiques et les nombres réels, comme la constante gravitationnelle ou la vitesse de la lumière. Or l'argument d'indispensabilité de Quine et de Putnam ne fait pas droit à cette intuition, puisqu'il consiste à aligner la défense de l'idée qu'il existe des nombres sur la défense de l'idée qu'il existe des inobservables. Selon Putnam et Quine, il faut se résigner à faire une place dans son ontologie aux deux types d'entités, parce qu'elles se révèlent toutes deux indispensables à la théorie

---

1. Sur ce sujet, la littérature est très vaste. Nous nous contenterons de citer P. Duhem, *La théorie physique - Son objet, sa structure* (2e éd., 1914), réédité Paris, Vrin, 1981.

2. Si on laisse de côté certaines versions de la mécanique quantique.

physique. Field refuse d'assimiler les deux situations. S'il accepte l'argument d'indispensabilité pour les inobservables (il n'y pas de versions des principales théories physiques qui fassent l'économie d'une quantification sur des particules subatomiques), il maintient que référer à des entités mathématiques n'est pas nécessaire en physique. Il est selon lui possible de formuler les meilleures théories scientifiques du moment sans quantifier sur les nombres, les fonctions ou les ensembles[1].

Le projet de Field est double. Le philosophe entend d'abord montrer qu'il est possible de distinguer, au sein d'une théorie physique T, deux parties, une théorie nominaliste N (c'est-à-dire une théorie dont le langage ne comporte que des termes et des variables référant à des corps et des régions de l'espace-temps) et une théorie mathématique S. Field maintient donc que l'on peut toujours « désenchevêtrer » dans une théorie physique T ce qui relève du contenu proprement physique (N), de ce qui appartient aux mathématiques (S). En logique mathématique, on dit qu'une théorie T_2 en étend une autre T_1 si le langage de T_1 est inclus dans le langage de T_2 (c'est-à-dire si T_2 comprend tout le vocabulaire de T_1 et possiblement d'autres noms) et si tout théorème de T_1 est un théorème de T_2. En utilisant ce concept, on pourrait dire qu'une théorie physique usuelle (T) peut toujours se concevoir, d'après Field, comme une extension mathématique d'une théorie physique nominaliste (N). Ceci traduit en termes précis l'idée qu'il est possible de séparer dans une théorie physique T ce qui relève du contenu proprement physique (N) de ce qui appartient aux mathématiques (S). Mais Field n'en reste pas là.

---

1. Voir H. Field, *Science without Numbers : a defence of nominalism*, Oxford, Blackwell, 1980, p. 8-9.

Il entend montrer que T est une extension conservative de N. En logique mathématique, on dit que T_2 est une extension conservative de T_1 si T_2 est une extension de T_1, et si, de plus, tout théorème de T_2 formulable dans le langage de T_1 est un théorème de T_1. De façon informelle, lorsque T_2 est une extension conservative de T_1, T_2 peut être plus commode pour démontrer certains théorèmes de T_1, mais elle ne peut pas démontrer des théorèmes formulables dans le langage de T_1 que T_1 elle-même ne peut pas démontrer. Prétendre donc qu'une théorie physique usuelle T est une extension conservative d'une théorie nominaliste N (qui ne réfère à rien d'autre, ni ne quantifie sur rien d'autre, que des corps et des régions de l'espace temps) signifie donc que si p est un énoncé formulable dans le langage nominaliste de N, alors p est un théorème de $T = N + S$ si et seulement si p est un théorème de N. En d'autres termes, et contrairement à ce que dit (H2), Field soutient que les mathématiques (S) n'apportent rien d'essentiel à la théorie T, au sens où on ne peut rien prouver sur les entités physiques dans T qui ne soit prouvable dans la théorie nominalistiquement énonçable N[1]. L'introduction des mathématiques (de S) permet tout au plus de faciliter les déductions; elle n'augmente pas la sphère des vérités, elle ne joue aucun rôle dans l'accroissement des connaissances sur le monde.

Pour justifier sa thèse, Field procède de deux manières. Il cherche en premier lieu à asseoir la plausibilité de sa proposition en faisant valoir que l'exigence de conservativité ne va pas finalement bien au-delà de l'exigence de cohérence. En effet, imaginons que T ne soit pas une extension conservative de N. Il existerait alors un énoncé p, nominaliste (*i.e.*,

---

1. Voir H. Field, *Science without Numbers…*, *op. cit.*, p. 11-12.

qui ne référerait qu'à des objets physiques et des régions de l'espace-temps), qui serait un théorème de T, mais pas de N. L'énoncé p serait donc un théorème de la théorie mathématique S, c'est-à-dire que S et non-p seraient contradictoires. Or l'idée que les mathématiques pourraient nous apprendre quelque chose sur la réalité physique est contre-intuitive :

> Il serait extrêmement surprenant que nous découvrions que les mathématiques standard impliquent qu'il y a au moins 10^6 objets non mathématiques dans l'univers, ou que la Commune de Paris a été vaincue ; et si des découvertes de ce genre étaient faites, tous les rationalistes, à l'exception des plus obstinés, considéreraient cela comme une indication que les mathématiques standard ont besoin d'être révisées. *Les bonnes* mathématiques *sont* conservatives ; découvrir que nos mathématiques usuelles ne sont pas conservatives reviendrait à découvrir qu'elles ne sont pas bonnes [1].

Nos intuitions préthéoriques étayent ainsi l'idée que « les bonnes mathématiques sont conservatives ».

Mais Field ne se contente pas de constater l'accord entre sa demande et le sens commun. Le noyau de son travail consiste à élaborer une formulation nominaliste d'une théorie physique considérée comme représentative, la théorie newtonienne de la gravitation. C'est la construction de cette version qui bloque l'argument de Putnam : après Field, il n'est tout simplement plus possible de considérer le nominalisme comme une hypocrisie intellectuelle, et d'écrire avec Putnam qu'« aucun nominaliste n'a encore proposé de moyen qui permette de "traduire" des énoncés tels que la loi de Newton en langage

---

1. H. Field, *Science without Numbers…*, *op. cit.*, p. 13.

nominaliste»[1]. Le travail de Field n'est pas seulement programmatique; il est effectif, au sens où Field propose une nouvelle version d'une théorie physique particulière, qui, quoi qu'on pense par ailleurs du fictionnalisme, réussit à mettre l'accent sur des aspects épistémologiquement importants de l'édifice newtonien[2].

Malgré sa réelle force, *Science without Numbers* a suscité de nombreuses critiques. Nous en évoquerons ici deux. La première qui dérive de considérations logiques a été formulée très tôt par Shapiro dans «Conservativeness and Incompleteness», *The Journal of Philosophy* (vol. 80, No. 9, 1983, p. 521-531). Field utilise dans sa construction la logique du second ordre, qui n'est pas sémantiquement complète (sur la logique du second-ordre, voir Shapiro S, «Second-Order Logic, Foundations, and Rules», *The Journal of Philosophy*, 87: 5, 234-261, 1990, traduit dans le tome 2). Il convient donc de distinguer deux notions de conséquence logique, donc deux notions de conservativité, l'une syntaxique et l'autre sémantique[3], ce que ne fait pas Field. Shapiro suggère que la réponse à la question de savoir si T est une extension conservative de N

1. H. Putnam, *Philosophy of Logic, op. cit.*, p. 420.
2. H. Field, *Science without Numbers…, op. cit.*, p. 6: «Indépendamment des considérations nominalistes, je crois que ce que je propose ici constitue une description attrayante de la façon dont les mathématiques sont appliquées au monde physique. Ceci, je pense, contraste nettement avec de nombreuses autres doctrines nominalistes, celles par exemple qui réinterprètent les énoncés mathématiques en termes d'énoncés portant sur les entités linguistiques ou sur les constructions mentales. Les doctrines nominalistes de ce genre ne font rien pour éclairer la façon dont les mathématiques sont appliquées au monde physique.»
3. Shapiro montre notamment qu'il est tout à fait possible d'avoir p conséquence syntaxique de T ($N+S$), sans avoir p conséquence syntaxique de N – tout en ayant p conséquence *sémantique* de N.

développée par Field est circulaire. Du point de vue de l'engagement ontologique, la logique du second-ordre n'est en effet pas plus sobre que les mathématiques classiques – c'est donc une théorie dont la sémantique met en jeu des objets abstraits qui nous apprend que T est une extension conservative de N. Pour « désenchevêtrer » les mathématiques de la théorie physique, et pour montrer que les mathématiques n'apportent rien d'essentiel à la version épurée et nominaliste de la théorie physique, il faut donc disposer d'une théorie qui, en termes d'engagements ontologiques, est équivalente aux mathématiques. L'argument de Field se mord la queue, dans la mesure où il présuppose ce qu'il prétend éliminer. Cette objection a joué et joue encore un rôle très important dans la discussion sur le fictionnalisme [1].

Mais une autre critique, venant non de la logique, mais de la physique, a également rapidement vu le jour. Dans sa recension de *Science Without Numbers*, paru dans *The Journal of Philosophy* (vol. LXXIX, no. 9) en 1982, D. Malament émet des doutes sur la possibilité de « nominaliser » la physique actuelle, notamment la mécanique quantique. Mark Steiner systématise et amplifie cette critique, en montrant de façon détaillée, par une analyse informée, que l'on ne comprend rien à l'usage des mathématiques dans la physique du XXe siècle si on en reste au schéma mis en place par Field. Dans

---

1. Pour une réponse de Field à Shapiro, voir « On Conservativeness and Incompleteness », *Journal of Philosophy* 82 (5) : 239-260, 1985. On trouve dans A. Urquhart, « The Logic of Physical Theory », in *Physicalism in Mathematics*, éd. A.D. Irvine, Dordrecht, Kluwer 1990 (145-154) une analyse éclairante de la question. Celle-ci est également discutée dans plusieurs articles du recueil de H. Field, *Realism, Mathematics and Modality*, Oxford, Blackwell, 1989.

« L'application des mathématiques aux sciences de la nature », datant de 1989, partiellement traduit ici, comme dans son plus récent *The Applicability of Mathematics as a Philosophical Problem*[1], Steiner reprend et illustre la thèse du grand physicien Eugene Wigner[2], selon laquelle les raisons de l'efficacité des mathématiques en physique nous restent mystérieuses[3]. D'une certaine façon, Steiner partage avec Field le rejet d'une interprétation que l'on pourrait qualifier de « tiède » de l'argument d'indispensabilité. On l'a vu, un des arguments de Field en faveur de l'idée que les bonnes mathématiques sont conservatives consiste à affirmer que penser le contraire (donc admettre l'argument d'indispensabilité) conduit à rompre avec le rationalisme – Steiner est sur la même ligne, mais prétend, contre Field, que si l'on veut rendre compte de la façon dont les mathématiques sont utilisées dans la physique contemporaine, c'est avec le rationalisme sans mystère prôné par Field qu'il faut rompre.

Steiner base son analyse sur la notion d'analogie. Il distingue les analogies de premier ordre, portant directement sur les phénomènes, des analogies de second ordre, qui établissent des rapports entre les descriptions mathématiques de la réalité physique. Lorsqu'ils tentent de découvrir de nouvelles modélisations physiques, les physiciens restreignent en effet

1. M. Steiner, *The Applicability of Mathematics as a Phlosophical Problem*, Cambridge, Harvard University Press, 1998.

2. Voir Wigner E., « The Unreasonable Effectiveness of Mathematics in the Natural Sciences », *Communications in Pure and Applied Mathematics*, vol. 13, n° I.

3. Steiner souligne également que Peirce partageait cette opinion (voir *The Applicability of Mathematics as a Philosophical Problem, op. cit.*, p. 49-51). Notons également que Kant, dans la *Critique de la faculté de juger* soutient une position semblable; voir introduction § 4.

bien souvent « leur recherche à des descriptions présentant les mêmes propriétés mathématiques que des descriptions réussies déjà connues »[1]. Ces restrictions à des formes mathématiques spécifiques ont parfois une base physique. Mais Steiner montre que, dans bien des cas, elles n'en ont pas – il parle alors d'analogies formelles. Le miracle, selon lui, est que ces analogies formelles, sans justification physique, fonctionnent. Comme Steiner l'écrit de façon très suggestive :

> Ma thèse est donc la suivante : l'usage des analogies mathématiques – non entre événements, mais entre leurs descriptions – a été indispensable dans les découvertes physiques récentes. Mais ces analogies formelles paraissent être des analogies non pertinentes – et des analogies non pertinentes ne devraient pas fonctionner du tout[2]. On serait extrêmement surpris, par exemple, si l'on pouvait formuler ne serait-ce qu'une découverte physique substantielle basée sur la distribution statistique des lettres de l'alphabet romain dans les *Principia* de Newton. Il est vrai que toutes les analogies mathématiques examinées plus bas n'atteignent pas ce degré extrême de non pertinence – mais certaines d'entre elles s'en rapprochent beaucoup. (Je suggérerai, par exemple, que même les propriétés géométriques des notations mathématiques utilisées en physique ont joué un rôle dans les découvertes physiques !)[3].

---

1. M. Steiner, « The Application of Mathematics to Natural Science », *Journal of Philosophy*, 86 : 9, 1989, p. 452.

2. La pertinence est bien évidemment relative au corpus des hypothèses d'arrière-plan ; les jugements de pertinence dans ce paragraphe sont relatifs à ce que je considère être des attitudes contemporaines très répandues.

3. M. Steiner, « The Application of Mathematics to Natural Science », *op. cit.*, p. 454.

Dans l'article qui suit, Steiner distingue cinq types de raisonnement, fréquemment mis en œuvre avec succès par les physiciens, dont la réussite ne repose cependant sur aucune base physique et demeure donc énigmatique. Il n'est pas inutile, pour fixer les idées, de les reprendre ici. Il y a des cas, explique Steiner, où une équation, dérivée d'hypothèses, possède des solutions pour lesquelles les hypothèses ne sont plus valables – mais les physiciens cherchent ces solutions dans la nature « simplement parce qu'elles sont solutions de la même équation »[1]. Un second type de raisonnement va plus loin encore, puisqu'il consiste à chercher des solutions de ces équations « même là où existent des raisons de douter de leur réalité physique »[2]. Ici, c'est la confiance que les physiciens placent dans le formalisme mathématique qui les guide vers leurs découvertes. Le troisième cas d'analogie formelle repéré par Steiner concerne les classifications. Il arrive souvent que les scientifiques se servent d'une structure mathématique S permettant la classification d'une certaine famille d'objets pour classer d'autres familles d'objets, et ce même lorsque aucune signification physique n'a été assignée à la structure S. Là encore, c'est simplement sur la foi en l'efficacité des mathématiques qu'est fondée la manœuvre théorique. Les deux derniers types d'exemples concernent, non pas la recherche de solutions à des équations ou la recherche de bonnes classifications, mais le processus de découverte des équations elles-mêmes. Steiner montre que la formulation des équations se fait souvent « par analogie avec la forme mathématique d'autres équations, même si une telle analogie n'a pas

---

1. M. Steiner, « The Application of Mathematics to Natural Science », *op. cit.*, p. 456.

2. *Ibid.*, p. 458.

ou peu de fondement physique »[1]. Et il explique également qu'« on peut formuler des lois fondamentales en recourant à des idées mathématiques qui, dans les théories antérieures, étaient de simples procédés de calcul »[2]. Dans ces deux derniers cas, la loi physique n'est pas conçue comme le résultat d'une généralisation empirique, mais comme le fruit d'une manipulation formelle basée sur des considérations concernant le formalisme mathématique utilisé. Steiner illustre ces cinq sortes d'analogies formelles par des exemples précis, qui étayent sa thèse générale selon laquelle l'usage des mathématiques en physique constitue une énigme philosophique qui ne se réduit pas à la simple reconnaissance de l'indispensabilité des mathématiques à la physique.

Dans son livre plus récent, Steiner approfondit sa confrontation avec Quine et Putnam. Il appelle « pythagoriques » les analogies « inexprimables dans d'autres langages que celui des mathématiques pures »[3], et insiste sur leur caractère absolument indispensable[4]. Puis il annonce l'argument principal de son livre : « étant donné la nature des mathématiques contemporaines, une stratégie pythagorique ne peut

1. *Ibid.*, p. 466.

2. M. Steiner, « The Application of Mathematics to Natural Science », *op. cit.*, p. 477.

3. M. Steiner, *The Applicability of Mathematics as a Phlosophical Problem, op. cit.*, p. 3.

4. Cela ne signifie pas, bien entendu, que Steiner considère que l'information empirique n'a aucune importance en sciences physiques – voir (*Ibid.*, p. 5) : « Parce que je me concentre sur le raisonnement « pythagorique », je pourrai par inadvertance donner l'impression qu'une manipulation mathématique vide, plutôt qu'une enquête empirique, est ce qui a formé la science moderne. Laisser moi préciser dès à présent qu'aucun scientifique mentionné ici ne pourrait avoir formulé de théories valides sans avoir amassé un énorme stock d'information empirique avant de modéliser. »

manquer d'être une stratégie anthropocentrique »[1]. Selon Steiner, dire qu'une stratégie de découverte est anthropocentrique, c'est affirmer que celui qui l'emploie croit (implicitement ou explicitement) que l'humanité « a une place spéciale dans le schéma des choses »[2]. Par exemple, la classification aristotélicienne des phénomènes en sublunaires et supralunaires était une classification anthropocentrique, parce qu'elle attribuait à l'humanité, à sa position dans l'univers, une importance particulière. La thèse de Steiner est donc qu'utiliser des analogies mathématiques (et notamment des analogies formelles) nous conduit aussi sûrement vers l'anthropomorphisme que l'usage de la distinction sublunaire/supralunaire.

Pourquoi? Parce que selon lui, le développement des mathématiques est guidé par des critères internes comme la beauté et la simplicité calculatoire, qui n'ont de sens que rapporté à l'espèce humaine (ce que nous considérons comme beau ou comme simple dépend de ce que nous sommes en tant qu'êtres humains, affirme Steiner). La conclusion est donc inévitable : « ma thèse fondamentale est que se baser sur les mathématiques pour deviner les lois de la nature c'est se baser sur des standards humains de beauté et de simplicité, [ce qui constitue] une conduite anthropocentrique, [que] les physiciens poursuivent malgré tout avec grand succès »[3]. Steiner occupe donc une position symétriquement opposée à Field par rapport à Quine et Putnam. Avec eux, et contre Field, il reconnaît la vérité de l'inextricabilité de l'enchevêtrement des mathématiques et de la physique – mais il demande à

1. *Ibid.*, p. 5.
2. *Ibid.*
3. *Ibid.*, p. 7.

Quine et à Putnam d'aller jusqu'au bout de leur raisonnement, et de reconnaître que la physique contemporaine repose sur un anthropocentrisme implicite qui va à l'encontre de leur naturalisme. La thèse, fascinante (dans la mesure où la science classique s'est construite, comme le souligne Steiner lui-même, sur une mise à l'écart de l'anthropocentrisme), a été et reste encore extrêmement discutée[1]. Un des points difficiles est l'articulation souvent rapide chez Steiner entre « contextes de découverte » et « contextes de justification ». Mais le plus important est ailleurs : non pas tant dans les thèses et dans l'argumentation, que dans l'effort déployé pour convaincre les lecteurs du caractère très surprenant et énigmatique de certains usages des mathématiques en physique[2]. Le but de Steiner n'est pas de résoudre un problème – il est de poser une question.

---

1. Voir notamment les travaux des nouveaux fictionnalistes comme S. Yablo ou M. Leng. Pour une critique détaillée, voir par exemple S. Bangu, « Steiner on the Applicability of Mathematics and Naturalism », *Philosophia Mathematica*, 14(1) : 26-43, 2006.

2. Sur cet usage du travail de Steiner, voir S. Berekovsky, « Surprising user-friendliness », *Logique et Analyse*, 45 : 283-297, 2002.

HILARY PUTNAM

QU'EST-CE QUE LA VÉRITÉ MATHÉMATIQUE ? [1]

| LE RÉALISME EN PHILOSOPHIE DES MATHÉMATIQUES   **69**

Je dois à Michael Dummett la formulation suivante, très
simple et très élégante, du réalisme : un réaliste (à l'égard
d'une théorie ou d'un discours donné) soutient que 1) les
énoncés de la théorie ou du discours sont | vrais ou faux ; et **70**
2) que ce qui les rend vrai ou faux est quelque chose d'*externe* –
à savoir que ce n'est pas (en général) nos *sense-data*, réels ou
potentiels, ou la structure de nos esprits, ou de notre langage,
etc. Remarquer que, selon cette formulation, il est possible
d'être réaliste à l'égard du discours mathématique sans pour
autant s'engager sur l'existence d'« objets mathématiques ».
La question du réalisme, comme Kreisel l'a vu il y a
longtemps, est la question de l'objectivité des mathématiques,
non pas la question de l'existence des objets mathématiques.

1. « What is Mathematical Truth ? », in *Mathematics, Matter and Method.
Philosophical Papers*, vol. 1. Cambridge, Mass., Cambridge University Press,
1975, p. 60-78.

On peut élaborer ce point de la manière suivante. Les mathématiques ont, depuis Frege, Russell, Zermelo et Bourbaki été conçues comme décrivant un domaine d'objets mathématiques. En fait, tous ces objets peuvent en principe être identifiés à des *ensembles*. Le langage dans lequel ces objets sont décrits est non-sceptique à un très haut degré – aucune notion modale, aucune notion intensionnelle (par exemple « preuve »), et, de fait, dans la version aujourd'hui standard, aucune notion à part celles contenues dans la théorie du premier ordre du « epsilon » (de l'appartenance ensembliste) n'est utilisée. Pour dire les choses brutalement, les mathématiques se sont débarrassées de la *possibilité* en faisant simplement l'hypothèse que toutes les possibilités sont, à l'isomorphisme près en tout cas, simultanément *réalisées* – à savoir réalisées dans l'univers des « ensembles ».

Il y a cependant une autre façon possible de faire des mathématiques, ou, tout du moins, de les concevoir. Cette approche, qui est probablement bien plus vieille que l'approche moderne, a souffert du fait de ne jamais avoir été décrite et défendue. Elle consiste à soutenir que les mathématiques n'ont absolument *aucun* objet en propre. On peut prouver des théorèmes à propos de tout ce que l'on veut – les jours de pluie, ou les marques sur le papier, ou les graphes, ou les lignes, ou les sphères – mais le mathématicien, selon cette conception, ne pose absolument aucune affirmation d'existence. Ce qu'il affirme est que certaines choses sont *possibles* et que certaines choses sont *impossibles* – dans le sens fort et distinctement mathématique du « possible » et de l'« impossible ». En bref, dans cette perspective, que j'ai ailleurs appelée « les mathématiques comme logique modale », les mathématiques sont essentiellement *modales* plutôt qu'existentielles[1].

Disons quelques mots ici de cette position.

1) Cette position n'a pas pour but de satisfaire le nominaliste. Le nominaliste, en brave homme qu'il est, ne peut pas plus accepter les concepts modaux qu'il ne peut accepter l'existence des ensembles. Nous laisserons le nominaliste se satisfaire lui-même.

2) Nous devons nous prononcer sur le problème de Hume. Ce fut Hume plus que tout autre philosophe qui jeta le discrédit sur les notions de possibilité et de nécessité. Ce qui embarrassait Hume était l'argument suivant : *nous n'observons que ce qui est réel*. Puisque les seules généralisations que nous pouvons faire sur la base de l'observation des choses réelles | nous apprennent que tous les *A*s sont *B*s – non pas que tous les 71 *A*s *possibles* sont *B*s, ou que tous les *A*s sont *nécessairement B*s, Hume concluait que la nécessité doit nécessairement être une affaire subjective.

Il nous semble que cet argument repose sur une conception trop simple de la structure de la connaissance scientifique. La théorie physique, par exemple, n'est pas, et ce depuis longtemps, une simple collection d'énoncés de la forme $(x)(Fx \rightarrow Gx)$. De la mécanique classique à la mécanique quantique en passant par la théorie de la relativité générale, la tâche du physicien consiste à fournir des dispositifs mathématiques permettant de représenter toutes les configurations *possibles* – pas seulement celles qui sont physiquement possibles, mais

---

1. Voir « Mathematics without Foundations », *Journal of Philosophy*, 64 : 1, p. 5-22, 1967. Repris dans *Putnam, Mathematics…, op. cit.*, 1975, p. 43-59.

aussi celles qui sont mathématiquement possibles – d'un système. Beaucoup de méthodes utilisées par les physiciens (les méthodes variationnelles, les formulations lagrangiennes de la physique) sont basées sur l'idée que la la trajectoire réelle du système est la trajectoire qui, parmi toutes celles qui sont *possibles*, minimise ou maximise une certaine quantité. Les méthodes reposant sur l'équilibre en économie utilisent la même approche. Il nous semble que « possible » est depuis longtemps une notion pleinement légitime dans les branches les plus accomplies de la science. Pour reprendre l'argument de Zermelo en faveur de l'axiome du choix, nous pourrions avancer que la notion de possibilité est intuitivement évidente et nécessaire pour la science. Et nous pourrions poursuivre en défendant comme il l'a fait que, si l'évidence intuitive est bien quelque chose de subjectif, la nécessité pour la science est elle quelque chose d'objectif. Il nous semble que les philosophes qui rejettent la notion de possibilité pourraient tout simplement, dans certains cas au moins, mal connaître la théorie physique, et ne pas saisir à sa juste mesure le rôle joué par les dispositifs permettant de *décrire* les « mondes possibles ». Au jour d'aujourd'hui, que nous ne puissions par *observer* le possible (à moins qu'il ne devienne réel) ne doit pas compter comme un argument à l'encontre de la notion de possibilité.

3) Nous ne sommes pas contraints de considérer la notion de possibilité comme une notion *primitive* de la science. Nous pouvons évidemment poser qu'une structure est *possible* (au sens mathématique) seulement au cas où un modèle existe pour une certaine théorie, la notion de modèle étant ici celle développée dans la théorie standard des ensembles. Autrement dit, nous *pouvons* considérer l'existence des ensembles comme basique et traiter la possibilité comme une

notion dérivée. Ce qui est souvent négligé est que nous pouvons parfaitement bien renverser la direction : nous pouvons traiter la notion de possibilité comme étant basique et la notion d'existence ensembliste comme une notion dérivée. Pour parodier John Stuart Mill, les ensembles sont des possibilités permanentes de sélection.

Il est clair que les énoncés de la théorie des nombres, quel que soit le nombre de leurs quantificateurs, peuvent être traduits en énoncés de possibilité. Ainsi, un énoncé selon lequel pour chaque nombre x, il existe un nombre y tel que $F(x, y)$, où $F(x, y)$ est une relation récursive binaire, peut être paraphrasée en disant qu'il n'est pas *possible* de produire une bande chiffrée qui soit telle que si on *devait* produire une machine de Turing | d'une certaine description et commencer **72** par balayer la bande, la machine ne s'arrêterait jamais. Dans un précédent article[1], j'ai montré qu'un énoncé arbitraire de la théorie des ensembles – même un énoncé qui quantifie sur des ensembles de rang non limité – peut être paraphrasé par un énoncé de possibilité.

4) La principale question dont nous devons traiter est simplement : *quel est le gain de la manœuvre ?* Étant donné que l'on peut, soit considérer les notions modales comme primitives et le discours concernant l'existence mathématique comme dérivé, soit adopter la conception inverse, quel avantage y a-t-il à tenir les notions modales comme fondamentales ? Partir des concepts modaux nous semble présenter deux avantages. Le premier est purement mathématique. Interpréter

1. Voir *Ibid.*, «Mathematics without Foundations», *Journal of Philosophy*, 64 : 1, p. 5-22, 1967. Repris dans *Putnam, Mathematics..., op. cit.*, 1975, p. 43-59.

le discours ensembliste, etc…, comme un discours portant sur des structures possibles ou impossibles change la perspective sur les problèmes. En particulier, certains axiomes deviennent évidents. Il n'est pas dans mon intention de discuter ici des avantages purement mathématiques. L'autre avantage est philosophique. Comme nous l'avons remarqué[1], le réalisme en philosophie des mathématiques est traditionnellement le compagnon du platonisme, où « platonisme » désigne simultanément une théorie épistémologique et une ontologie. La thèse principale de cet article est qu'il n'est pas nécessaire d'« acheter » l'épistémologie platoniste pour être réaliste en philosophie des mathématiques. Le point de vue modaliste montre qu'il n'est pas non plus nécessaire d'« acheter » l'ontologie platoniste. La théorie mathématique vue comme l'étude d'*objets* spéciaux, a une certaine implausibilité que, selon moi, la théorie mathématique vue comme l'étude des objets ordinaires menée à l'aide de concepts spéciaux n'a pas. Bien que les conceptions des mathématiques – comme théorie des ensembles et comme « logique modale » – soient traduisibles l'une dans l'autre, de sorte qu'aucune question quant à la vérité de l'une et la fausseté de l'autre ne se pose, le point de vue modaliste présente des avantages qui me semblent en outre dépasser ceux consistant à fournir un réconfort psychologique aux personnes que le platonisme afflige. Il existe de réels problèmes, particulièrement si l'on adopte une forme ou une autre de théorie causale de la référence, concernant la possibilité même de référer aux objets mathématiques. Je pense que ces problèmes peuvent être clarifiés grâce à l'usage des notions modales. Mais encore une fois, ceci va au-delà du propos principal de cet article.

---

1. Putnam fait référence à une partie de l'article non traduite ici [N.d. T].

Revenons maintenant à la question du réalisme. Le réalisme concernant la science empirique repose sur deux grands genres d'argument, que nous pourrions classer de façon vague en arguments négatifs et arguments positifs. Les arguments négatifs établissent que les diverses philosophies réductionnistes ou opérationalistes sont tout bonnement des échecs. On tente de montrer que les diverses tentatives de réinterpréter les énoncés scientifiques comme étant des énoncés de haut niveau dérivés d'énoncés portant sur les *sense-data* ou sur les opérations de mesure ou sur quoi que ce soit d'autres du même genre, est un échec, ou est vague à un point extrême, ou qu'elles requièrent, d'une façon peu plausible, la redescription de nombre de découvertes scientifiques en termes de « stipulation sur le sens » [*meaning stipulation*] ou | quelque chose de ce genre – ceci, dans le but de rendre vrai- **73** semblable la thèse selon laquelle la plupart des énoncés scientifiques ne doivent pas être philosophiquement réinterprétés du tout. L'argument positif pour le réalisme est que c'est la seule philosophie qui ne rend pas le succès de la science miraculeux. Que, dans les théories scientifiques matures, les termes, en règle générale, réfèrent (cette formulation est due à Richard Boyd), et que, dans la science mature, les théories acceptées soient approximativement vraies, que le même terme puisse référer à la même chose même lorsqu'il apparaît dans différentes théories – ces affirmations sont vues par le réaliste scientifique non pas comme des vérités nécessaires, mais comme un ingrédient de l'unique explication scientifique du succès de la science, et donc comme un ingrédient de n'importe quelle description scientifique de la science et de ses relations à ses objets.

Je crois que l'argument positif en faveur du réalisme a un analogue dans le cas du réalisme mathématique. Ici aussi, je crois, le réalisme est la seule philosophie qui ne rende pas le succès de la science *miraculeux*.

Selon moi, il y a *deux* raisons en faveur du réalisme en philosophie des mathématiques : l'*expérience mathématique* et l'*expérience physique*. La construction d'un corps hautement articulé de connaissances mathématiques lié à une longue tradition de résolution de problèmes est véritablement une remarquable réussite *sociale*. Bien sûr, on pourrait dire : « eh bien, au Moyen Âge, ils auraient pu parler de « la construction d'un corps hautement articulé de connaissances théologiques lié à une longue tradition de résolution de problèmes », … ». Mais la « connaissance théologique » était en réalité *inconsistante* à un haut degré. Qui plus est, l'aurait-on « corrigé » de façon à en restaurer la consistance, la consistance serait devenue un résultat trivial – elle aurait sans doute suivi de l'existence d'une certaine sorte de modèle fini. En mathématique, nous avons (je pense) une structure *consistante* – consistante en dépit du fait qu'aucune science autre que les mathématiques ne traite de si *longues* et si rigoureuses chaines déductives (de sorte que le risque de *découvrir* une contradiction, si une contradiction est présente, est incommensurablement plus grande en mathématique que dans n'importe quelle autre science) et en dépit du fait que les mathématiques traitent de structures si complexes que, comme nous le savons grâce au travail de Gödel, aucun espoir de preuve de consistance fini n'existe. S'il n'y a *aucune* interprétation qui rende la plus grande partie des mathématiques *vraie*, si nous sommes en réalité seulement en train d'écrire des séquences de symboles au hasard, ou même par série d'essais et d'erreurs, quelles seraient les chances que notre théorie soit consistante, sans parler de son éventuelle fécondité mathématique ?

Toutefois, soyons prudent. Si cet argument a de la force, comme je le crois, il n'est pas encore tout à fait un argument en faveur du réalisme mathématique. L'argument dit que la consistance et la fertilité des mathématiques classiques incitent à penser qu'elles – ou qu'une grande partie des mathématiques – *sont vraies sous une certaine interprétation*. Mais l'interprétation pourrait ne pas être une interprétation *réaliste*. Ainsi Bishop pourrait dire, « en effet, une grande partie des mathématiques est vraie sous une | interprétation – vraie sous **74** une réinterprétation intuitionniste ! » Notre argument doit ainsi tenir sur deux jambes : l'autre jambe est *l'expérience physique*. L'interprétation sous laquelle les mathématiques sont vraies doit s'ajuster avec l'application des mathématiques *en dehors* des mathématiques.

Dans un petit livre publié il n'y a pas longtemps[1], je défendais en détail l'idée que les mathématiques et la physique sont enchevêtrées d'une telle manière qu'il n'est pas possible d'être réaliste vis-à-vis de la théorie physique tout en étant nominaliste concernant la théorie mathématique. En un sens, cela signifie que nos intuitions sont inconsistantes. Car je crois que la position que la plupart des gens trouvent intuitive – celle, en tout cas, que je trouvais intuitive –, *c'est* le réalisme vis-à-vis du monde physique et une certaine espèce de nominalisme ou de *if-thenism* vis-à-vis des mathématiques. Mais considérons une loi physique, par exemple la loi newtonienne de la gravitation universelle. Pour dire que cette loi est vraie – pour dire même qu'elle est approximativement vraie à des

---

1. Il s'agit de *Philosophy of Logic*, New York, Harper and Row, 1971, dont une traduction de la partie pertinente constitue l'extrait suivant (N. d. T.).

distances et des vitesses non relativistes –, on doit quantifier sur des entités non nominalistes telles que les forces, les masses, les distances. De plus, comme j'ai tenté de le montrer dans mon livre, pour rendre compte de ce qui est habituellement appelé « mesure » [*measurement*] – c'est-à-dire de la numéricalisation des forces, des masses et des distances – on doit quantifier non pas simplement sur les forces, les masses et les distances considérées comme des propriétés physiques (pensons à une masse particulière comme à une propriété que n'importe quelle chose donnée peut ou ne pas avoir, et où la notion de propriété en question n'a aucune connexion intrinsèque avec un *nombre* particulier plutôt qu'un autre), mais également sur les *fonctions prenant pour argument* des masses, des distances, etc. *et pour valeur* des nombres réels, ou tout du moins des nombres rationnels. En bref – et, en son essence, il s'agit là d'une intuition que Frege et Russell avaient déjà eue – une interprétation raisonnable de *l'application* des mathématiques au monde physique *requiert* une conception réaliste des mathématiques. L'expérience mathématique nous apprend que les mathématiques sont vraies sous une certaine interprétation ; l'expérience physique nous apprend que l'interprétation en question est réaliste.

Pour résumer l'argument en un mot : être réaliste à l'égard du monde physique, c'est vouloir dire que la loi de la gravitation universelle est un énoncé objectif portant sur les corps – non pas simplement sur les *sense-data* ou les marques de mesure. Quel est cet énoncé ? Simplement que les corps se meuvent de façon à ce que le quotient de deux nombres *associés* aux corps est égal à un troisième nombre *associé* aux corps. Mais comment un tel énoncé peut-il avoir le moindre contenu objectif, si les nombres et les « associations » (*i.e.* les fonctions) sont tous deux de la même manière de simples fictions ? Ce serait comme essayer de maintenir que Dieu et les anges n'existent pas, tout en maintenant simultanément que c'est un fait objectif que Dieu a confié chaque étoile aux soins d'un ange et que les anges en charge des deux composantes d'une étoile double ont été créés en même temps ! Si le discours sur les nombres et les « associations » entre masses, etc., et nombres est | de la « théologie » (en un sens péjoratif), alors **75** la loi de la gravitation universelle est de la même façon de la théologie.

Traduction Sébastien Gandon

HILARY PUTNAM

PHILOSOPHIE DE LA LOGIQUE [1]

| On entend par « langage nominaliste » un langage **416** formalisé dont les variables portent sur des choses individuelles (dans un sens convenable quelconque), et dont les lettres de prédicats représentent des adjectifs et des verbes qui s'appliquent à des choses individuelles (tels que « dur », « plus grand que », | « partie de »). Ces adjectifs et ces verbes n'ont **417** pas besoin de correspondre à des propriétés et relations observables ; ainsi, le prédicat « est un électron » est parfaitement admissible. Mais ils ne doivent pas présupposer l'existence d'entités telles que les classes ou les nombres.

On a signalé fréquemment qu'un tel langage est insuffisant pour répondre aux besoins de la science ; accepter ce genre de langage comme le seul que nous soyons philosophiquement autorisés à employer nous obligerait, par exemple, à abandonner virtuellement toutes les mathématiques. En vérité, les restrictions du nominalisme sont aussi désastreuses pour les

1. H. Putnam, *Philosophy of Logic*, New York, Harper and Row, 1971. Première traduction française dans *Philosophie de la logique*, Combas, Éditions de l'Éclat, 1996, chapitre 5, p. 39 à 46.

sciences empiriques que pour les sciences formelles ; ce n'est pas seulement les « mathématiques », mais aussi la physique que nous devrions alors abandonner.

Pour illustrer ceci, considérons l'exemple le plus connu de loi physique, la loi de la gravitation de Newton. (Le fait que cette loi ne soit pas strictement vraie n'a pas d'importance pour la discussion actuelle ; la loi admise comme vraie actuellement est bien plus compliquée et requiert indubitablement plus de mathématiques encore pour être formulée). Comme chacun sait, la loi de Newton affirme qu'il existe une force f_{ab} exercée par un corps quelconque a sur un autre corps quelconque b, telle que la force f_{ab} est dirigée vers a et que son intensité F est donnée par :

$$F = gM_aM_b/d^2,$$

où g est une constante universelle, M_a la masse de a, M_b la masse de b et d la distance qui sépare a de b.

Je soutiendrai ici une philosophie « réaliste » de la physique ; j'admettrai donc que l'un de nos objectifs importants lorsque nous faisons de la physique est d'essayer de formuler des lois « vraies ou presque vraies » (l'expression est de Newton), et non simplement de construire des ponts ou de prévoir des expériences. Je prétendrai également que la loi donnée ci-dessus est correcte, bien que nous sachions aujourd'hui qu'il s'agit seulement d'une approximation d'une autre loi beaucoup plus compliquée. Ces deux hypothèses seraient acceptables pour un nominaliste. Il me semble en effet que les nominalistes doivent, au fond, être matérialistes, car autrement, leurs scrupules sont incompréhensibles. Et aucun matérialiste ne reculerait devant l'idée que la matière obéit à des lois objectives, et que le fait d'essayer de formuler ces lois soit un objectif de la science. Nous admettons ici que la loi de

Newton est strictement vraie uniquement pour avoir à notre disposition un exemple précis de loi physique – un exemple de loi qui possède une structure mathématique (ce qui fait qu'elle ne peut pas être exprimée en langage nominaliste), et qui soit intelligible par la plupart des gens, ce qui n'est pas le cas, malheureusement, des lois physiques beaucoup plus compliquées.

La loi de Newton présente donc l'intérêt d'avoir un contenu qui, bien qu'il soit en un sens parfaitement clair (elle dit que la « poussée » gravitationnelle est directement proportionnelle aux masses et obéit à une loi de l'inverse du carré), transcende tout à fait ce qui peut être exprimé en langage nominaliste. Même si le monde était plus simple qu'il ne l'est, si la gravitation était la seule force qui y règne, et si la loi de Newton était exactement valable, il serait encore impossible de « faire » de la physique en langage nominaliste.

Mais comment pouvons-nous être sûr qu'il en soit bien ainsi ? Même si aucun nominaliste n'a encore proposé une façon de « traduire » des énoncés tels que la loi de Newton en langage nominaliste, comment pouvons-nous être sûr qu'aucune traduction de ce genre n'existe ?

|Considérons ce qui est en jeu ici, et donc, non seulement la **418** loi de la gravitation elle-même, mais aussi ses présuppositions manifestes. En premier lieu, la loi présuppose l'existence de forces, de distances et de masses, peut-être pas en tant qu'entités réelles, mais comme choses pouvant être, d'une manière ou d'une autre, mesurées à l'aide de nombres réels. Si nous devons utiliser la loi de Newton, nous avons besoin d'un langage assez riche pour énoncer non seulement la loi elle-même, mais des faits du genre « la force f_{ab} est $r_1 \pm r_2$ », « la masse M_a est $r_1 \pm r_2$ », « la distance d est $r_1 \pm r_2$ », où r_1 et r_2 sont des nombres rationnels arbitraires. (Il n'est pas nécessaire, ni

même vraiment possible, d'avoir un nom pour chaque nombre réel ; par contre, nous avons besoin de pouvoir exprimer des estimations rationnelles arbitrairement précises de grandeurs physiques).

Mais aucun nominaliste n'a jamais proposé de procédé par lequel on puisse traduire dans le langage nominaliste des expressions arbitraires de la forme « la distance d est $r_1 \pm r_2$ ». En outre, à moins que nous ne soyons disposés à postuler l'existence d'une infinité actuelle d'objets physiques, aucun « schéma de traduction » tel que celui que nous venons d'envisager ne peut exister d'après l'argument suivant : s'il n'existe qu'un nombre fini d'éléments, alors il n'y a qu'un nombre fini d'expressions non deux à deux équivalentes dans le langage formalisé nominaliste. Autrement dit, il existe un nombre fini d'expressions S_1, S_2, ..., S_n telles que, pour une expression arbitraire donnée S, on ait soit $S \leftrightarrow S_1$, soit $S \leftrightarrow S_2$, ..., soit $S \leftrightarrow S_n$; de plus, pour l'indice i approprié, $S \leftrightarrow S_i$ se déduit logiquement de la proposition « le nombre des éléments est N »[1]. Mais si nous disposons de noms pour deux individus

---

1. Voici une esquisse de preuve de cette affirmation. Supposons, par exemple, que $N = 2$ et introduisons provisoirement les symboles « a » et « b » pour désigner les deux éléments dont on suppose ainsi l'existence. Réécrivons chaque énoncé $(x)Px$ comme une conjonction $Pa \wedge Pb$ et chaque énoncé $(\exists x)Px$ comme une disjonction $Pa \vee Pb$. Ainsi, chaque énoncé S du langage est transformé en un énoncé S' sans quantificateurs. En admettant que le nombre de prédicats primitifs du langage soit fini, il n'existe qu'une quantité finie d'énoncés atomiques. Si le nombre de ces énoncés atomiques est n, le nombre de leurs fonctions de vérité est 2^{2^n}. On peut facilement construire 2^{2^n} énoncés sans quantificateurs qui correspondent à ces 2^{2^n} fonctions de vérités ; alors, *n'importe quel* énoncé construit en dehors de ces n énoncés atomiques donnés et à l'aide de connecteurs fonctionnels de vérité sera logiquement équivalent à l'un de ces énoncés T_1, T_2, ..., $T_{2^{2^n}}$. De plus, si $S' \leftrightarrow T_i$ est un théorème du calcul propositionnel, il est facile de voir que $S \leftrightarrow (\exists a, b)(a \neq b \wedge T_i)$ est vrai dans tout

différents dans notre « langage de la physique » (*a* et *b* par exemple) et que nous puissions y formuler les énoncés « la distance de *a* à *b* est de un mètre ± un centimètre », « la distance de *a* à *b* est de deux mètres ± un centimètre », etc., alors il est clair que nous aurons inévitablement une série *infinie* d'énoncés non deux à deux équivalents (et la prémisse « le nombre des objets est N » ne fait pas disparaître cette non équivalence entre énoncés ; de cette prémisse, il ne suit en effet pas logiquement que deux des énoncés de la série ont la même valeur de vérité). Ainsi, toute « traduction » du « langage de la physique » dans le « langage nominaliste » ne peut que semer la perturbation dans les relations logiques ; pour tout N, il y aura deux entiers différents n et m tels que le « théorème » faux suivant :

> Si le nombre des éléments est N, alors la distance de *a* à *b* est n mètres ± un centimètre ↔ la distance de *a* à *b* est m mètres ± un centimètre,

se métamorphose en un théorème vrai si nous acceptons le schéma de traduction en question. Un langage nominaliste est donc *par principe* inadéquat et insuffisant pour la physique.

Cette insuffisance devient même plus claire si nous abordons la question de façon moins formelle. Le concept de « distance en mètres » est extrêmement complexe. Qu'est-ce

---

univers de deux éléments ; et donc, « le nombre d'éléments est deux » (que l'on peut symboliser par $(\exists a, b) \, (a \neq b \wedge (x) \, (x = a \vee x = b))$) implique $S \leftrightarrow (\exists a, b) \, (a \neq b \vee T_i)$. Ainsi, en posant $S_1 = $ « $(\exists a, b)(a \neq b \vee T_1)$ », $S_2 = $ « $(\exists a, b)(a \neq b \vee T_2)$ », …, on obtient les deux résultats suivants : (1) si le nombre d'éléments est *deux*, tout énoncé S est équivalent en valeur de vérité à l'un des énoncés $S_1, S_2, …, S_{2^{2^n}}$; (2) pour l'indice i approprié, l'énoncé $S \leftrightarrow S_i$ est lui-même *impliqué* par le fait que le nombre des éléments est deux. La même idée est utilisable pour un nombre fini quelconque d'éléments.

que cela implique en effet de supposer qu'une grandeur physique comme une distance puisse être, d'une manière ou d'une autre, coordonnée avec des *nombres réels*?

Une explication que je crois correcte prendrait la forme suivante. Il est clair que la physique nous conduit à reconnaître l'existence d'entités telles que les « points de l'espace » (ou les points de l'espace-temps en physique relativiste), bien que la nature de ces entités soit loin d'être limpide. Bien que ce soit manifestement faux, les physiciens disent fréquemment que des points de l'espace-temps sont tout simplement des « événements ». Carnap et Quine préfèrent quant à eux imaginer les points comme des triplets de nombres réels (ou des quadruplets de nombres réels dans le cas de l'espace-temps); cependant, ceci semble extrêmement artificiel, car intuitivement, l'iden-
419 tité d'un | point de l'espace ne dépend pas d'un quelconque système particulier de coordonnées. Je préfère, pour ma part, les concevoir comme des propriétés de certains événements (ou de particules, si l'on a à l'esprit une physique de particules ponctuelles); toutefois, pour le moment, considérons-les comme des entités primitives en ne les identifiant pas davantage que par le nom « point ». Quel que soit le point de vue adopté, il existe une relation $C(x, y, z, w)$ que l'on peut appeler relation de congruence, qui est une relation physiquement signifiante entre des points, et que l'on exprime en langage habituel en disant que l'intervalle *xy* est *congruent* à l'intervalle *zw*. (Je dis « quel que soit le point de vue » car il existe de profondes divergences entre les philosophes qui pensent que cette relation peut être définie opérationnellement, et ceux qui, comme moi, soutiennent que toutes les prétendues définitions opérationnelles sont fondamentalement inadé-quates et que la relation doit être considérée comme primitive dans la théorie physique). Prenons deux points (par exemple

les extrémités du mètre étalon de Paris à un instant donné) et appelons-les a_1 et a_2. Nous poserons par définition que la distance de a_1 à a_2 est de *un*. Nous pouvons alors définir la « distance » comme une mesure numérique définie pour n'importe quel couple de points x et y de la manière suivante :

On pose que « la distance de x à y est r » signifie $f(x, y) = r$, où f est une fonction quelconque qui satisfait les cinq conditions suivantes :

(1) $f(w, v)$ est définie et a une valeur réelle non négative pour tous points w et v.

(2) $f(w, v) = 0$ si et seulement si w est le même point que v.

(3) $f(w, v) = f(w', v')$ si et seulement si on a $C(w, v, w', v')$, c'est-à-dire, si et seulement si l'intervalle wv est congruent à l'intervalle $w'v'$.

(4) Si w, v et u sont des points colinéaires et si v est entre w et u, alors $f(w, u) = f(w, v) + f(v, u)$. (Ici, les termes « colinéaire » et « entre » peuvent être définis à partir de la relation C par des méthodes connues, ou être considérés comme de nouvelles notions primitives de la géométrie physique).

(5) $f(a_1, a_2) = 1$.

On peut montrer qu'il n'existe qu'une seule fonction f satisfaisant ces cinq conditions[1]. Ainsi, la signification de la définition donnée ci-dessus peut être formulée en disant que la distance est la valeur de l'unique fonction qui satisfait (1) à (5).

---

1. Strictement parlant, ce n'est vrai que si l'on exige que f soit une fonction *continue* définie sur l'ensemble des points de l'espace et à valeurs réelles. Cependant, cette propriété de continuité peut être exprimée sans faire l'hypothèse que nous disposons déjà d'une métrique définie sur les points de l'espace. J'ai laissé ceci de côté dans le cours du texte uniquement pour simplifier la discussion.

Nommons l'explication donnée ci-dessus, une description de la « numéricalisation »[1] de la grandeur physique qu'est la distance. Le point intéressant dans ce contexte est celui-ci : même si nous considérons les « points » comme des individus et la relation « $C(x, y, z, w)$ » comme primitive, nous ne pouvons pas encore rendre compte de la numéricalisation de la distance sans quantifier sur les fonctions. (Bien sûr, nous pourrions éviter le problème dans son ensemble en identifiant les points avec des triplets de nombres réels et en utilisant le théorème de Pythagore pour nous fournir une définition de la distance ; mais alors, ou bien la relation « l'objet O est au point P » devra être analysée, ou bien nous devrons abandonner la numéricalisation comme étant une chose essentiellement mystérieuse et inexpliquée.)

En résumé, même les énoncés de la forme « la distance de a à b est $r_1 \pm r_2$ » (où r_1 et r_2 sont des variables prenant des valeurs rationnelles) ne peuvent être expliqués sans que l'on utilise la notion d'une fonction définie sur l'ensemble des points et à valeurs réelles – ou tout au moins, à valeurs rationnelles. Pour n'importe quelles constantes r_1 et r_2, un énoncé équivalent dans lequel n'apparaissent que des quantifications sur des points peut certes être construit ; mais pour saisir la signification de ce
420 prédicat en tant que prédicat des | variables (r_1, r_2), on a besoin de notions telles que celles de fonction ou d'ensemble. Et la manière naturelle de procéder, comme nous venons de le voir,

1. Le terme généralement utilisé dans les textes de philosophie des sciences n'est pas « numéricalisation », mais « mesure » (*measurement*). J'ai forgé ce barbarisme afin d'insister sur le fait que le problème *n'est pas* de *mesurer* quelque chose, mais de *définir* quelque chose – à savoir, une correspondance entre paires de points et nombres. Le terme « mesure » est un reliquat de l'époque opérationnaliste, lorsque l'on supposait que la mesure était antérieure à la définition (plutôt que vice versa).

fait même appel à des fonctions définies sur l'ensemble des points et à valeurs réelles.

Il est facile, pour une seule et même personne, d'exprimer dans un contexte des convictions nominalistes, et de parler, dans un autre contexte, de « distance » comme étant quelque chose de défini (et ayant une valeur numérique) pour des points arbitraires x et y. Et pourtant, nous venons de voir qu'une telle attitude est inconsistante. Si la numéricalisation des grandeurs physiques a un sens, nous devons accepter des notions telles que celles de fonction et de nombre réel ; et ce sont justement là des notions que le nominaliste rejette. Si rien ne répond réellement à ces concepts, qu'affirme donc la loi de la gravitation ? Car cette loi est totalement dénuée de sens si l'on ne peut expliquer que des variables peuvent prendre pour valeurs des distances arbitraires (ainsi, bien sûr, que des forces et des masses également arbitraires).

Traduction Patrick Peccate (révisée)

Hartry Field

POUR UNE SCIENCE SANS NOMBRES [1]

[VII] Préface

Cette monographie présente ce que je crois être une nouvelle approche de la philosophie des mathématiques. Dans la littérature, les trois questions suivantes sont généralement considérées comme centrales pour la philosophie des mathématiques :

(a) quelle partie des mathématiques standard est-elle vraie ? Par exemple, les résultats dérivés de l'usage d'une théorie des ensembles imprédicative sont-ils vrais ?

(b) quelles entités devons-nous postuler pour expliquer la vérité (de cette partie) des mathématiques ?

(c) Quel genre d'explication pouvons-nous donner de notre connaissance de ces vérités ?

---

1. H. Field, *Science without Numbers : a defense of nominalism*, Oxford, Blackwell, 1980, Préface, p. vii-ix et *Preliminary Remarks*, p. 1-6 et chapitre 1 : « Why the Utility of Mathematical Entities is Unlike the Utility of Theoretical Entities », p. 7-16.

Une quatrième question est parfois également discutée, la plupart du temps de façon très expéditive :

> (d) Quel genre d'explication est-il possible de donner de la façon dont les mathématiques sont appliquées au monde physique ?

Ma thèse est que (d) est la question réellement fondamentale. Et en me concentrant sur la question de l'application, j'ai été conduit à une conclusion surprenante : pour expliquer des applications, même très complexes, des mathématiques au monde physique (par exemple, l'usage des équations différentielles dans l'axiomatisation de la physique), il n'est pas nécessaire de supposer que les mathématiques qui sont appliquées soient vraies, il est nécessaire de supposer à peine plus que la consistance des mathématiques. Cette conclusion n'est pas fondée sur un quelconque stratagème instrumentaliste général, mais bien plutôt sur une caractéristique très particulière des mathématiques que les autres disciplines ne partagent pas.

Le fait que l'application des mathématiques ne requiert pas que les mathématiques qui sont appliquées soient vraies a d'importantes implications pour la philosophie des mathématiques. Car quel bon argument a-t-on pour considérer les mathématiques standard comme un ensemble de vérités ?

VIII Le fait que | les mathématiques standard sont logiquement dérivées d'un groupe d'axiomes apparemment consistant n'est pas suffisant ; la question est, pourquoi considérer les axiomes comme des *vérités*, plutôt que comme des fictions, auxquelles les mathématiciens, pour diverses raisons, ont été amenés à s'intéresser ? Les seuls arguments non circulaires que je connaisse en faveur de l'idée que les mathématiques sont constituées de vérités reposent tous en dernier ressort sur l'applicabilité des mathématiques au monde physique ; si donc l'applicabilité au monde physique n'est pas non plus un bon argument, il n'y a plus alors aucune raison de considérer une partie quelconque des mathématiques comme vraies. Cela ne veut pas dire, bien évidemment, qu'il y a quelque chose qui ne va pas dans les mathématiques ; cela veut simplement dire que les mathématiques ne sont pas le genre de choses qui peuvent être évaluées de façon adéquate en termes de vérité et de fausseté. Les questions (a)-(c) reçoivent ainsi une réponse triviale : *aucune* partie des mathématiques n'est vraie (mais il nous est loisible d'utiliser des raisonnements imprédicatifs et d'autres raisonnements controversés en mathématiques comme bon nous semble, à condition d'être pratiquement certain qu'ils soient consistants) ; en conséquence, aucune entité ne doit être postulée pour expliquer la vérité mathématique, et le problème de l'explication de la connaissance des vérités mathématiques disparaît. (Bien entendu, le problème consistant à expliquer comment nous savons que telles conclusions mathématiques suivent de telles prémisses, lui, demeure. Mais il est alors question de connaissance *logique*, non de connaissance *mathématique* : il n'est pas question d'une connaissance d'un domaine particulier d'entités mathématiques)[1].

Le plus difficile, lorsqu'on veut montrer que l'application des mathématiques ne requiert pas que les mathématiques qui

---

1. Dans ces deux premiers paragraphes, j'ai employé le terme « mathématique » en un sens un peu plus étroit que dans le reste de l'ouvrage ; dans ces paragraphes, seulement les énoncés contenant des termes référant à des entités mathématiques ou à des variables dont le domaine contient des entités mathématiques comptent comme partie des mathématiques. (À comparer *infra* avec la note 1, p. 144.)

sont appliquées soient vraies, est de montrer que les entités
mathématiques sont théoriquement superflues d'une manière
dont ne le sont pas les entités théoriques en science – à savoir,
qu'il est toujours possible de réaxiomatiser les théories scientifiques de façon à faire disparaître toute référence à, et toute
quantification sur des entités mathématiques (et l'on peut
réaliser ceci de telle manière que l'axiomatisation résultante
soit suffisamment simple et attrayante). Établir de façon
convaincante que de telles réaxiomatisations nominalistes
de théories physiques respectables sont possibles requiert un
IX | argument technique plutôt détaillé. Dans cette monographie,
j'ai en fait donné cet argument (dans le cas d'une théorie
physique que je juge assez typique). Mais j'ai tenté de rendre
accessibles les principales idées de mon approche à ceux qui
n'ont pas le bagage ou la patience pour suivre tous les détails
techniques.

Le souhait de réaliser ce projet ne provient pas seulement
de considérations concernant la philosophie des mathématiques ou l'ontologie ; certaines idées tenant à philosophie des
sciences (comme l'attrait pour ce que je nomme les « explications intrinsèques » et le désir d'éliminer certaines sortes
d'« arbitraire » ou de « choix conventionnel » de notre formulation définitive des théories) ont également joué un rôle déterminant. Ces idées, provenant de la philosophie des sciences,
sont évoquées au chapitre 5 ; elles prêtent appui, indépendamment de toute considération ontologique, à la conception de
l'application des mathématiques ici suggérée. Je discute aussi
(surtout au chapitre 9, mais aussi dans une certaine mesure au
chapitre 4) certaines questions relatives à la logique et à l'engagement ontologique : en particulier, la relativité de l'engagement ontologique à la logique sous-jacente, c'est-à-dire le fait
que l'on peut souvent réduire nos engagements ontologiques

en élargissant notre logique. C'est un fait concernant l'engagement ontologique qui n'a pas été suffisamment discuté par les philosophes écrivant sur les questions ontologiques, et un des problèmes que j'envisagerai moi-même dans le chapitre final est celui de savoir dans quelles circonstances (s'il en existe) il est raisonnable d'élargir sa logique afin de réduire son ontologie. […]

| Remarques préliminaires   1

Le nominalisme est la doctrine selon laquelle il n'y a pas d'entités abstraites. Le terme « entité abstraite » peut ne pas être entièrement clair, mais une chose, du moins, semble l'être : c'est que des supposées entités comme les nombres, les fonctions et les ensembles sont abstraites – c'est-à-dire qu'elles seraient abstraites si elles existaient. En défendant le nominalisme, je nie donc que les nombres, les fonctions, les ensembles, ou toutes entités similaires, existent.

Puisque je nie que les nombres, les fonctions, les ensembles, etc., existent, je nie qu'il soit légitime d'employer des termes censés référer à de telles entités, ou des variables censées prendre leurs valeurs parmi ces entités, dans notre description finale de ce qu'est réellement le monde.

Ceci semble poser un problème : notre description finale de ce qu'est le monde doit certainement contenir une théorie physique ; et en développant des théories physiques, on doit utiliser les mathématiques ; et on trouve de nombreuses références à, et de quantifications sur, les nombres, les fonctions, les ensembles et les choses de ce genre en mathématique. Il semblerait donc que le nominalisme ne soit pas une position qui puisse être raisonnablement maintenue.

Il y a à première vue plusieurs manières de résoudre ce problème. La manière qui s'est révélée la plus populaire parmi les philosophes d'orientation nominaliste a été d'essayer de *réinterpréter* les mathématiques – de les réinterpréter de façon à ce que les termes et les quantificateurs ne fassent pas référence aux entités abstraites (nombres, fonctions, etc.) mais seulement aux entités d'une autre sorte, disons les objets physiques, ou les expressions linguistiques, ou les constructions mentales.

Mon approche est différente : je ne propose pas de réinterpréter une quelconque partie des mathématiques classiques ; à la place, je propose de montrer que les mathématiques **2** en jeu dans l'application au monde physique n'incluent | rien qui, même à première vue, contienne des références à (ou des quantifications sur) des entités abstraites comme des nombres, des fonctions, ou des ensembles. À l'égard de la partie des mathématiques qui fait référence à (ou quantifie sur) des entités abstraites – et ceci inclut virtuellement toutes les mathématiques conventionnelles –, j'adopte une attitude fictionnaliste, c'est-à-dire que je ne vois aucune raison de considérer cette partie des mathématiques comme *vraie*[1].

---

1. La « partie des mathématiques qui ne fait pas référence à des entités abstraites » est en réalité simplement la logique appliquée : elle est la déduction systématique des conséquences des systèmes d'axiomes (des systèmes d'axiomes à maints égards semblables à ceux utilisés dans les mathématiques platonistes, mais qui ne font référence qu'à des entités physiques). Seule une très petite part des mathématiques ordinaires consiste uniquement en la déduction systématique des conséquences de tels systèmes d'axiomes : ma thèse, cependant, est que les mathématiques ordinaires peuvent être remplacées dans leurs applications par une nouvelle mathématique qui ne consiste seulement qu'en cela.

La plupart des philosophes actuels se sont montrés hostiles aux interprétations fictionnalistes des mathématiques, et ce pour de bonnes raisons. Se contenter *seulement* de défendre le fictionnalisme à propos d'une portion des mathématiques, sans montrer que cette partie des mathématiques est superflue dans les applications, c'est faire preuve d'hypocrisie intellectuelle : on est en effet alors simplement en train de revenir, dans ses moments philosophiques, sur ce que l'on affirme lorsque l'on fait de la science, sans proposer une formulation autre de la science qui s'accorde avec sa philosophie. Cette objection (de Quine) au fictionnalisme à l'égard des mathématiques ne peut être réduite que si l'on montre qu'il y a une formulation autre de la science qui ne requiert l'usage d'aucune partie des mathématiques référant à, ou quantifiant sur, des entités abstraites. Je crois qu'une telle formulation est possible ; en conséquence, je peux, sans hypocrisie intellectuelle, nier qu'il y ait des entités abstraites.

La tâche consistant à montrer qu'on peut reformuler toute la science de façon à ce que plus rien ne réfère à, ou ne quantifie sur, des entités abstraites est évidemment une tâche extrêmement large ; mon but dans cette monographie est seulement d'illustrer ce que je crois être une nouvelle stratégie permettant la réalisation de ce but, de rendre à la fois le but et la stratégie attrayants et prometteurs. Ma tentative pour rendre la stratégie prometteuse prend au final la forme suivante : je montre, au chapitre 8, comment, dans le contexte de certaines théories physiques (les théories des champs dans un espace-temps de courbure nulle[1]), il est possible de développer un équivalent du calcul différentiel à plusieurs variables réelles qui ne quantifie

---

1. Je crois que l'approche est généralisable aux espace-temps à courbure non nulle, mais je n'ai pas examiné en détail cette possibilité.

ni sur les nombres réels, ni sur les fonctions ou les autres choses de ce genre. Bien que je ne développe pas cet équivalent du calcul différentiel complètement (par exemple, je ne discute pas l'intégration), l'esquisse que j'en dresse est suffisante pour montrer comment une version nominaliste de la théorie newtonienne de la gravitation peut être développée. Cette version nominaliste de la théorie de la gravitation a toutes les conséquences, nominalistiquement énonçables, des versions platonistes (c'est-à-dire non nominalistes) usuelles | de la théorie.

3

De plus, je crois que la reformulation nominaliste est mathématiquement attrayante, et qu'il y a des raisons autres qu'ontologiques de la préférer aux formulations platonistes usuelles.

Je dois admettre que la formulation de la théorie gravitationnelle à laquelle j'aboutis ne satisfera pas tous les nominalistes; j'utilise de nombreux dispositifs que certains nominalistes trouveraient discutables. En particulier, les nominalistes qui ont des tendances finitistes ou opérationnalistes n'apprécieront pas la façon dont je formule les théories physiques, parce que mes formulations ne sont pas plus finitistes ou opérationnalistes que les formulations platonistes usuelles de ces théories. Pour illustrer la distinction que j'ai à l'esprit entre, d'une part, les préoccupations nominalistes, et, de l'autre, les préoccupations finitistes et opérationalistes, considérons un exemple. Certains pourraient critiquer l'assertion selon laquelle entre deux points d'un rayon lumineux (ou d'un électron, si les électrons ont un diamètre non nul) il y a un troisième point, sur la base du fait que cela les engagerait à admettre l'existence d'une infinité de points sur le rayon lumineux (ou sur l'électron), ou sur la base du fait que cela n'est, en aucun sens très direct, vérifiable. Mais ces raisons de critiquer l'assertion ne sont pas des raisons nominalistes au sens où j'utilise le terme « nominaliste », elles ne concernent

pas de la nature des entités postulées (à savoir les parties du
rayon lumineux ou de l'électron), mais les hypothèses structurelles faites sur elles (à savoir qu'il y en a un nombre infini
sur une extension finie). Je ne suis pas très impressionné par les
préoccupations finitistes ou opérationnalistes, et en conséquence je ne présenterai pas d'excuse pour avoir posé, dans ce
qui suit, des hypothèses structurelles assez fortes sur les entités
fondamentales de la physique gravitationnelle. Ce n'est
pas que je n'éprouve aucune sympathie du tout à l'égard du
programme consistant à réduire les hypothèses structurelles
faites sur les entités postulées dans les théories physiques – ce
programme serait intéressant, s'il pouvait être mené à bien.
Mais, autant que je le sache, il ne l'a pas été, et ce même dans le
cadre des formulations platonistes de la physique ; dit autrement, il n'existe aucune physique platoniste usant d'un
système mathématique moins riche que les nombres réels pour
représenter les positions des parties d'un rayon lumineux ou
d'un électron. En conséquence, même si je mets un point
d'honneur à ne faire aucune hypothèse structurelle sur les
entités plus fortes que celles faites dans les théories platonistes
usuelles, | je ne me sentirai par ailleurs nullement forcé de 4
réduire mes hypothèses structurelles à un niveau plus
bas que le niveau platoniste[1]. La réduction des hypothèses
structurelles n'est tout simplement pas ma préoccupation.

---

1. Il se trouve qu'une certaine réduction des hypothèses structurelles aura
des répercussions « par accident » sur l'une des deux formulations nominalistes
que je donnerai de la théorie gravitationnelle (celle que j'appellerai N_0 dans le
chapitre 9). De plus, les deux formulations nominalistes, mais plus spéciale-
ment N_0, semblent particulièrement bien adaptées à l'étude des conséquences
d'un nouvel affaiblissement des hypothèses structurelles.

Si je ne ressens pas le besoin de présenter des excuses pour avoir utilisé des hypothèses structurelles qui heurtent le finitiste et l'opérationnaliste, un autre des dispositifs que j'emploie me pose un peu plus problème. Mais j'essaie dans le chapitre final de démontrer qu'il est moins critiquable qu'il pourrait sembler à première vue, et qu'il est de toute façon probablement éliminable.

J'aimerais préciser dès maintenant que rien, dans cette monographie, ne doit être tenu pour un argument positif en faveur du nominalisme. Mon but est plutôt de tenter de contrer les arguments les plus sérieux qui aient été proposés à l'encontre de la position nominaliste. Il me semble que les seuls arguments non circulaires contre la sorte de nominalisme esquissé ici (c'est-à-dire, les seuls arguments non circulaires *pour* la conception selon laquelle les mathématiques sont formées de *vérités*) sont fondés sur l'applicabilité des mathématiques au monde physique. Noter que je ne dis pas que la seule façon de défendre qu'*un axiome mathématique donné* est vrai doit se baser sur *son* application au monde physique – ce serait incorrect. Par exemple, si on accorde que les axiomes élémentaires de la théorie des ensembles sont vrais, on peut, avec au moins un certain degré de plausibilité, défendre la vérité de l'axiome concernant les cardinaux inaccessibles en se fondant sur l'accord entre cet axiome et la conception générale des ensembles sous-jacente aux axiomes plus élémentaires. Plus généralement, si on accorde que le concept de vérité s'applique de façon non triviale à au moins une partie des mathématiques pures (ou, pour être plus précis, si on accorde qu'il y a au moins un certain nombre d'assertions purement mathématiques incluant des énoncés existentiels qui sont vrais), alors on doit accorder qu'il y a des entités mathématiques. De ceci, on peut conclure qu'il doit y avoir un certain nombre de faits concernant ces entités, et que probablement pas tous les faits concernant ces entités sont en lien avec des applications connues au monde physique; il est donc plausible de défendre l'idée que des considérations autres que l'application au monde physique, par exemple, des considérations de simplicité et de cohérence à l'intérieur des mathématiques, constituent des raisons valides pour accepter comme vrais certains axiomes mathématiques proposés, et rejeter comme faux les autres. Tout cela est | très bien, mais n'a d'importance **5** *qu'une fois* établie l'hypothèse selon laquelle le concept de vérité s'applique de façon non triviale à une *certaine* partie des mathématiques, et cette hypothèse, le nominaliste n'est pas prêt à l'accepter.

Il ne fait aucun doute que les axiomes relatifs aux nombres réels, disons, sont importants et qu'ils ne sont pas arbitraires – une explication de leur caractère non arbitraire, basée sur leur applicabilité au monde physique mais compatible avec le nominalisme, sera donnée dans les chapitres 1-3. Le présent point est simplement de dire que, de l'importance et du caractère non arbitraire de ces axiomes, il ne suit pas de façon évidente que ces axiomes sont vrais, c'est-à-dire qu'il ne suit pas de façon évidente qu'il y ait des entités mathématiques que ces axiomes décrivent correctement. L'existence de telles entités peut apparaître, à la fin, comme une conclusion raisonnable à tirer de l'importance et du caractère non arbitraire des axiomes, mais cela requiert un argument. Lorsque la discussion est portée à ce niveau, je crois qu'il devient clair qu'il n'y a qu'un seul argument sérieux en faveur de l'existence d'entités mathématiques : c'est l'argument de Quine selon lequel on a besoin de postuler des entités de ce genre afin d'effectuer les inférences ordinaires à propos du monde physique et de faire de la science[1]. En conséquence, il me semble que si je peux saper cet argument en faveur de l'existence des entités mathématiques, alors la thèse qu'il y a de telles entités apparaîtra comme un dogme injustifiable.

Le fait que je ne cherche pas à fournir un argument positif en faveur du nominalisme, mais de saper le seul argument disponible en faveur du platonisme doit être gardé à l'esprit lorsque est abordée une question méthodologique importante. Bien que j'embrasse, dans cette monographie, le point de vue nominaliste, je vais employer des méthodes d'argumentation platonistes : je prouverai, par exemple, à la manière des *platonistes* et non à la façon des nominalistes, qu'une certaine théorie nominaliste de la gravitation a toutes les conséquences nominalistiquement énonçables de la formulation platoniste usuelle de la théorie newtonienne de la gravitation. On pourrait penser qu'il y a quelque chose qui ne va pas dans cette façon d'user des méthodes platonistes de preuve dans un argument en faveur du nominalisme. Mais cela, en réalité, ne fait guère 6 problème : si je réussis | à prouver de façon *platoniste* que les entités abstraites ne sont pas nécessaires dans les inférences ordinaires sur le monde physique ou la science, alors quiconque voudra *défendre* le platonisme ne pourra plus compter sur l'argument quinien selon lequel l'existence des

1. La présentation la plus complète de l'argument quinien n'est en réalité pas donnée par Quine mais par Putnam : cf. *Philosophy of Logic*, New York : Harper and Row, 1972, particulièrement chap. V à VIII.

Certains des arguments que je ne prends pas au sérieux (par exemple l'argument selon lequel nous avons besoin de postuler des entités mathématiques afin de rendre compte des intuitions mathématiques) font l'objet d'une bonne analyse dans le chapitre 2 de Chihara, *Ontology and the Vicious Circle Principle*, Ithaca, CUP, 1973.

entités abstraites est une hypothèse indispensable. La monographie montre que n'importe quel argument de ce genre contredirait la position platoniste que l'on cherche à soutenir. L'aspirant platoniste, donc, sera forcé soit d'accepter les objets abstraits sans argument, soit d'en appeler à d'autres arguments en faveur du platonisme, arguments qui selon moi ne sont pas très convaincants. Le résultat est donc (si j'ai raison dans mon évaluation négative de ces arguments de rechange en faveur du platonisme) que le platonisme est placé dans une position instable : il implique sa propre injustifiabilité[1].

Il se pourrait, bien entendu, que mon évaluation négative des arguments de rechange en faveur du platonisme soit incorrecte. De façon assez intéressante, le platoniste qui base sa défense du platonisme sur un argument de rechange de cette sorte peut même accueillir ce que j'ai à dire avec bienveillance ; car, indépendamment des considérations nominalistes, je crois que ce que je propose ici constitue une description attrayante de la façon dont les mathématiques sont appliquées au monde physique. Ceci, je pense, contraste nettement avec de nombreuses autres doctrines nominalistes, celles par exemple qui réinterprètent les énoncés mathématiques en

1. En réalité, je ne pense pas qu'une preuve platoniste de l'adéquation de nos théories serve *seulement* de *reductio* : je pense qu'un nominaliste devrait être, lui aussi, convaincu par une preuve platoniste de la puissance déductive d'une théorie nominaliste donnée. Mais une défense de cette thèse serait une longue histoire. (Des remarques beaucoup trop brèves à ce sujet sont faites dans la note 1, p. 163). Quoiqu'il en soit, le nominaliste n'a pas besoin de se fonder ultimement sur de telles preuves platonistes de l'adéquation de ses systèmes : en principe au moins, lui et ses confrères nominalistes pourraient simplement déployer les déductions à partir des systèmes d'axiomes nominalistes du genre de ceux esquissés plus tard dans la monographie. En ce sens, le recours à des preuves platonistes pourrait être considéré comme un expédient temporaire.

termes d'énoncés portant sur les entités linguistiques ou sur les constructions mentales. Les doctrines nominalistes de ce genre ne font rien pour éclairer la façon dont les mathématiques sont appliquées au monde physique. (Je reviendrai sur ce point dans le chapitre 5).

7 │ CHAPITRE 1 : POURQUOI L'UTILITÉ DES ENTITÉS MATHÉMATIQUES DIFFÈRE DE L'UTILITÉ DES ENTITÉS THÉORIQUES

Personne ne peut raisonnablement nier que l'invocation d'entités mathématiques est, dans certains contextes, utile. La question se pose de savoir si l'utilité des énoncés d'existence mathématiques nous donne quelques raisons de croire que ces énoncés d'existence sont vrais. Je prétends qu'en répondant à cette question, on doit distinguer deux façons distinctes pour des énoncés d'existence d'être utiles; j'accorde que si ces énoncés étaient utiles selon un des modes, il y aurait alors en effet lieu de penser qu'ils sont vrais; mais je prétends que la manière la plus évidente pour les énoncés d'existence mathématiques d'être utiles est complètement différente, et je défendrai l'idée que l'utilité de ces énoncés à cet égard ne donne absolument aucune raison de croire que ces énoncés sont vrais.

De façon plus explicite, je défendrai l'idée que l'utilité des entités mathématiques n'est structurellement pas équivalente à l'utilité des entités théoriques en physique. L'utilité des entités théoriques consiste en deux faits :

> (a) elles jouent un rôle dans de puissantes théories dont nous pouvons déduire un large éventail de phénomènes ; et
>
> **8** │ (b) aucune autre théorie expliquant ces phénomènes sans admettre des entités similaires n'est connue ou ne semble en quelque façon plausible.

[Le lecteur non charitable peut discuter (b) : si n'importe quel groupe d'énoncés compte comme une « théorie » et que n'importe quelle déduction à partir d'une « théorie » compte comme une explication, alors il y a clairement des choix de rechange pour les théories usuelles des particules subatomiques : par exemple, prenez comme « théorie » l'ensemble T* de toutes les conséquences de T qui ne contiennent pas de référence à des particules subatomiques (T étant une des théories usuelles qui contient des références à des particules subatomiques); ou, si une « théorie » récursivement axiomatisée est souhaitée, soit T** la réaxiomatisation craigéenne de la théorie T* que l'on vient de décrire. Comme je ne connais aucune condition formelle qui interdirait une telle manœuvre, aussi étrange soit-elle, laissez-moi simplement dire que, par « théorie », j'entends *théorie raisonnablement attrayante*; les « théories » comme T* et T** sont évidemment inintéressantes, puisqu'elles ne constituent absolument pas une avancée vers une explication des phénomènes en question en termes d'un petit nombre de principes de base]. Le résultat de (a) et de (b) est que les particules subatomiques sont *théoriquement indispensables*; et je crois que ceci constitue un argument aussi solide que l'on puisse souhaiter en faveur de leur existence. Or, plus tard dans cette monographie, je vais défendre l'idée que les entités mathématiques ne sont pas théoriquement indispensables : bien qu'elles jouent véritablement un rôle dans les théories puissantes de la physique moderne, il est possible d'élaborer des reformulations attrayantes de ces théories dans lesquelles les entités mathématiques ne jouent aucun rôle. Si ceci est correct, alors il est possible d'adhérer en toute sécurité à une conception fictionnaliste des mathématiques, car adhérer à une telle conception n'implique plus de se priver d'une théorie qui explique les phénomènes physiques et que nous pouvons considérer comme littéralement vraie.

Mais je réserve la tâche consistant à argumenter en faveur de la non-nécessité théorique des entités mathématiques à plus tard. Ce que je veux faire à présent est de présenter une explication, *compatible avec* la non-nécessité théorique des entités mathématiques, des raisons pour lesquelles il est utile de recourir à des énoncés d'existence mathématiques dans certains contextes.

L'explication des raisons pour lesquelles les entités mathématiques sont utiles met en jeu une caractéristique des mathématiques qui n'est pas partagée par les théories physiques qui | postulent des inobservables. Pour le dire d'une façon un peu vague pour le moment : si on prend n'importe quel groupe d'assertions N nominalistiquement énoncées, et si on lui ajoute une théorie mathématique S, on n'obtiendra aucune conclusion nominalistiquement énonçable qu'on n'aurait pu ne pas obtenir de N seul. L'équivalent pour les théories postulant des particules subatomiques n'est bien évidemment pas vrai : si T est une théorie un tant soit peu intéressante qui met en jeu des particules subatomiques, alors il y aura de nombreux exemples d'ensemble P d'assertions complètement macroscopiques, qui, en conjonction avec T, conduiront à des conclusions macroscopiques auxquelles elles ne conduiraient pas en son absence ; si ce n'était pas le cas, les théories sur les particules subatomiques ne pourraient jamais être testées.

Je formulerai ces thèses de façon plus précise dans un moment, mais j'aimerais d'abord dire que cette thèse sur les mathématiques serait presque complètement triviale si les mathématiques consistaient seulement en des théories comme la théorie des nombres ou la théorie *pure* des ensembles, c'est-à-dire la théorie des ensembles dans laquelle aucune place n'est faite à des ensembles dont les membres ne sont pas eux-mêmes des ensembles. Mais ces théories n'ont par elles-mêmes aucun intérêt du point de vue des mathématiques appliquées, car il n'est possible d'aucune manière de les appliquer au monde physique. Autrement dit, elles ne peuvent nous aider d'aucune manière, même à première vue, à nous permettre de déduire des conséquences nominalistiquement énonçables à partir de prémisses nominalistiquement énonçables. Afin de pouvoir appliquer des entités abstraites quelconques au monde physique, nous avons besoin d'entités abstraites *impures*, par exemple des fonctions qui appliquent des objets physiques sur des entités abstraites pures. Les entités abstraites impures de ce genre servent de pont entre les entités abstraites pures et les objets physiques ; sans le pont, les objets purs seraient sans emploi. En conséquence, si nous concevons les fonctions comme des ensembles d'une certaine sorte, alors les théories mathématiques que nous avons à considérer doivent inclure au moins une dose minimale de théorie des ensembles avec uréléments (un urélément étant une entité qui n'est pas un ensemble mais peut être membre d'ensembles). En réalité, afin d'être suffisamment puissante pour la plupart de ses usages, la théorie mathématique doit se distinguer de la théorie pure des ensembles non seulement en laissant place à la possibilité d'uréléments, mais en devant encore autoriser que du vocabulaire non mathématique apparaisse dans les axiomes de compréhension (c'est-à-dire dans les instances du schéma d'axiome de séparation ou de remplacement). Ainsi, les « lois-ponts » doivent | inclure les lois qui mettent en jeu à la fois du **10** vocabulaire mathématique et du vocabulaire physique.

Quelque chose d'un peu équivalent se produit dans la théorie des particules subatomiques. Une telle théorie peut être artificiellement formulée de façon à ce qu'aucun élément du

vocabulaire non logique[1] appliqué aux objets physiques
observables ne soit appliqué aux particules subatomiques;
formuler les théories physiques de cette manière me semble, en
général, dénué d'intérêt, mais, afin de poursuivre l'analogie
avec le cas mathématique le plus loin possible, supposons
qu'une telle reformulation soit faite. Si elle est faite, et si nous
supposons que T est une théorie physique énoncée entièrement
à l'aide de ce vocabulaire, alors, bien évidemment, il *sera* vrai
que, si nous ajoutons T à une collection d'assertions macro-
scopiques P, nous ne pourrons dériver aucun résultat concernant les observables qui n'était pas déjà dérivable. Mais ceci se
produit pour une raison complètement inintéressante : c'est
parce que la théorie T par elle-même n'est pas, même à
première vue, utile pour la déduction de propositions concernant les observables à partir d'autres propositions concernant
les observables. Afin de la rendre utile, même à première vue,
nous devons ajouter des « lois-ponts », des lois qui connectent
les entités et/ou le vocabulaire de la théorie physique (artificiellement formulée) avec les observables et les propriétés par
lesquelles nous les décrivons. Jusqu'à présent, donc, l'analogie avec le cas mathématique tient. *Mais il y a une différence
fondamentale entre les deux cas, et cette différence tient à la
nature des lois-ponts.* Dans le cas des particules subatomiques,
la théorie T, interprétée maintenant de façon à inclure les lois-
ponts (et peut-être également des hypothèses concernant
les conditions initiales), peut être appliquée à des groupes
de prémisses concernant les observables de façon à ce
qu'elle conduise à des propositions véritablement nouvelles
concernant les observables, propositions qui ne seraient pas

---

1. Compter « = » comme faisant partie du vocabulaire logique.

dérivables sans T. Mais dans le cas mathématique la situation est très différente : ici, si nous prenons une théorie mathématique qui inclut les lois-ponts (c'est-à-dire qui inclut les assertions d'existence de fonctions allant des objets physiques vers les «purs» objets abstraits, incluant peut-être aussi des assertions obtenues par un principe de compréhension qui mélange vocabulaire mathématique et physique), alors ces mathématiques seront applicables au monde, c'est-à-dire qu'elles seront utiles en nous permettant de tirer des conséquences nominalistiquement énonçables de prémisses nominalistiquement énonçables; *mais ici, à la différence de ce qui se passe en physique, les conclusions auxquelles nous parvenons par ce biais ne sont pas véritablement* | *nouvelles, elles* **11** *sont déjà dérivables d'une façon plus alambiquée à partir des prémisses, sans recourir aux entités mathématiques.*

Cette thèse, à la différence de celle que je défendrai plus tard à propos de la non-nécessité théorique des entités mathématiques, est quasiment de l'ordre du fait indéniable, mais son importance doit être soulignée. Expliquons donc d'abord ce point d'une façon plus précise que je ne l'ai fait.

Un premier pas dans ce sens serait de dire que pour toute théorie mathématique S et tout groupe d'assertions nominalistes N, N + S est une extension conservative de N. Cette formulation n'est cependant pas totalement correcte, et le point vaut la peine d'être exprimé de façon exacte. Le problème avec cette formulation est que, puisque N est une théorie nominaliste, elle peut dire des choses qui *excluent* l'existence d'entités abstraites, et par conséquent N + S peut très bien s'avérer inconsistante. Mais il est facile de voir comment régler ce problème : premièrement, introduisons un prédicat à une place «M(x)» voulant dire, intuitivement, «x est une entité mathématique»; deuxièmement, pour n'importe quelle assertion nominalistiquement énoncée A, posons que A* est l'assertion qui résulte de la restriction de chaque quantificateur de A par la formule « non $M(x_i)$ » (pour la variable appropriée « x_i »)[1]; et troisièmement, pour n'importe quel groupe d'assertions N nominalistiquement énoncées, posons que N* consiste en toutes les assertions A* pour A dans N. N* est donc une version « agnostique » de N : par exemple, si N dit que tous les objets obéissent aux lois de Newton, alors N* dit que tous les objets *non mathématiques* obéissent aux lois de Newton, mais en laissant place à la possibilité qu'il y ait des objets mathématiques qui ne leur obéissent pas. (En réalité, N* est sous un certain rapport trop *agnostique* : en logique ordinaire, on fait par commodité l'hypothèse qu'il y a au moins une chose dans l'univers, et dans le contexte d'une théorie comme N, cela signifie qu'il y a au moins une chose non mathématique. Ainsi, c'est réellement N* + « $\exists x \sim M(x)$ » qui donne le contenu agnostique de N). Qu'une telle mise au point doive être faite concernant notre théorie mathématique S dépend de la façon dont nous considérons S. Si S est simplement la théorie des ensembles avec uréléments, aucune restriction sur les variables n'est nécessaire, puisque la théorie se présente déjà comme concernant aussi bien les choses qui ne sont pas des ensembles que les ensembles : nous avons seulement besoin de relier la notion d'ensemble telle qu'elle est utilisée ici avec notre prédicat « M », en ajoutant l'axiome « $\forall x(\text{Ensemble}(x) \rightarrow M(x))$ ». Si de plus la théorie mathématique inclut des parties comme la théorie des nombres, **12** considérées comme | des disciplines indépendantes non

---

1. C'est-à-dire remplaçons chaque quantification de la forme « $\forall x_i (\ldots)$ » par « $\forall x_i$ (si non $M(x_i)$ alors $\ldots$) », et chaque quantification de forme « $\exists x_i (\ldots)$ » par « $\exists x_i$ (non $M(x_i)$ et $\ldots$) ».

réduites à la théorie des ensembles, alors nous devons restrein-
dre toutes les variables de ces théories par un nouveau prédicat
« Nombre », et ajouter les axiomes « $\forall x(\text{Nombre}(x) \rightarrow M(x))$ »
et « $\exists x(\text{Nombre}(x))$ ». Mais tout le monde s'accorde sans doute
sur le fait que les théories mathématiques doivent effectivement être écrites de cette manière (c'est-à-dire, personne,
vraisemblablement, ne croit que toutes les entités sont mathématiques), et je n'introduirai donc aucune notation spéciale
pour la version modifiée de S, je supposerai que S est écrite
dans cette forme depuis le début. (L'hypothèse analogue pour
N serait inappropriée : le nominaliste veut asserter non pas N*,
mais la thèse plus forte N).

Une fois ces points fastidieux réglés, je peux à présent
formuler de façon exacte la thèse émise à la fin de l'avant
dernier paragraphe.

Principe C (pour « conservatif ») : soit A une assertion
nominalistiquement énonçable[1] quelconque, et N un groupe
quelconque d'assertions de ce genre ; et soit S une théorie
mathématique quelconque. Alors A* n'est pas une conséquence de « N* + S + « $\exists x \sim M(x)$ » à moins que A soit une
conséquence de N.

---

1. Le contenu formel de l'assertion que N est « nominalistiquement
énonçable », est simplement que l'intersection du vocabulaire non logique de N
et de la théorie mathématique à introduire est vide. (Rappelons que « = » compte
comme logique). C'est tout ce que nous avons besoin d'introduire dans « nominalistiquement énonçable » pour que le principe C soit *vrai*. Pour que le principe
C ait de *l'intérêt*, nous devons en outre supposer que l'ontologie attendue de
N n'inclut aucune entité qui tombe dans l'extension du prédicat « M » de S ; car
si cette condition était violée, alors N* + S ne correspondrait pas à la manière
« attendue » de combiner N et S.

Pourquoi devrions-nous croire en ce principe ? Eh bien, ce dernier suit[1] d'un principe légèrement plus fort qui est peut-être un peu plus évident :

Principe C' : soit A une assertion nominalistiquement énonçable quelconque, et N un groupe quelconque d'assertions de ce genre. Alors A* n'est pas une conséquence de N* + S à moins qu'il soit une conséquence de N* seul.

Ceci est à son tour équivalent (en supposant la logique sous-jacente compacte) à quelque chose qui semble encore plus évident :

Principe C'' : soit A une assertion nominalistiquement énonçable quelconque. Alors A* n'est pas une conséquence de S à moins qu'elle soit logiquement vraie.

Or je considère comme parfaitement évident le fait que nos théories mathématiques satisfont le Principe C''. Après tout, ces théories sont communément considérées comme étant « vraies dans tous les mondes possibles » et comme étant « vraies *a priori* » ; et, bien que ces façons de caractériser les mathématiques soient contestées, il est difficile d'imaginer comment une personne informée pourrait considérer nos

---

1. Preuve : supposons que N* + S + {∃x ~ M(x)} implique A*. Alors N* + S implique A* ∨ ∀x(~ M(x) → x ≠ x) ; c'est-à-dire, il implique B*, où B* est A ∨ ∀x(x ≠ x). Appliquant le principe C', nous obtenons que N* implique B*, et en conséquence que N* + {∃x ~ M(x)} implique A*. De ceci, il suit clairement que N implique A.

Le principe C' ne suit pas complètement du principe C, car une théorie S pourrait impliquer qu'il y a des objets non mathématiques sans rien impliquer d'autre sur le domaine non mathématique (en particulier, elle pourrait ne pas impliquer qu'il y ait au moins deux objets non mathématiques – ce qui violerait le principe C aussi bien que le principe C').

théories mathématiques ainsi si ces théories impliquaient des résultats concernant des entités concrètes qui ne seraient pas logiquement vrais. Le même argument peut | être employé **13** pour justifier directement le Principe C', en évitant ainsi la référence à l'hypothèse de compacité : si les mathématiques prises avec un groupe N* d'assertions nominalistes impli-quaient une assertion A* qui n'était pas une conséquence logique de N* seul, alors la vérité de la théorie mathématique dépendrait du fait que le groupe logiquement consistant d'assertions N* + ~A* n'est pas vrai. Mais il semblerait qu'il doive être possible, et/ou non *a priori* faux, qu'un tel groupe consistant d'assertions concernant les seuls objets concrets soit vrai ; s'il en était ainsi, alors l'échec du Principe C montrerait que les mathématiques ne peuvent être « vraies dans tous les mondes possibles » et/ou « vraies *a priori* ». Le fait que de si nombreuses personnes pensent qu'elles ont ces caracté-ristiques semble indiquer qu'elles satisfont effectivement le Principe C' et en conséquence le Principe C.

Cet argument n'est pas concluant : les mathématiques standard *pourraient* se révéler non conservatives (c'est-à-dire ne pas satisfaire le Principe C), car elles pourraient en théorie se révéler inconsistantes, et si elles sont inconsistantes, elles ne sont certainement pas conservatives. Nous serions cependant extrêmement surpris par l'existence d'une preuve de l'inconsistance des mathématiques standard, et nous l'inter-préterions comme une indication de ce que les mathématiques standard ont besoin d'être révisées. De même, il serait extrê-mement surprenant que nous découvrions que les mathéma-tiques standard impliquent qu'il y a au moins 10^6 objets non mathématiques dans l'univers, ou que la Commune de Paris a été vaincue ; et si des découvertes de ce genre étaient faites, tous les rationalistes, à l'exception des plus obstinés, considéreraient cela comme une indication que les mathématiques standard ont besoin d'être révisées. *Les bonnes* mathématiques *sont* conservatives; découvrir que nos mathématiques usuelles ne sont pas conservatives reviendrait à découvrir qu'elles ne sont pas bonnes.

De fait, comme certains arguments mathématiques dans l'appendice de ce chapitre le montrent, l'écart entre la thèse de consistance et la thèse complète de conservativité est, dans le cas des mathématiques, extrêmement étroit. En réalité, pour la théorie *pure* des ensembles, ou pour la théorie des ensembles qui fait une place aux ensembles impurs mais interdit au vocabulaire empirique d'apparaître dans les axiomes de compréhension, la conservativité de la théorie suit de sa seule consistance. Pour la théorie complète des ensembles, ce n'est pas tout à fait vrai; mais une grande partie du contenu de la thèse de conservativité pour la théorie complète des ensembles (probablement la seule partie de son contenu qui importe dans **14 |** l'application) suit de la seule consistance de la théorie des ensembles (et davantage encore suit d'hypothèses légèrement plus fortes, comme l'ω-consistance de la théorie complète des ensembles). Ces thèses sont démontrées dans l'appendice à ce chapitre. Dans tous les cas, je pense que les deux paragraphes précédents montrent que le même genre de raisons quasi-inductives que nous avons de croire à la consistance des mathématiques vaut également pour la conservativité. Comme nous l'avons vu plus haut, ceci veut dire qu'il y a une différence marquée entre les théories mathématiques et les théories physiques concernant les entités inobservables: les théories physiques concernant les inobservables ne sont certainement pas conservatives, elles donnent naissance à des conclusions véritablement nouvelles à propos des observables.

Ce que les faits concernant les mathématiques ici soulignés montrent est que même quelqu'un qui ne croit pas à l'existence des entités mathématiques est libre d'employer des énoncés d'existence mathématiques dans un certain contexte limité : il peut les employer librement dans la déduction de conséquences nominalistiquement énoncées à partir de prémisses nominalistiquement énoncées. Et il peut le faire non pas parce qu'il pense que ces prémisses interposées sont vraies, mais parce qu'il sait qu'elles préservent la vérité au sein des propositions nominalistiquement énoncées[1].

1. En quel sens sait-il cela ? À tout du moins, il le sait au sens où un mathématicien platoniste qui prouve un résultat dans la théorie des fonctions récursives à l'aide de la thèse de Church sait qu'il pourrait construire une preuve qui ne fait pas appel à la thèse de Church. Le mathématicien platoniste n'a pas prouvé la possibilité de cette preuve en utilisant les formes d'argument élémentaires qu'il accepte, car il n'a pas prouvé la thèse de Church. (Il ne peut même pas non plus énoncer la thèse de Church, excepté en termes vagues comme « intuitivement calculable »). Pourtant, notre mathématicien platoniste sait en un sens parfaitement légitime qu'une preuve sans la thèse de Church est possible – après tout, il peut probablement en appeler à des programmes de machines de Turing chaque fois que la thèse de Church est invoquée, si on le pousse suffisamment dans cette voie. En un sens exactement semblable, le nominaliste sait que pour toute preuve platoniste d'une conclusion nominalistiquement énoncée à partir de prémisses nominalistiquement énoncées, une preuve nominaliste de la même chose existe.

Quel est au juste ici le sens de « sait » est une question difficile : il ne me semble pas complètement légitime de l'appeler connaissance « inductive ». Mais, quoi qu'il en soit, c'est une sorte de connaissance (ou de justification) dont la force peut être accrue par des considérations inductives : dans le cas des fonctions récursives, par la connaissance que dans le passé, on a été capable, chaque fois qu'on l'a tenté, de transformer les preuves mettant en œuvre la notion imprécise d' « intuitivement calculable » en des preuves ne recourant pas à cette notion (ou par la connaissance que d'autres ont été capables d'effectuer ces transformations, et que ses propres jugements sur la calculabilité intuitive tendent à coïncider avec les leurs). Dans le cas de la conservativité, la sorte de considérations inductives pertinente est la connaissance que, par le passé,

Ce point ne vise pas, bien entendu, à permettre l'usage
des énoncés d'existence mathématiques dans les systèmes

personne n'a trouvé de contre-exemples à la conservativité, et également la
connaissance que dans de nombreux cas réels où des dispositifs platonistes sont
utilisés dans des preuves de conclusions nominalistes à partir de prémisses
nominalistes (semblables aux cas discutés dans les chapitres 2 et 3), ces dispositifs sont éliminables d'une façon qui semble plus ou moins systématique.

Ces remarques suggèrent que la position nominaliste concernant l'usage
de preuves platonistes est à peu près comparable à la position platoniste
concernant les preuves qui utilisent la thèse de Church. En réalité, je pense que
la position du nominaliste est sous un aspect même meilleure, car il peut se
fonder sur quelque chose dont le théoricien de la récursion platoniste n'a pas
l'équivalent : à savoir, les arguments mathématiques en faveur de la conservativité donnés dans l'appendice. Évidemment, ces arguments ne confèrent pas
à la thèse de la conservativité des mathématiques une pleine certitude, et ce pour
deux raisons. La première est que quelque chose d'au moins aussi fort que la
consistance de la théorie des ensembles est supposée par eux, et que personne
(qu'il soit platoniste ou nominaliste) ne peut être *complètement* sûr de cela.
L'autre raison est que ces preuves (au moins la première, et les deux si on est
suffisamment strict sur ce que l'on considère comme nominaliste) sont platonistes, et qu'il faut par conséquent pouvoir expliquer comment un nominaliste
peut légitimement s'y référer hors du contexte d'une *reductio*. Je pense qu'une
telle explication peut être produite, mais qu'elle serait très longue. (Une des
idées essentielles serait d'utiliser la conservativité pour défendre la conservativité : nous avons vu que le nominaliste a au départ divers arguments quasi-
inductifs pour étayer l'idée qu'il n'est pas dangereux d'user des mathématiques
dans ces contextes, cela accroît alors très sensiblement la solidité de la
conclusion initiale de manière très substantielle).

Un platoniste pourrait avoir tendance à rejeter tout appel à la sorte de
connaissance quasi-inductive discutée dans cette note. Mais adopter cette
attitude coûterait très cher : *presque toutes* les mathématiques sont connues
seulement de cette façon quasi-inductive. Car ce n'est que par des preuves
informelles que la plupart des résultats mathématiques sont prouvés ; et bien
qu'en un sens important nous *sachions* tous que nous pourrions reconstruire ces
preuves formellement si nous étions forcés à le faire, il reste que le principe
selon lequel les preuves formelles sont toujours possibles quand nous avons une
preuve intuitivement acceptable, est, comme la thèse de Church, un principe
que nous n'avons pas prouvé, et que nous n'avons aucun espoir de prouver.

axiomatiques des sciences particulières : un *tel* usage des mathématiques reste, pour le nominaliste, illégitime. (Ou, plus exactement, un nominaliste devrait traiter un tel usage des mathématiques comme un expédient temporaire, auquel nous nous laissons aller lorsque nous ne savons pas comment axiomatiser correctement la science, et que nous devrions essayer d'éliminer). Le point sur lequel je suis en train de mettre l'accent a cependant la conséquence qu'*une fois qu'un tel système axiomatique nominaliste est disponible*, le nominaliste est libre d'utiliser les mathématiques qu'il veut pour déduire des conséquences, aussi longtemps que les mathématiques qu'il emploie satisfont le Principe C.

Donc, si l'on ignore pour un temps le rôle qu'ont les mathématiques dans l'axiomatisation des sciences, alors tout se passe comme si la satisfaction du Principe C était la propriété réellement essentielle des théories mathématiques. Le fait que les théories mathématiques aient cette propriété est sans doute une des raisons de l'assertion du platoniste selon laquelle ces théories sont « vraies dans | tous les mondes possi- **15** bles ». Il ne me semble pas, cependant, que la satisfaction du Principe C fournisse une quelconque raison pour considérer un théorie comme étant, en quelque sens que ce soit, vraie (même dans le monde actuel). Certainement, des spéculations de ce genre, typiques du platonisme extrême, comme celle de savoir si l'hypothèse du continu est « réellement vraie », paraissent perdre toute pertinence une fois que l'on reconnaît la conservativité comme la condition essentielle des théories mathématiques : les preuves usuelles de consistance relative de Gödel et Cohen concernant la théorie des ensembles plus l'hypothèse du continu et la théorie des ensembles plus la négation de l'hypothèse du continu sont facilement transformées en preuves de *conservativité* relative. En d'autres mots, en supposant que la théorie des ensembles standard satisfait le Principe C, alors la théorie des ensembles standard plus l'hypothèse du continu et la théorie des ensembles standard plus la négation de cette même hypothèse le satisfont aussi ; il s'ensuit donc que les *deux théories peuvent être utilisées sans dommage dans la déduction de conséquences concernant les entités concrètes à partir de théories nominalistes*. La remarque à propos de l'hypothèse du continu vaut aussi bien pour des assertions mathématiques moins recherchées. Même les axiomes standard de la théorie des nombres peuvent être modifiés sans mettre en danger le Principe C ; il en va pareillement pour les axiomes standard de l'analyse. Ce qui rend les théories mathématiques que nous acceptons meilleures que leurs solutions de rechange n'est pas qu'elles soient vraies et que celles en lesquelles nous pourrions les transformer ne le soient pas, mais plutôt qu'elles sont plus *utiles* : elles nous aident mieux à tirer des conséquences des théories nominalistes auxquelles nous nous intéressons. Si le monde était différent, nous nous intéresserions à d'autres théories nominalistes, et dans ce cas, certaines des solutions de rechange à nos théories mathématiques favorites pourraient être plus utiles que les théories que nous acceptons aujourd'hui [1]. Les mathématiques sont ainsi, en un sens, empiriques, mais elles le sont seulement dans le sens plutôt pickwickien selon lequel la question de savoir quelle est la théorie mathématique la plus utile est empirique. C'est cependant aussi dans le même sens pickwickien que les axiomes mathématiques sont *a priori* : ils ne sont pas vrais *a priori*, car ils ne sont pas vrais du tout.

---

1. Nous verrons cependant que l'utilité de la théorie des nombres est moins sujette à de telles vicissitudes empiristes que les théories concernant les nombres réels (par exemple).

La conception ici exposée ressemble beaucoup à la conception des mathématiques du positivisme logique. Une différence, probablement purement verbale, est que les positivistes décrivaient habituellement les mathématiques pures comme étant analytiquement vraies, alors que je les ai décrites comme n'étant pas vraies du tout; cette différence est probablement avant tout verbale, étant donnée leur assimilation d'« analytique » | à « dénué de contenu factuel ». Une diffé- **16** rence bien plus fondamentale est que ce qui inquiétait les positivistes dans les mathématiques n'était pas tant le fait qu'elles postulent certaines entités que leur caractère apparemment non empirique, et ceci était un problème non seulement pour les mathématiques, mais également pour la logique. D'où leur décision de considérer la *logique* comme analytique et vide de contenu, dans le même sens exactement que les *mathématiques*. Je crois que cela les a empêchés de donner une explication claire de ce en quoi consiste le « vide de contenu » propre aux mathématiques (ou à cette partie des mathématiques qui quantifie sur des entités abstraites). L'idée d'appeler une assertion logique ou mathématique « vide de contenu » était censée signifier que la conclusion à laquelle on arrivait par un raisonnement logique ou mathématique était en quelque sorte « implicitement contenue dans » les prémisses : de cette façon, la conclusion d'un tel raisonnement « n'était pas véritablement nouvelle ». Malheureusement, aucune explication claire de l'idée que la conclusion était « contenue implicitement dans » les prémisses n'était jamais donnée, et je ne crois pas qu'une telle explication soit possible. Dans ce chapitre, j'ai tenté de montrer comment en abandonnant (ou en réservant pour un traitement séparé) la thèse que la *logique* (et cette partie des maths qui *ne* fait *pas* référence à des entités abstraites) ne conduit pas à des conclusions véritablement nouvelles, nous pouvions donner un sens clair et précis à l'idée que les *mathématiques* ne conduisent pas à des conclusions véritablement nouvelles : plus précisément, nous pouvons montrer que la partie des maths qui, elle, fait référence à des entités mathématiques peut être appliquée sans engendrer aucune conclusion véritablement nouvelle concernant les entités non mathématiques.

Traduction Anne-Marie Boisvert et Sébastien Gandon

Mark Steiner

L'APPLICATION DES MATHÉMATIQUES
AUX SCIENCES DE LA NATURE [1]

| Plusieurs grands physiciens ont exprimé leur étonnement **449**
que les mathématiques puissent s'appliquer à la physique. « Le
miracle de l'adéquation du langage mathématique à la formulation des lois physiques, écrit Eugène Wigner, est un cadeau
merveilleux que nous ne comprenons et ne méritons pas. » [2].
De même, pour Heinrich Hertz :

> On ne peut échapper au sentiment que ces formules
> mathématiques ont une existence indépendante et une intel-
> ligence propre, qu'elles sont plus sages que nous ne le
> sommes, plus sages même que leurs découvreurs, que nous

1. M. Steiner, « The Application of Mathematics to Natural Science »,
Journal of Philosophy 86 (9), 1989, p. 449-480.
2. E. P. Wigner, « The Unreasonable Effectiveness of Mathematics in the
Natural Sciences » réédité dans E. P. Wigner, *Symmetries and reflections*,
Bloomington, Indiana University Press, 1967, p. 237.

retirons d'elles davantage que ce qui y a été mis originellement[1].

Steven Weinberg :

Cela fait tout bonnement froid dans le dos de constater à quel point le physicien découvre que le mathématicien était là avant lui[2].

450 | Richard Feynman :

Je trouve absolument étonnant qu'il soit possible de prévoir ce qui va se produire par les mathématiques, c'est-à-dire en suivant simplement des règles n'ayant vraiment rien à voir avec la chose originale[3].

Johannes Kepler :

Ainsi Dieu lui-même, trop bon pour demeurer oisif, commença à jouer le jeu des signatures, signant sa ressemblance dans le monde ; j'en arrive donc à penser que toute la nature et la beauté des cieux sont symbolisées dans l'art de la géométrie[4].

---

1. Cité par F. Dyson, « Mathematics in the physical sciences », dans *The mathematical sciences*, Committee on Support of Research in the Mathematical Sciences (eds), Cambridge, MIT Press, 1969, p. 99. À comparer avec ce passage de Richard Feynman (*The character of physical law*, Cambridge, MIT Press, 1967, p. 171) : « Quand vous obtenez quelque chose de correct, cela apparaît de manière évidente [...], car habituellement, ce qui se passe, c'est qu'il en sort davantage que ce qu'on y met. »

2. S. Weinberg, *Notices of the American Mathematical Society*, 33, 1986, p. 725.

3. R. Feynman, *The character of physical law, op. cit.*, p. 171.

4. Cité par F. Dyson, « Mathematics in the physical sciences », *op. cit.*, p. 99.

Enfin, Roger Penrose caractérise l'applicabilité des mathématiques à la physique comme

> [...] une interaction profonde entre le fonctionnement du monde naturel, et les lois et la sensibilité de la pensée – interaction qui, avec l'accroissement de nos connaissances et de notre compréhension, révélera certainement, en définitive, une interdépendance encore plus profonde [1].

Ces sentiments ne trouvent presque aucun écho dans les œuvres des philosophes contemporains [2]: la question de l'applicabilité des mathématiques y est tantôt ignorée [3], tantôt rejetée [4].

---

1. R. Penrose, « The Geometry of the Universe », dans *Mathematics today : twelve informal essays*, Lynn A. Steen (ed.), New York, Springer, 1978, p. 84.

2. L'ouvrage de Nicholas Rescher *The riddle of existence* (Lanham, UP of America, 1984) est une exception.

3. La seconde édition de l'anthologie classique *The Philosophy of Mathematics* (éditée par P. Benacerraf et H. Putnam) ne comporte pas le moindre article sur ce sujet. Benacerraf m'a informé que la raison en était l'absence de matériaux. Les récents ouvrages de philosophie des mathématiques, comme *The nature of mathematical knowledge* de Philip Kitcher, et *Science without numbers* de Hartry Field, discutent de l'applicabilité des mathématiques comme d'un problème résultant de la disparité entre l'objet manifeste des mathématiques et celui des sciences physiques. Voir aussi S. Shapiro, « Mathematics and reality », *Philosophy of Science*, 50, 1983, p. 523-548. Quels que soient les enjeux de cette question, ils sont ici périphériques par rapport à notre problème.

4. « Il n'y a par conséquent aucun mystère dans le fait que les mathématiques pures puissent si souvent être appliquées [...]. Une hypothèse raisonnable est que la raison pour laquelle les mathématiques pures en général sont si souvent applicables est que les structures symboliques qu'elles étudient sont toutes suggérées par les structures naturelles découvertes dans le flux des choses », Ernest Nagel, « Impossible numbers », dans *Teleology revisited*, New York, Columbia, 1979, p. 194).

L'imagination des physiciens est captée par ce qu'ils considèrent comme une correspondance mystérieuse entre les concepts mathématiques et l'univers. Le but de cet essai est de dire en quoi consiste cette correspondance, quelles sont les preuves qui permettent de l'établir, et pourquoi elle mérite une explication. Malgré la tonalité « réaliste » de certaines des remarques rapportées ci-dessus, j'essaierai de répondre à **451** ces questions sans présupposer aucun | « réalisme scientifique » au sens fort[1]. Ainsi je ne parlerai plus, dans ce qui suit, de l'applicabilité des mathématiques à la nature, ou de correspondance entre les mathématiques et l'univers, mais seulement de l'applicabilité des concepts mathématiques à la théorie physique. Les réalistes opèreront les traductions appropriées.

Notre première tâche est donc de définir l'applicabilité des mathématiques aux sciences de la nature.

I.

Les concepts mathématiques apparaissent évidemment dans les lois fondamentales de la physique, où ils sont utilisés par exemple pour prédire l'avenir par ressemblance avec le passé. Parce que certaines de ces prédictions sont étonnamment précises[2], et parce que les concepts qui permettent ces prédictions n'ont pas toujours été formulés dans ce

---

1. Je doute cependant que ceci puisse convaincre Bas Van Fraassen, puisqu'il considère le mouvement même d'explication qui me motive ici comme légèrement suspect. *Cf.* B. Van Fraassen, *The scientific image*, New York, Oxford, 1980, p. 23-25.

2. La loi de la gravitation de Newton a un degré de précision meilleur que un sur dix mille.

but[1], Wigner parle de la « déraisonnable efficacité des mathématiques dans les sciences de la nature », la qualifiant de « miracle »[2].

[…]

| La thèse de Wigner concerne l'utilité des concepts **452** mathématiques dans l'élaboration de descriptions physiques réussies[3]. Il est bien vrai que les descriptions mathématiques les plus utiles en physique peuvent être utilisées pour prédire l'expérience future, parce qu'elles expriment en quoi l'avenir est susceptible d'être analogue au passé. J'appelle de telles analogies, entre l'expérience passée et l'expérience future, des *analogies de premier ordre*. Mais il existe aussi des analogies d'ordre supérieur.

Ma version de la thèse de Wigner n'est pas une thèse sur l'aptitude des concepts mathématiques à la description de l'expérience – ou, si l'on veut, de la réalité physique – mais une thèse sur le rôle des concepts mathématiques dans la découverte de ces descriptions mêmes. Ma thèse est que l'usage des analogies mathématiques a constitué un facteur indispensable

---

1. La théorie des sections coniques d'Apollonius n'a eu aucune application en physique jusqu'à ce que Kepler s'en saisisse quinze cents ans plus tard pour formuler les lois du mouvement des planètes. Riemann a développé la géométrie non-euclidienne pour résoudre des problèmes de thermodynamique ; cinquante ans plus tard, Einstein l'a appliquée à la gravitation. Elie Cartan, dans sa thèse de doctorat, a classé les algèbres de Lie simples sans se rendre compte qu'il opérait en même temps la classification des particules élémentaires. La liste est très longue.

2. E. P. Wigner, *Symmetries and reflections, op. cit.*, p. 237.

3. J'utilise le terme « description » en un sens plus lâche que la logique contemporaine. Par exemple, une équation compte également comme une description. Une description mathématique est tout simplement une description qui contient un concept mathématique.

des découvertes en physique contemporaine (je pense aux équations de Maxwell, à la théorie générale de la relativité d'Einstein, à la mécanique quantique : sa version élémentaire, sa version relativiste, la théorie quantique des champs, ainsi qu'à de nombreux autres exemples). Par exemple, des physiciens qui tentaient de découvrir une certaine description physique ont restreint leur recherche à des descriptions présentant les mêmes propriétés mathématiques que des descriptions réussies[1] déjà connues. J'appelle ce type d'analogies mathématiques des *analogies de second ordre*, parce qu'elles sont fondées sur les propriétés des descriptions, plutôt que sur les descriptions elles-mêmes. Ainsi, la linéarité est une propriété de second ordre de (certaines) équations ; une préférence pour des équations linéaires, fondée sur le succès avéré d'autres équations linéaires, serait une analogie de second ordre.

Les physiciens recourent à l'occasion à une *analogie mathématique de troisième ordre*, c'est-à-dire basée sur les propriétés des propriétés des descriptions ! Par exemple, nous verrons plus loin que de l'existence dans la nature d'un certain type de symétrie, Murray Gell-Mann a formellement déduit l'existence d'une symétrie analogue, mais plus générale. Bien que Gell-Mann n'en ait pas eu conscience au départ[2],

---

1. Pour éviter de m'enliser dans la controverse philosophique, je ne tenterai pas de caractériser les descriptions « réussies ».

2. Voir M. Gell-Mann, « Particle Theory From S-Matrix to Quarks », dans *Symmetries in physics (1600-1980), Proceedings of the 1st international meeting on the history of scientific ideas held at Sant Feliu de Guixols, Catalonia, Spain, September 20-26, 1983,* Barcelona, Universitat Autonoma Servei de Publicacions, 1987, p. 473-497. Je suis reconnaissant à Yuval Ne'eman d'avoir mis ce texte à ma disposition, ainsi que bien d'autres articles à propos de la « voie octuple », et pour ses nombreuses et éclairantes communications (écrites et orales) sur ce sujet. Bien que Ne'eman ait également découvert

l'analogie qu'il tentait d'établir se ramenait à | une analogie 453
entre deux « groupes de Lie », et constituait donc une analogie
de troisième ordre.

Une analogie mathématique peut dans certains cas avoir
une base physique, parce que certaines propriétés mathématiques sont « équivalentes » aux propriétés physiques[1]. Par
exemple, si une équation est *linéaire*, la somme de deux solutions est encore une solution. De manière équivalente, on a
deux causes dont chacune agit comme si l'autre n'était pas
présente – ce qu'on appelle le « principe de superposition », qui
a joué un rôle central dans l'étude par Galilée de la chute des
corps. Nous pouvons donc dire que la linéarité – propriété
mathématique de second ordre des équations – est « équivalente » à l'applicabilité du principe de superposition, qui est
un postulat physique. Autre exemple, Einstein a considéré
la propriété mathématique de « covariance », que possèdent
certaines équations, comme « équivalente » au « principe de
Mach » selon lequel l'espace absolu n'a absolument aucune
efficacité causale[2]. Toute analogie fondée sur la linéarité ou la
covariance est donc physiquement fondée. D'un autre côté,
une analogie mathématique du second, voire du troisième
ordre, qui n'est pas physiquement fondée sera appelée une
analogie formelle. Je montrerai par exemple que l'analogie

la voie octuple indépendamment de Gell-Mann, son raisonnement (tel qu'il est
esquissé, par exemple, dans son article « Hadron Symmetry, Classification and
Compositeness », dans le volume de Barcelone, p. 501-524) ne semble pas
avoir impliqué des analogies mathématiques, et n'est donc pas examiné dans ce
texte.

1. On veut bien entendu dire par là que, sur la base de certaines hypothèses
préalablement admises, une description ayant une certaine propriété
mathématique doit décrire des objets d'un certain type.

2. Je suppose qu'Einstein avait raison, par simple souci d'argumentation.

utilisée par Gell-Mann ne reposait, à l'époque, sur aucune base physique ; c'était donc une analogie formelle.

Ainsi ma thèse, élargie, est la suivante : l'utilisation d'analogies formelles a constitué un facteur indispensable des découvertes de la physique moderne des cent dernières années. La majeure partie de cet essai consiste simplement à étayer cette thèse.

J'aimerais souligner que ma version de la thèse de Wigner est relativisée au temps, c'est-à-dire qu'il y a des analogies mathématiques qui, bien que formelles au moment où elles ont été établies, sont devenues « physiques » par la suite. C'est le cas, par exemple, des analogies élaborées par Gell-Mann : leur succès a été expliqué par la théorie plus récente des « quarks »[1], due bien entendu aussi à Gell-Mann. Mais en 1960, lorsque Gell-Mann élabora son analogie, les particules à charges 454 fractionnelles, comme les quarks, étaient | l'objet de fortes critiques et aucune n'avait été observée. En d'autres mots, la pertinence, pour moi, est un concept *épistémique* – la pertinence est toujours relative à un corpus d'hypothèses d'arrière plan.

Ma thèse est donc la suivante : l'usage des analogies mathématiques – non entre événements, mais entre leurs descriptions – a été indispensable dans les découvertes physiques récentes. Mais ces analogies formelles paraissent être des analogies non pertinentes – et des analogies non pertinentes ne

1. Ceci doit être nuancé : selon la théorie actuelle des quarks, l'analogie que Gell-Mann avait établie était plutôt convaincante, mais non pertinente relativement aux prédictions spécifiques qu'il a développées à partir d'elle ! Gell-Mann avait confondu deux phénomènes physiques différents (la « saveur » et la « couleur ») qui se trouvent avoir la même symétrie ! Ainsi, Gell-Mann a introduit une nouvelle analogie, involontaire celle-là ; le succès de cette dernière analogie n'est pas encore expliqué aujourd'hui.

devraient pas fonctionner du tout[1]. On serait extrêmement surpris, par exemple, si l'on pouvait formuler ne serait-ce qu'une découverte physique substantielle basée sur la distribution statistique des lettres de l'alphabet romain dans les *Principia* de Newton. Il est vrai que toutes les analogies mathématiques examinées plus bas n'atteignent pas ce degré extrême de non pertinence – mais certaines d'entre elles s'en rapprochent beaucoup. (Je suggérerai, par exemple, que même les propriétés géométriques des notations mathématiques utilisées en physique ont joué un rôle dans les découvertes physiques!) La pertinence admet des degrés, et tous mes exemples, je pense, sont suffisamment non pertinents pour que leurs succès suscitent, ou devraient susciter, la perplexité. J'en arrive donc à une conclusion à la Wigner: le succès que les physiciens ont connu en utilisant les mathématiques pour faire des découvertes physiques est, en effet, « déraisonnable ». Le rôle des mathématiques dans la découverte physique pose, même s'il est négligé, un réel problème philosophique.

Certains pourraient toutefois être enclins à répondre que le succès même des méthodes mathématiques de découverte tel qu'il est décrit dans ce qui suit démontre la pertinence de ces méthodes. Mon programme est en conséquence auto-destructeur: plus je rassemble des exemples d'usages réussis d'analogies mathématiques, moins ces succès deviennent surprenants. L'illusion propre à cet argument vaut la peine d'être analysée. En employant une analogie formelle *A*, un scientifique se fonde non seulement sur *A*, mais également sur le succès d'autres analogies mathématiques formelles;

---

1. La pertinence est bien évidemment relative au corpus des hypothèses d'arrière-plan; les jugements de pertinence dans ce paragraphe sont relatifs à ce que je considère être des attitudes contemporaines très répandues.

autrement dit, il y a une analogie entre *A* et d'autres analogies
mathématiques. Quelle propriété *A* a-t-elle en commun avec
les autres ? La propriété, naturellement, d'être une analogie
mathématique formelle. Nous devons dès lors demander :
peut-on dire, à la lumière de ce que l'on sait aujourd'hui, que la
propriété d'être une analogie mathématique formelle a une
base physique ? En d'autres mots, pouvons-nous caractériser
d'une manière physique l'ensemble de toutes les propriétés
mathématiques ? Il y a de nombreuses raisons de croire que la
réponse est négative, ou tout du moins qu'actuellement elle est
négative. Si Wigner a raison, et il y a de nombreux mathéma-
455 ticiens | d'accord avec lui[1], la classe des concepts mathémati-
ques est d'abord définie par des critères esthétiques – ce qui
fournit une raison positive de douter que la notion de concept
mathématique puisse être caractérisée de manière physique.
Pour notre propos, il serait en l'occurrence suffisant d'avoir
une caractérisation physique des concepts mathématiques
applicables à la physique. Mais, évidemment, personne
aujourd'hui ne sait comment faire cela. Conclusion : étayer
une analogie mathématique formelle sur le succès d'autres
analogies mathématiques formelles, c'est élaborer une analogie mathématique formelle, aussi peu pertinente d'un point
de vue physique que n'importe quelle autre. Qui plus est, il n'y
a aucun sens à parler du « phénomène » général de l'applicabilité des mathématiques en physique, aussi longtemps que nous

---

1. Von Neumann, *in* « The Mathematician » (in *Works of the mind*, vol. I,
n° 1, Chicago, University of Chicago Press, 1947, p. 180-196) : « On attend […]
d'une théorie mathématique non seulement qu'elle décrive et classifie d'une
manière simple et élégante de nombreux cas *a priori* disparates. On attend aussi
de son « architecture » qu'elle soit « élégante » […]. Ces critères sont clairement
ceux de n'importe quel art créatif ».

n'avons aucune manière de caractériser – physiquement – ce que nous entendons par « mathématiques » ou par « mathématiques applicables ».

De manière similaire, notre problème – celui du succès des analogies mathématiques non pertinentes – ne peut être réglé en notant que plusieurs analogies mathématiques furent par la suite fondées physiquement (comme l'illustre la théorie des quarks), et donc qu'elles étaient, au bout du compte, pertinentes. Au contraire, nous retrouvons une nouvelle fois le même problème : comment se fait-il que les analogies formelles aient aussi souvent eu un contenu physique ! Encore une fois, le fait que des analogies formelles se soient par le passé trouvées avoir un contenu physique ne constitue pas à lui seul une raison de croire que les analogies actuelles en ont un, et ce aussi longtemps que la classe des analogies mathématiques formelles, comme la classe des concepts mathématiques, n'auront pas été fondées sur une base physique. Ainsi chaque nouveau succès d'une analogie mathématique formelle est cause d'une augmentation, non d'une diminution, de la perplexité.

Mais nous sommes, semble-t-il, à présent confrontés à un paradoxe : cet essai rassemble des faits historiques en faveur d'une hypothèse qui, selon les standards scientifiques traditionnels, ne peut pas être confirmée ! Mais il n'y a rien d'extraordinaire dans cette situation. De nombreux philosophes des sciences, et en premier lieu Nelson Goodman, ont insisté sur l'inaptitude de certaines généralités à être confirmées par leurs « instances ». Par exemple, il aurait été superstitieux de ne pas faire campagne pour la présidentielle aux Etats-Unis en 1980 sous prétexte que, tous les vingt ans depuis 1840, le président élu meurt pendant son mandat. Bien entendu, la plupart d'entre nous ne demandent pas une explication de cette coïncidence dans l'histoire des Etats-Unis. Mais le succès historique des mathématiques dans la découverte physique ne me semble pas être une coïncidence – et en conséquence, il demande une forme ou une autre d'explication[1].

456 | Dans cet essai, je ne discute que des découvertes réussies mettant en jeu des analogies mathématiques ; qu'en est-il des nombreux échecs ? En ignorant les échecs, on pourrait plaider que l'astrologie est un bon guide pour la décision politique. Premièrement, les analogies mathématiques ne sont bien évidemment qu'une partie – même si c'est une partie nécessaire – de toute découverte. Ainsi, quand un scientifique qui a utilisé une analogie mathématique échoue à faire une découverte, ce n'est pas nécessairement l'analogie qui est en cause. De façon similaire, les analogies mathématiques semblent réussir bien plus souvent dans les mains des grands physiciens que dans les mains des physiciens de seconde zone[2]. Ainsi, le nombre d'« échecs » certifiés est plus petit qu'un décompte superficiel pourrait nous le montrer.

Deuxièmement, même un seul usage réussi d'analogies non pertinentes pour faire des découvertes majeures en physique est surprenant. [...] Dirac, par exemple, a découvert l'équation d'onde relativiste de l'électron grâce à une analogie mathématique formelle. Sans l'analogie, il n'y avait aucun

---

1. Ceci est à comparer à l'adaptation d'une espèce à son environnement. Darwin savait que ce n'était pas une coïncidence, et ne pouvait cependant pas simplement l'accepter. Il chercha en conséquence à l'expliquer, où à la justifier, comme un artefact de la sélection naturelle. Dans cet essai je ne tenterai pas de formuler un critère permettant de distinguer entre les hypothèses déraisonnables dont le succès est considéré comme dû à une simple coïncidence, et celles dont le succès demande une explication.

2. Ceci n'est pas une tautologie, car la grandeur d'un physicien peut s'évaluer d'une autre manière que celle décrite dans cet essai.

espoir de découvrir une équation relativiste correcte étant donnée la marge d'erreur expérimentale (en 1930). Et bien entendu, personne ne pouvait même garantir qu'une telle équation existe. Lorsque nous combinons ce cas avec les nombreux autres discutés ici, nous avons un succès qui exige une explication. Par opposition à la précision d'une description physique, les « prédictions » de l'astrologie sont suffisamment vagues pour que nous nous attendions à ce qu'elles soient « vérifiées » de temps à autre.

Pour finir, il faut noter que ma thèse est bien moins vulnérable aux réfutations habituelles – celles des empiristes, des kantiens, ou des darwiniens – que ne l'est celle de Wigner. Ces réfutations, si elles étaient valides, permettraient d'expliquer le succès des analogies de premier ordre – les raisons pour lesquelles les concepts mathématiques ont été aussi utiles pour décrire et prédire le cours de la nature. Elles ne disent rien concernant l'usage des concepts mathématiques dans la découverte de ces descriptions.

En conséquence, les exemples détaillés ici me persuadent qu'il y a un problème philosophique réel concernant l'applicabilité des mathématiques – un problème qui, pour l'essentiel, a été injustement ignoré des philosophes contemporains.

II.

Les procédures dont nous aurons à discuter sont de cinq types.

(1) Premièrement, une équation E peut avoir été dérivée[1]
457 d'hypothèses A, mais avoir des | solutions pour lesquelles ces

---

1. Par « dériver », les physiciens n'entendent généralement pas une déduction rigoureuse à partir de principes connus, mais un raisonnement

hypothèses *A* ne sont plus valables; on cherchera pourtant ces solutions dans la nature, simplement parce qu'elles sont solutions de la même équation[1]. Une solution de l'équation est évidemment ici la description mathématique d'un système naturel, et «être solution de l'équation *E*» constitue une propriété de second ordre; nous avons donc ici une analogie de second ordre.

Telle est la stratégie qui a guidé la découverte par Schrödinger de la mécanique ondulatoire[2]. Schrödinger commença par un pastiche de la mécanique classique et de l'optique – associant une ou plusieurs particules, soumise(s) à l'action d'un champ externe, à une onde[3] dont les caractéristiques étaient dérivées de la mécanique classique. Cette association se fondait sur deux hypothèses :

plausible utilisé pour « écrire » (découvrir) une équation. J'utilise le terme dans ce même sens.

1. Il existe cependant des cas où le scientifique excluera certaines solutions comme « non physiques », comme par exemple Einstein a exclu tout mouvement plus rapide que la vitesse de la lumière, bien que cela soit compatible avec les équations de la relativité restreinte. J'examine ces cas dans mon article « Events and causality », *The Journal of Philosophy*, 83, 1986, p. 249-264.

2. E. Schrödinger, « Quantisation as a problem of proper values », en particulier les points II et IV, dans E. Schrödinger, *Collected papers on wave mechanics*, trad. J. F. Shearer, W. M. Deans, New York, Chelsea, 1978. Il est un peu risqué de tirer des conclusions à propos d'une découverte, en partant de documents publiés. Néanmoins, un certain nombre de remarques émises par Schrödinger dans son deuxième (et son quatrième) article sur la mécanique ondulatoire indiquent qu'il a accordé beaucoup d'importance au raisonnement –à la différence du premier article, celui que citent habituellement les manuels scolaires, que Schrödinger a lui-même rejeté comme « incompréhensible » (*ibid.*, p. 13).

3. Non pas une onde parcourant l'espace physique, mais une onde au sein de « l'espace de configuration ».

1. Les dimensions du « chemin » du système sont grandes, par rapport à la constante de Planck.

2. Le potentiel externe est à peu près constant dans le temps.

En se fondant sur ces deux hypothèses, Schrödinger obtint par différentiation deux équations : l'une dans laquelle le temps n'apparaissait pas ; l'autre dans laquelle l'énergie totale n'apparaissait pas. C'est alors qu'il laissa tomber les hypothèses mêmes qui l'avaient mené aux équations [1] !

Schrödinger savait très bien ce qu'il faisait :

> Dans les problèmes atomiques, la substitution d'une équation différentielle *partielle* à l'équation de la dynamique apparaît au premier abord comme un procédé très douteux, compte tenu de la multitude des solutions qu'une telle équation possède [2].

Une partie de cette « multitude des solutions » pouvait, en effet, être éliminée comme « non-physique » – par exemple, une fonction d'onde qui explose à l'infini (en général : toute fonction qui n'est pas « de carré intégrable »). Mais ce que | les **458** solutions restantes avaient en commun – à la lumière du gouffre bien connu entre les phénomènes classiques et quantiques – se réduisait, virtuellement, à la seule équation de Schrödinger. Ainsi Schrödinger s'est appuyé sur une analogie mathématique formelle, de second ordre. Le procédé a fonctionné. L'équation a donné, comme solutions, des résultats qui étaient connus, et d'autres solutions précédemment inconnues ont été trouvées dans la nature.

---

1. Plus précisément, il laissa tomber la première hypothèse au point II, et la seconde au point IV. La forme définitive de l'équation, l'équation que l'on connaît avec le coefficient complexe, n'est obtenue qu'au point IV.

2. *Ibid.*, p. 28.

La manière dont Maxwell a procédé pour écrire ses célèbres équations fournit un autre exemple de cette stratégie. Après que les lois phénoménologiques de Faraday, Coulomb et Ampère eurent été mises sous forme différentielle, Maxwell remarqua qu'elles contredisaient la conservation de la charge électrique, bien que ces lois phénoménologiques s'accordaient très exactement avec les éléments de preuve alors disponibles. Cependant, en cherchant à rafistoler la loi d'Ampère, en lui ajoutant le « courant de déplacement », [1] Maxwell réussit à obtenir que les lois impliquent effectivement la conservation de charge. Sans autre garantie empirique (si la loi d'Ampère était bien étayée expérimentalement, la base empirique attestant l'existence d'un « courant de déplacement » était très étroite [2]), Maxwell modifia la loi d'Ampère pour y lire que le (rotationnel du) champ magnétique est donné par la somme du courant « réel » et du « courant de déplacement ». En ignorant la base empirique étayant la loi d'Ampère (le magnétisme est causé par un courant électrique), mais en s'appuyant sur une analogie mathématique formelle, Maxwell en vint à affirmer la loi même dans le cas d'un courant « réel » nul ! Maxwell put ainsi prédire la radiation électromagnétique, plus tard produite par Hertz.

(2) [Un deuxième type de procédures consiste à] chercher des solutions même là où existent des raisons de douter de leur

---

1. La loi d'Ampère, telle qu'elle est formulée par Maxwell, énonce que le « rotationnel » du champ magnétique en tout point est proportionnel au courant en ce point. Maxwell ajouta le « courant de déplacement », qui est un courant hypothétique, égal au taux de variation par rapport au temps du champ électrique.

2. James Clerk Maxwell, *A Treatise on electricity and magnetism*, New York, Dover, 1954, 3ᵉ édition, vol. II, section 608, p. 252.

réalité physique. Naturellement, cette recherche doit être circonscrite, car le fait de rejeter les solutions jugées non-physiques fait tout autant partie de la physique et de ses découvertes que le fait d'en chercher[1]. Davantage que la précédente, cette stratégie illustre les analogies mathématiques de type formel : on croit à l'équation, parce qu'elle est une description mathématique !

Considérons le développement de la mécanique quantique relativiste. L'équation relativiste de Dirac pour la mécanique quantique décrivait à merveille le comportement de l'électron et de l'atome d'hydrogène, mais décrivait aussi une impossibilité apparente : des particules dont l'énergie est négative. | Il **459** est vrai que la mécanique classique (relativiste) rencontre elle aussi des solutions de ce type, mais celles-ci sont de manière routinière rejetées comme non physiques. En mécanique quantique, où des choses étranges se produisent si on attend suffisamment longtemps, on a besoin d'expliquer pourquoi l'énergie d'une particule ne peut pas passer du positif au négatif. Dirac commença à réaliser que le « principe d'exclusion de Pauli » permettrait d'éviter aux électrons de tomber dans des états d'énergie négative, si ceux-ci étaient déjà occupés par des électrons d'énergie négative, omniprésents au point d'être indétectables. Ainsi un électron, porté, par un moyen ou un autre, à une énergie positive, pourrait laisser derrière lui un « trou », c'est-à-dire un état d'énergie négative inoccupé. Un tel « trou » agirait comme un électron positivement chargé (un « positron ») d'énergie positive. En fait, les positrons venaient d'être découverts.

---

1. Rappelons-nous le rejet par Einstein des vitesses supérieures à c, et le rejet par Schrödinger des solutions dont les valeurs explosent.

[...]

460   Cette confiance dans le formalisme, | considéré comme
« plus sage que nous ne le sommes »[1], est ce qui motive les
analogies mathématiques d'ordre supérieur.

(3) Supposons que nous ayons réussi la classification
d'une famille d'«objets» sur la base d'une structure
mathématique S. Nous pensons alors que cette structure, ou
quelque structure mathématique T qui lui est liée, devrait
être utilisée pour classer d'autres familles d'objets, et cela
même si :

> (a) La structure S n'est pas, à notre connaissance, équivalente
> à quelque propriété physique que ce soit, et
> (b) la relation entre les structures S et T n'est pas, à notre
> connaissance, réductible à une relation physique.

Remarquons que nous recourons, dans ce dernier cas, à des
analogies mathématiques de troisième ordre.

C'est un raisonnement de ce type qui a été utilisé en
physique des particules élémentaires, où plusieurs découvertes
remarquables s'expliquent par des « considérations de symétrie ». Certaines de ces considérations sont réellement des
arguments formels par analogie, dans lesquels une symétrie est
dérivée d'une autre.

Selon la définition moderne, un objet présente une
symétrie s'il est invariant pour un groupe de « transformations ». Par exemple, une balle présente une symétrie rotationnelle, puisque toute rotation la laisse invariante. Le champ
gravitationnel du Soleil présente aussi une symétrie

---

1. H. Hertz, cité par F. Dyson, « Mathematics in the physical sciences »,
op. cit., p. 99.

rotationnelle, même si les orbites des planètes qui sont des ellipses ne présentent pas cette même symétrie.

L'importance des symétries en physique tient à leur relation aux lois de conservation. Chaque symétrie d'un système physique implique une loi de conservation[1] – la symétrie rotationnelle, par exemple, implique la conservation du moment cinétique. En fait, pour qu'il y ait conservation du moment cinétique, la seule chose qui soit nécessaire est que le système en question soit invariant pour des rotations «infinitésimales».

Au cours des années 1920, on a découvert que l'électron avait un moment cinétique «intrinsèque», appelé «spin»[2]. Le spin électronique a cette particularité que, quelle que soit la façon dont nous définissons le «haut» et le «bas» dans l'espace, lorsque nous le mesurons, le spin de l'électron est toujours orienté «vers le haut» ou «vers le bas». Ainsi, pour autant qu'il s'agisse du spin, on trouve toujours l'électron dans l'un ou l'autre de deux états possibles. Mais la mécanique

461 quantique | permet aussi des particules, ou des systèmes de particules, ayant n états de spin possibles, pour tout entier naturel n.

En 1932, Heisenberg a conjecturé que le proton et le neutron sont deux états d'une même particule mais dont les spins sont orientés dans les directions opposées dans un «espace» tridimensionnel complètement fictif ayant les

---

1. Pour les symétries continues, ce résultat fut prouvé par Emmy Noether.

2. On ne peut pas considérer à proprement parler que l'électron soit en rotation; mais plutôt qu'à certains égards il se comporte «comme si» il était en rotation. En outre, bien que l'électron soit invariant pour des rotations «infinitésimales», il n'est pas tout à fait invariant pour des rotations finies; un électron qui a subi une rotation de 360 degrés "interfère" avec un électron qui n'a subi aucune rotation.

mêmes propriétés mathématiques que l'espace ordinaire. L'espace devait être fictif puisque, contrairement à la situation avec les états électroniques « haut/bas », on ne peut pas transformer un neutron en proton en mettant simplement la tête en bas. Le raisonnement de Heisenberg revient à considérer que le noyau de l'atome est invariant pour des rotations abstraites dans cet espace fictif, et que donc il doit y avoir une nouvelle quantité conservée, mathématiquement analogue au spin. Cette quantité est aujourd'hui appelée l'isospin, et sa découverte à lancé la physique nucléaire. En étendant même plus loin cette analogie formelle au spin, Nicholas Kemmer fit en 1938 le raisonnement qu'il pouvait y avoir un triplet d'isospins (une particule ou un système de particules susceptible(s) de se trouver dans l'un ou l'autre des trois états d'isospin), et prédit les propriétés des trois pions, neuf ans avant que les expérimentateurs fussent capables de les vérifier.

La symétrie de l'isospin fut le premier exemple en physique d'une symétrie purement abstraite, ou non perceptible. Mais elle était mathématiquement isomorphe aux symétries de rotation caractéristiques des systèmes classiques[1]. L'étape suivante fut l'introduction, par analogie, de symétries abstraites dont le lien à l'expérience était de plus en plus ténu.

Considérons, par exemple, la découverte du « spin unitaire »[2], appelé aussi « voie octuple » parce que le spin unitaire a huit « composantes »[3]. Ce schème, découvert

---

1. Ceci n'est rigoureusement vrai que si nous pensons à des rotations infinitésimales.

2. Ce terme, proposé par Gell-Mann, n'est plus utilisé aujourd'hui.

3. L'isospin, comme le spin, a trois composantes, puisque nous pouvons avoir un spin dans la direction des axes x, y et z – dont un seul, d'après le principe d'incertitude, peut être mesuré à un moment donné. Le spin unitaire ajoute cinq

indépendamment par Gell-Mann et Ne'eman, visait à intégrer dans une « symétrie globale » l'isospin et une quantité récemment découverte – l'« hypercharge », dont on ne discutera pas ici.

Comme pour l'isospin, la théorie du spin unitaire postulait que les particules d'interaction forte, qui sont à première vue différentes, pourraient en réalité constituer différents états de la même « chose ». Ainsi, les particules d'interaction forte pourraient se diviser en familles dont les membres partagent un spin unitaire commun[1], mais dont le spin unitaire est néanmoins dans différents | « états ». Encore une fois, cette 462 classification découle mathématiquement d'une propriété de symétrie propre aux interactions fortes, à savoir que celles-ci sont, comme dans le cas de l'isospin, invariantes sous une certaine transformation.

[...] Mais le plus important pour notre essai est cette différence de base entre le spin unitaire et l'isospin (pour ne dire rien du spin) : bien que le spin unitaire ait huit composantes, il n'est pas du tout une symétrie rotationnelle – pas même dans un espace à huit dimensions ! Bien plutôt, la symétrie unitaire est une invariance par transformation d'un espace complexe tridimensionnel[2] !

Comment cela a-t-il été découvert ? Nous savons que l'isospin est (comme le spin) une invariance sous des rotations tridimensionnelles ordinaires[3]. La mécanique classique nous

composantes de plus aux trois précédentes, dont deux au plus peuvent être simultanément constatées.

1. Le spin unitaire d'un système est défini par une paire ordonnée de nombres, donnant l'isospin et l'hypercharge du système.

2. Pour plus de détails, voir Gell-Mann et Ne'eman (eds.), *The eightfold way*, New York, Benjamin, 1964, qui comprend les articles originaux.

3. Plus exactement : des rotations infinitésimales.

enseigne qu'on peut se représenter les rotations tridimensionnelles comme des transformations dans un espace complexe
bidimensionnel[1]. Il s'agit-là, en mécanique classique comme
463 dans | toutes les utilisations des nombres complexes, d'une
simple commodité représentationnelle. Mais ce que Gell-
Mann a fait[2], c'est généraliser le concept de « rotation »
pour inclure des transformations de l'espace complexe, puis
généraliser les « rotations » complexes bi-dimensionnelles
en les élevant à trois dimensions ! Le point crucial est que,
à la différence du cas à deux dimensions, les « rotations »
complexes tridimensionnelles ne correspondent plus aux
rotations d'un quelconque espace réel, de quelque dimension
qu'il soit. Le lien à la perception est totalement rompu. Nous
avons ainsi affaire à une analogie mathématique du troisième
ordre. La voie octuple dérive du fait que ces « rotations »[3] tridimensionnelles complexes s'avèrent avoir huit composantes
différentes, correspondant à huit quantités conservées
indépendamment.

Mais comment Gell-Mann a-t-il découvert la voie
octuple[4] ? En particulier, l'analogie avec l'isospin était-elle
physique, ou formelle ? [...]

---

1. Voir l'exposé lumineux de Herbert Goldstein, *Classical mechanics*,
Reading, Addison-Wesley, 1950, ch. 4. La correspondance n'est isomorphique
que dans le cas de rotations infinitésimales ; sinon, c'est un homomorphisme.

2. Ou refait, puisque les mathématiciens l'avaient fait avant lui.

3. Il s'agit, comme toujours, de rotations infinitésimales.

4. Ce qui suit se fonde sur les souvenirs de Gell-Mann rapportés dans son
article « Particle Theory from S-matrix to Quarks », *op. cit.*, et sur sa correspondance avec Ne'eman. Je rappelle que je ne discute ici que du raisonnement de
Gell-Mann, car la route qui a conduit Ne'eman à la voie octuple (décrite dans le
même volume, p. 499-510) ne comportait pas d'analogie mathématique.

En fait, c'est un chemin tortueux qui a conduit Gell-Mann jusqu'à la voie octuple, impliquant une analogie mathématique de troisième ordre qu'il a effectuée sans même le savoir. En effet, les découvertes qu'il a correctement prédites n'étaient pas celles qui découlaient proprement de son analogie! […]

| Gell-Mann est arrivé à sa découverte en essayant de **464** généraliser les équations de « Yang-Mills »[1]. Ces équations décrivent un champ dont la relation à l'isospin est conçue comme l'analogue de la relation entre le champ électromagnétique et la charge électrique. Le champ lui-même a la « symétrie locale de l'isospin » : son comportement est invariable sous des rotations indépendantes de l'isospin en chaque point de l'espace/temps! (Ainsi, par exemple, ce qui s'appelle un proton en un point peut s'appeler neutron en d'autres. Il s'agit donc d'une symétrie beaucoup plus forte que celle découverte par Heisenberg). Gell-Mann s'aperçut[2] que la théorie de Yang-Mills fournissait une recette pour écrire une équation de champ, étant donnée simplement la symétrie locale appropriée; par conséquent, pour généraliser l'équation, il fallait généraliser le concept d'isospin. Ce que Gell-Mann fit en réalité, mais sans le savoir, c'est caractériser les rotations de l'isospin comme « algèbre de Lie » – un concept qu'il réinventa pour l'occasion, mais qui était connu des mathématiciens depuis le XIXe siècle. Il commença alors à chercher (apparemment par essais et erreurs) des algèbres de Lie prolongeant l'isospin – inconscient, encore une fois, des solutions déjà obtenues – mais il échoua, ne se rendant pas

1. C. N. Yang, R. L. Mills, « Conservation of isotopic spin and isotopic gauge invariance », *Physical Review*, 96, 1954, p. 191-195.
2. Gell-Mann, « From S-matrix to Quarks », *op. cit.*, p. 489.

compte que la première solution exigeait huit composantes, comme annoncé plus haut[1]. Plus tard, un mathématicien de l'Institut de Technologie de Californie réalisa ce que cherchait Gell-Mann, et l'éclaira sur les algèbres de Lie. Il semble donc que Gell-Mann ait procédé par analogie mathématique formelle, une analogie qu'il avait comprise, mais insuffisamment. Ironiquement, la symétrie découverte par Gell-Mann est la symétrie d'une propriété (appelée « couleur » dans la théorie des quarks) qui n'est pas responsable de la classification des particules à interaction forte (c'est la « saveur » qui en est responsable). Heureusement pour Gell-Mann, et pour la science, la couleur et la saveur ont le même groupe de symétrie, coïncidence dont on ne connaît pas l'explication.

On pourrait avancer un argument du type suivant : même en l'absence de base physique sous-jacente, le recours à la théorie des groupes dans la découverte en physique est empiriquement justifiable, | parce que la théorie des groupes a son fondement dans la symétrie, qui est une notion empirique. Mais ce serait un raisonnement circulaire, puisque « dire qu'un objet présente une symétrie ne signifie rien d'autre que le fait pour cet objet d'admettre une transformation qui le laisse invariant, et la collection de toutes ces symétries est un groupe »[2]. Les groupes qui sont aujourd'hui invoqués dans la théorie des particules élémentaires n'expriment des symétries qu'en ce sens indirect qui contourne le problème ; ils n'expriment les symétries d'aucun corps physique ni d'aucun système physique macroscopique.

---

1. Il s'arrêta à sept composantes, épuisé par le vin qu'il avait bu (*ibid.*, p. 489).

2. B. Chandler, W. Magnus, *The history of combinatorial group theory : A case study in the history of ideas*, New York, Springer, 1982, p. 52-53.

Je conjecture cependant que ce qui renforce ce sentiment que certains groupes expriment des symétries « naturelles » tient au fait que la notation que les mathématiciens utilisent pour dénoter les groupes est elle-même symétrique. De manière similaire, une bonne notation mathématique peut souvent suggérer, diagrammatiquement [*pictorially*], sa propre extension. Une belle illustration en est fournie par l'exemple même des symétries de l'isospin et du spin unitaire. Considérons les trois matrices suivantes :

$$\begin{pmatrix} 0 & 1 \\ 1 & 0 \end{pmatrix}, \qquad \begin{pmatrix} 0 & -i \\ i & 0 \end{pmatrix}, \qquad \begin{pmatrix} 1 & 0 \\ 0 & -1 \end{pmatrix}$$

Ce sont les « matrices de Pauli », elles sont fondamentales pour comprendre la symétrie du spin et de l'isospin parce qu'elles représentent des rotations instantanées relatives, respectivement, aux axes des x, des y et des z de l'espace (dans le cas du spin) et de l'espace d'isospin (dans le cas de l'isospin). Peu importent ici les détails.

Comparons maintenant les huit matrices qui, de la même manière, représentent les « rotations » instantanées – les huit composantes du spin unitaire. Ces composantes sont essentiellement ce que Gell-Mann cherchait, mais sans d'abord le trouver. (Il savait quelles relations algébriques ces composantes devaient satisfaire, mais ne parvenait pas à les identifier). Remarquons que les trois premières matrices sont essentiellement les matrices de Pauli, ce à quoi on pouvait s'attendre, puisque trois des huit « composantes » du « spin unitaire » sont les trois composantes de l'isospin.

$$\begin{pmatrix} 0 & 1 & 0 \\ 1 & 0 & 0 \\ 0 & 0 & 0 \end{pmatrix}, \quad \begin{pmatrix} 0 & -i & 0 \\ i & 0 & 0 \\ 0 & 0 & 0 \end{pmatrix}, \quad \begin{pmatrix} 1 & 0 & 0 \\ 0 & -1 & 0 \\ 0 & 0 & 0 \end{pmatrix},$$

$$\begin{pmatrix} 0 & 0 & 1 \\ 0 & 0 & 0 \\ 1 & 0 & 0 \end{pmatrix}, \quad \begin{pmatrix} 0 & 0 & -i \\ 0 & 0 & 0 \\ i & 0 & 0 \end{pmatrix}, \quad \begin{pmatrix} 0 & 0 & 0 \\ 0 & 0 & 1 \\ 0 & 1 & 0 \end{pmatrix},$$

$$\begin{pmatrix} 0 & 0 & 0 \\ 0 & 0 & -i \\ 0 & i & 0 \end{pmatrix}, \quad \begin{pmatrix} 1/\sqrt{3} & 0 & 0 \\ 0 & 1/\sqrt{3} & 0 \\ 0 & 0 & -2/\sqrt{3} \end{pmatrix},$$

466 | Les deux groupes de matrices présentent « à l'œil » une symétrie frappante [1] bien que les transformations, et par conséquent les symétries, qu'elles expriment ne soient pas du tout du domaine de la perception (dans le cas des matrices de Pauli, je me réfère seulement à leur utilisation pour représenter la symétrie de l'isospin). En outre, les symétries visibles de chaque groupe de matrices sont liées entre elles de manière évidente. La « naturalité » de l'isospin et du spin unitaire, tout comme la transition de l'un à l'autre, est ainsi apparente – même aux yeux du profane – simplement à cause de la symétrie de la notation. Il est vrai que Gell-Mann n'avait pas connaissance de ces dernières matrices, mais je suis persuadé qu'une fois qu'il les eut découvertes, ces considérations

---

1. Notons toutefois qu'un changement de base suffirait à faire disparaître cette symétrie, de sorte que même la symétrie de la notation est quelque peu arbitraire.

renforcèrent sa croyance en la validité de la voie octuple, au moins de manière subconsciente [1].

Si cette explication de (quelques) développements mathématiques est correcte, il en résulte immédiatement que la manière empiriste dont on a pu rendre compte de l'application des mathématiques est inadéquate. Par exemple, la thèse de Nagel selon laquelle « c'est une hypothèse raisonnable [*de soutenir*] que les mathématiques pures en général sont si souvent applicables en raison du fait que les structures symboliques qu'elles étudient sont toutes suggérées par les structures naturelles découvertes dans le flux des choses » (*vide supra* p. 171, note 4) ne tient pas compte de la possibilité que certaines des « structures suggestives » qui suscitent le développement des mathématiques, et par suite de la physique, proviennent, non de l'expérience directe, mais des symétries de la notation que nous utilisons pour rapporter l'expérience.

Jusqu'ici, nous avons cherché les solutions d'équations données. Considérons à présent des méthodes inductives visant à « deviner » les équations elles-mêmes, en s'appuyant sur une projection mathématique.

(4) On peut formuler des équations par analogie avec la forme mathématique d'autres équations, même si une telle analogie n'a pas ou que peu de fondement physique. Par définition, un tel raisonnement procède par analogies mathématiques formelles.

L'exemple historique le plus frappant de ce modèle est peut-être le raisonnement par lequel Einstein dériva les

---

1. La voie octuple ne fut pas acceptée immédiatement, loin s'en faut. Il y eut même au début de faux résultats expérimentaux qui la contredisaient. À un certain moment, par conséquent, Gell-Mann a hésité.

équations de champ de la relativité générale. Sa méthode fut de poser trois conditions que devait satisfaire l'équation mathématique. Il découvrit alors une preuve mathématique 467 selon laquelle, pour l'essentiel, | seule une équation satisfait ces trois conditions! Nous nous intéressons ici à deux des conditions posées par Einstein : « l'équation doit être une équation différentielle du second degré, et elle doit être linéaire en ses dérivées secondes ». D'où tenait-il ces conditions?

Einstein déclare[1] lui-même que ces deux conditions (*i.e.* (1) rien ne doit apparaître dans l'équation de champ au-delà des dérivées secondes du tenseur métrique, et (2) l'équation doit être linéaire en ses dérivées secondes) étaient « naturellement tirées de l'équation de Poisson ». (L'équation de Poisson est la forme qu'a prise au XIXe siècle la loi newtonienne de la gravitation ; elle n'implique effectivement que des dérivées secondes du « potentiel gravitationnel », et celles-ci n'interviennent que linéairement.) En écrivant « tirées de l'équation de Poisson », Einstein ne voulait certainement pas dire que l'exigence selon laquelle l'équation de Poisson devrait être un cas limite de l'équation de la relativité générale produit les conditions du second ordre et de linéarité, puisque cette exigence-là pourrait être satisfaite par une équation d'ordre supérieur, c'est-à-dire qui ne serait pas linéaire en les dérivées secondes. Il voulait dire que les coordonnées du tenseur métrique « jouent le rôle » tenu par le potentiel gravitationnel dans l'équation de Poisson. Mais, comme l'a indiqué John C. Graves[2], et comme le montre clairement

---

1. A. Einstein, *The Meaning of Relativity*, Princeton, University Press, 1974, p. 84.

2. J. C. Graves, *The Conceptual Foundations of Contemporary Relativity theory*, Cambridge, MIT Press, 1971, p. 178.

l'examen du raisonnement d'Einstein[1], cet argument repose sur une analogie formelle et sur des considérations dimensionnelles.

[...]

| (5) Enfin, on peut formuler des lois fondamentales en **477** recourant à des idées mathématiques qui, dans les théories antérieures, étaient de simples procédés de calcul. Cela reste vrai même si, ce faisant, on accorde aux idées mathématiques en question une « réalité physique »[2] qu'elles n'avaient pas auparavant. Néanmoins la construction théorique fait un pas qui est commandé par l'analogie mathématique avec les théories antérieures – tout comme, d'ailleurs, par l'analogie avec d'autres cas dans lesquels les procédés de calcul sont devenus physiquement réels.

Comme exemple, considérons ce que l'on a coutume d'appeler le « potentiel vecteur » de l'électromagnétisme classique. Le potentiel vecteur[3] nous donne le champ magnétique par différentiation, exactement comme le potentiel ordinaire, « scalaire », nous donne le champ électrique par différentiation[4] – les deux potentiels, mais particulièrement le potentiel vecteur, sont mathématiquement parlant très

---

1. *Ibid.*, p. 79-81.

2. Il existe dans la littérature plusieurs critères de réalité physique. *Cf.* E. Nagel, *The structure of science*, New York, Harcourt, Brace & World, 1961, ch. 6 ; pas un seul n'est visé ici. Par ailleurs, comme le souligne Nagel, les critères de réalité physique sont internes à la théorisation physique elle-même, de sorte que le fait d'y recourir n'engage pas le philosophe dans un réalisme métaphysique.

3. Ainsi appelé parce qu'il a trois composantes et se comporte comme un vecteur.

4. Le champ électrique est le « gradient » du potentiel scalaire, le champ magnétique le « rotationnel » du potentiel vecteur.

commodes. Il est tout simplement plus facile de résoudre les équations pour les potentiels, et de trouver ensuite les champs par différentiation. Que les potentiels ne soient pas « réels » se manifeste par le fait que les équations de Maxwell présentent ce que l'on appelle une « invariance de jauge ». Ceci signifie grossièrement que, puisque les potentiels sont donnés par intégration des champs, nous introduisons des « constantes d'intégration » extrinsèques dans les définitions des potentiels – appelées jauges. Ceci rend la valeur exacte des potentiels sans importance pour l'observation. En fait, ajouter les dérivées partielles d'une fonction arbitraire aux potentiels conduit aux mêmes équations du mouvement. Une telle transformation des potentiels est appelée une « transformation de jauge »; les équations de l'électromagnétisme classique respectent ainsi l'« invariance de jauge ».

En mécanique quantique, les potentiels eux-mêmes apparaissent dans les lois fondamentales [1]. Ainsi, les potentiels pourraient influencer le cours d'une expérience, même si le champ électromagnétique dans la région où se déroule cette **478** expérience | est nul ! Aharonov et Bohm [2] ont suggéré une expérience de type « deux fentes », dans laquelle, comme d'habitude, les électrons passent par deux trous et touchent un écran, créant un phénomène d'interférence. Mais, dans cette expérience, un solénoïde est mis en marche entre les trous et l'écran. Hors du solénoïde, le champ électromagnétique est nul, mais les potentiels ne le sont pas. Bien évidemment, on observe un décalage de phase dans l'interférence.

1. En mécanique classique on peut écrire des équations équivalentes en usant soit des potentiels soit des champs; tel n'est pas le cas en mécanique quantique, dans l'état actuel des connaissances.

2. *Physical Review*, 115, 1959, p. 485.

Il est vrai que la mécanique quantique respecte aussi l'invariance de jauge – exactement comme avant, la valeur exacte des potentiels ne fait aucune différence physique. L'effet Aharonov-Bohm ne dépend pas cependant de la valeur des potentiels, mais de l'intégration du potentiel le long d'une boucle fermée autour du solénoïde. Cette grandeur respecte l'invariance de jauge, et peut de fait affecter le résultat de l'expérience – mais seulement en mécanique quantique. En mécanique classique, un champ nul conduit à des effets nuls; par exemple, intégrer le champ autour de la même, boucle donnera toujours zéro. Par conséquent, les potentiels, puisqu'ils peuvent être utilisés pour construire des quantités entièrement nouvelles (qui respectent l'invariance de jauge), ne sont plus simplement une manière mathématiquement commode de parler des champs. En dépit de ce changement de rôle très clair, les scientifiques ont formulé la mécanique quantique en termes de potentiels, en se basant sur une analogie formelle avec leur usage dans les théories classiques[1].

Il y une manière géométrique de discuter des potentiels inspirée de la théorie de la gravitation d'Einstein, qui a mené à de nouvelles découvertes. Dans la théorie d'Einstein, l'«activation» d'un champ gravitationnel conduit à une distorsion de la géométrie de l'espace-temps. Dans l'effet Aharonov-Bohm, le solénoïde crée une sorte de courbure, qui

---

1. Plus précisément, il y a deux manières équivalentes de formuler les théories classiques – l'une utilise les champs, l'autre les potentiels. La dernière formulation reçoit sa légitimité de son équivalence avec la première. Dans la transition à la physique quantique, la connexion entre la formulation en termes de champs et la formulation en termes de potentiels est brisée, parce que seule la dernière formulation est généralisable à l'équation de Schrödinger.

est dans ce cas une courbure d'un espace abstrait appelé un
« faisceau fibré ». Le degré de courbure est mesuré par nos
amis, les potentiels – exactement comme ce que l'on appelle
les symboles de Christoffel mesurent le degré de distorsion de
l'espace-temps par rapport au plan dans la théorie d'Einstein.
Et l'électron quantique « sent » la courbure dans son espace
abstrait. De plus, exactement comme la théorie d'Einstein
nous permet de choisir un système de coordonnées différent à
chaque point de l'espace-temps sans changer les lois de la
nature, de même une transformation de jauge fait en réalité
« tourner » les coordonnées de l'espace quantique abstrait –
différemment pour chaque point dans l'espace-temps. Ainsi, à
la fois la théorie d'Einstein et l'électrodynamique quantique
ont une symétrie locale. L'effet Aharonov-Bohm, respectant
l'invariance de jauge, confirme qu'aucun changement de
coordonnées ne peut modifier la distorsion du faisceau fibré
479 causé par le | solénoïde, exactement comme aucun change-
ment de coordonnées ne peut faire disparaître un champ gravitationnel macroscopique. Que les potentiels eux-mêmes ne
respectent pas l'invariance de jauge signifie simplement que,
en mécanique quantique, leur valeur numérique est affectée
par un choix arbitraire de coordonnées – un peu comme la
valeur numérique de la longueur est affectée par le changement
des pieds en mètres – et non que les potentiels soient « irréels ».
Au contraire, les potentiels contiennent l'information réelle
concernant la distorsion du faisceau fibré – ce qui est la raison
pour laquelle nous pouvons utiliser les potentiels pour définir
des quantités respectant l'invariance de jauge affectant
l'expérience.

[…]

| Ainsi avons-nous largement montré que les analogies **480** mathématiques formelles sont au cœur de la découverte en physique moderne. Le lecteur sera, je l'espère, d'accord pour considérer que nous sommes ici confrontés à une anomalie digne de l'attention minutieuse du philosophe.

Traduction Benoît Timmermans

FONDATIONALISMES REVISITÉS : LOGICISME, INTUITIONNISME ET FORMALISME

PRÉSENTATION

Comme nous l'avons dit dans l'introduction, on peut considérer la période qui va de 1879, date de publication de la *Begriffsschrift* de Frege, à 1931, date de publication de *Über formal unentscheidbare Sätze der Principia Mathematica und verwandte Système I* de Gödel, comme une époque classique pour la philosophie des mathématiques contemporaine. Durant cette période, trois programmes fondationalistes concurrents ont émergé et se sont développés : le programme logiciste de Frege et de Russell, l'intuitionnisme de Brouwer, et le programme formaliste (la théorie de la démonstration) de Hilbert. Les trois programmes visaient tous à répondre à une même question, celle, kantienne déjà, de savoir quel statut il convient d'assigner aux vérités mathématiques – ils avaient aussi en commun d'être organiquement liés à certaines pratiques mathématiques spécifiques. Mais les réponses qu'ils apportaient étaient opposées, l'approche de Hilbert pouvant être comprise, nous le verrons, comme une tentative de conciliation entre les deux autres synthèses[1]. Cette section contient la version française de deux textes relativement récents (postérieurs à 1990)[2], qui se rattachent explicitement aux deux premiers de ces trois courants. L'importance qu'a prise la théorie de la démonstration dans la logique et la philosophie des mathématiques contemporaines nous a semblé justifier de repousser l'examen approfondi de la postérité du formalisme et du programme de Hilbert au second tome. Aussi nous contenterons-nous ici de n'aborder le formalisme que dans les relations qu'il entretient avec les deux autres grands programmes fondationalistes. Les deux textes que nous présentons dans cette section illustrent, chacun à leur façon, combien, fussent-elles renouvelées et parfois fortement infléchies, ces vastes synthèses de la période classique continuent de polariser le champ de la philosophie des mathématiques actuelle. Dans les deux cas, l'exigence de soumettre rigoureusement non seulement à l'analyse mais parfois même à l'inventaire les thèses essentielles articulées dans le cadre des courants fondationalistes, est ce qui donne son impulsion à une réflexion neuve ouverte aux enjeux contemporains de la

1. On trouvera dans les trois premiers articles du volume édité par P. Benacerraf, H. Putnam, *Philosophy of Mathematics: Selected Readings*, Cambridge, Cambridge University press, 1964, lesquels sont en fait les textes des interventions prononcées lors du congrès d'épistémologie des sciences exactes de Königsberg en 1930, l'état des lieux dressé par les principaux acteurs eux-mêmes à la fin de l'époque classique. On pourra aussi consulter l'introduction de Lindström *et alii*, *Logicism, Intuitionism, and Formalism: What Has become of Them?*, Heidelberg, Springer, 2008.

2. Il s'agit pour le logicisme de R. G. Heck, 1998, « Introduction au Théorème de Frege », *in* M. Marion, A. Voizard, *Frege: Logique et Philosophie*, L'Harmattan, Paris; pour l'intuitionisme de M. Detlefsen, 1990, « Brouwerian Intuitionism », *Mind*, 99 (396), p. 502-534.

philosophie mathématique. Cette présentation introductive vise à donner quelques éléments de contexte qui permettront de mieux apprécier comment les textes dont nous donnons ici la traduction se positionnent par rapport aux versions originales des courants dont ils se réclament.

LOGICISME ET NÉO-LOGICISME

Kant, on le sait, défendait l'idée que la connaissance mathématique est synthétique a priori. Il distinguait donc la connaissance mathématique de la connaissance empirique, a posteriori. Mais il maintenait toutefois que la géométrie comme l'arithmétique sont fondées sur une intuition « formelle » de l'espace et du temps, et non simplement sur les catégories de l'entendement. Le but des logicistes, Frege et Russell, est de montrer que l'on peut considérer la connaissance arithmétique, au moins[1], comme une connaissance analytique, logique – dit autrement que l'on peut dériver l'ensemble des théorèmes arithmétiques des lois logiques fondamentales.

On peut présenter plus précisément le programme logiciste en repartant de la caractérisation axiomatique du système des nombres entiers que Dedekind en 1888, puis Peano en 1889, avaient proposée. Ce dernier définissait par exemple la

---

1. Pour Frege, seule la connaissance arithmétique est de nature logique, la géométrie étant considérée comme une connaissance synthétique a priori (voir *Les Fondements de l'arithmétique*, Paris, Seuil, 1969, p. 213). Russell lui considérait que la géométrie était aussi une connaissance logique (voir *The Principles of Mathematics*, Cambridge, Cambridge University press, chap. 1, 44, 49).

structure **N** (la base de toute l'arithmétique) à l'aide de ces cinq postulats[1] :

1) 0 est un nombre entier,
2) Tout nombre entier n a un unique successeur $S(n)$,
3) 0 n'est le successeur d'aucun entier,
4) Deux nombres entiers différents n'ont pas le même successeur,
5) Pour toute propriété F, si $F(0)$ et si, pour tout n, $F(n)$ implique $F(S(n))$, alors pour tout entier n, $F(n)$.

Ceci posé, on peut caractériser le programme logiciste comme consistant à satisfaire trois exigences distinctes :

1) élaborer une logique étendant la logique classique aristotélicienne, qui permette de rendre compte des quantifications emboîtées[2] ;

---

1. Peano se réfère explicitement à la construction de Dedekind dont il dit s'être inspiré, bien qu'à la différence de Dedekind, il n'ait pas essentiellement cherché à donner une construction ensembliste des nombres entiers, mais seulement à en fournir une axiomatisation dans un langage formel. De son côté, Dedekind propose une caractérisation axiomatique abstraite des entiers naturels au moyen de la notion de « système simplement infini ». Un système simplement infini est un ensemble N muni d'un élément distingué e et d'une opération $S : N \rightarrow N$, tel que les trois propriétés suivantes soient vérifiées : (1) S est injective ; (2) $e \notin S(N)$; (3) si $M \subset N$ est un sous-ensemble de N qui contient l'élément distingué e et tel que pout tout $x \in M$, on ait $S(x) \in M$, alors $M = N$. On dit que N est le plus petit ensemble contenant e et clos par l'opération successeur. Dedekind démontre que deux systèmes simplement infinis quelconques sont isomorphes, la caractérisation qu'il propose est donc catégorique (*cf.* présentation de la partie V dans le second tome). Si on interprète les axiomes de Peano dans un cadre ensembliste, on démontre que les deux caractérisations sont équivalentes.

2. Ainsi la proposition « tout nombre n a un unique successeur » se traduit en calcul des prédicats par « $\forall n \exists x (x = S(n) \& \sim \exists y (y = S(n) \& y \neq x))$ ».

2) définir les différentes « constantes » non logiques apparaissant dans les postulats de Peano – à savoir 0, successeur, nombre entier – dans le langage logique ;

3) enfin, démontrer que les axiomes de Peano, ou plutôt leurs traductions dans le langage logique, sont des vérités logiques.

Lorsque ces trois tâches sont remplies, alors on peut légitimement considérer que tout théorème d'arithmétique [1], démontré à partir des axiomes de Peano, est un théorème de logique, puisque les axiomes de Peano, ou plutôt leurs traductions, sont des théorèmes logiques [2].

Frege crut avoir réalisé dans les *Grundgesetze* (1893/1903) l'ensemble de ce programme. Il avait, c'est certain, réussi dès la *Begriffsschrifft* (1879), à expliciter de façon magistrale la subtile logique des quantifications emboîtées (la tâche 1) [3]. En revanche, Frege a échoué à satisfaire les demandes 2 et 3. Plus précisément, pour définir ce qu'est un nombre entier, Frege passe par ce que l'on appelle aujourd'hui le principe de Hume, qui stipule que, si F et G sont deux concepts sortaux [4]

1. En réalité, pour pouvoir axiomatiser l'arithmétique, il faut ajouter des axiomes permettant de définir l'addition et la multiplication ; cf. les remarques sur la définissabilité dans la présentation de la section V dans le second tome.

2. Une explication très claire du projet est donnée dans les deux premiers chapitres de Russell, *Introduction à la philosophie mathématique*, Paris, Payot, 1991.

3. Sur ce point, et sur le rapport entre l'emboîtement des quantificateurs et la thèse kantienne selon laquelle la connaissance mathématique est synthétique *a priori*, voir le très éclairant chap. 1 du livre de M. Friedman *Kant and the Exact Sciences* (Harvard University Press, 1992).

4. La notion de « concept sortal » est d'abord linguistique : un adjectif *P* est sortal si on peut demander combien il y a de *P*. Ainsi « rouge » n'est pas sortal, car nous ne savons ce que nous aurions à décompter si on nous demandait de compter combien il y a de rouge (parle-t-on de taches rouges, d'objets

quelconques : « le nombre de F est le même que le nombre de G si et seulement si les F et les G sont équinumériques » (où F est équinumérique à G s'il existe une bijection entre les objets qui tombent sous G et ceux qui tombent sous F)[1]. Ce principe n'est toutefois pas premier, mais fondé, chez Frege, sur la notion plus fondamentale d'extension de concept. L'extension du concept F, notée $\{x: Fx\}$, c'est l'ensemble des objets qui tombent sous le concept F – ou plus exactement, deux concepts F et G ont la même extension, c'est-à-dire $\{x: Fx\}$ et $\{x: Gx\}$ sont la même chose, si et seulement si ces deux concepts sont vrais exactement des mêmes objets. Cette dernière assertion est précisément le contenu d'un des axiomes du système logique de Frege, l'axiome V, qui s'énonce donc ainsi :

$$\{x: Fx\} = \{x: Gx\} \leftrightarrow \forall x(F(x) \leftrightarrow G(x)).$$

L'idée d'extension admise, Frege définit le nombre entier associé au concept F comme l'extension du concept équinumérique au concept F. On vérifie aisément que le nombre ainsi caractérisé, le principe de Hume est satisfait.

Le problème est que l'axiome V, loin d'être une vérité logique, s'est révélé faux. Dans une lettre qu'il envoie à Frege en 1902, Russell montre que l'assertion selon laquelle à chaque concept correspond une extension conduit à des paradoxes[2]. Il est important de comprendre que rien, à

rouges, de points rouges, etc.); «homme» est à l'inverse un concept sortal. Sur ce point voir Frege (*Les Fondements, op. cit.*, § 22-23). Sur l'usage du terme dans la philosophie analytique contemporaine, voir http://plato.stanford.edu/entries/sortals/

1. *Ibid.*, p. 188-194.
2. Expliquons rapidement l'idée générale du paradoxe de Russell. Admettons (ce qui n'est pas le cas chez le Frege historique) que le symbole d'appartenance ensembliste « ∈ » soit un signe de l'idéographie, alors la

première vue, ne permettait de douter d'une telle affirmation. Il est en effet difficile d'imaginer un concept qui n'ait pas d'extension, et toute l'astuce et la perversité de Russell consistent à avoir envisagé une telle possibilité. Ce que montrent les paradoxes (le paradoxe de Russell n'est qu'une des formes des nombreuses « antinomies » qui fleurissent à cette époque), c'est qu'en logique, il faut se méfier des évidences. Les réactions à ce qui a fait l'effet d'un coup de tonnerre ont été nombreuses et diverses. Certains, nous allons le voir, ont, comme Poincaré et Brouwer, tiré argument des paradoxes pour rejeter le programme logiciste. Russell de son côté ne l'abandonne pas, mais en complexifie considérablement la logique sous-jacente[1]. D'autres enfin, comme Hilbert, ont cherché à garantir la non contradiction de l'arithmétique par des méthodes finitistes et constructives (*cf.* plus bas).

« Introduction au théorème de Frege », de Richard G. Heck, est une présentation remarquablement claire et didactique du programme néo-logiciste de Bob Hale et de Crispin Wright. Dans son livre de 1983, Wright fait la remarque suivante (que Charles Parsons avait faite dès 1965) : une fois le principe de Hume démontré, toute référence à l'extension disparaît de la démonstration de Frege. Wright poursuit en démontrant qu'il est possible de dériver l'arithmétique à partir

formule « $x \in x$ » comme la formule « $x \notin x$ » désigneraient des concepts (Frege admet un principe de compréhension non restreint); on peut donc former l'extension $y = \{x : x \notin x\}$, qui correspond à l'ensemble des classes qui ne s'appartiennent pas elles-mêmes. Il est facile de montrer alors que $y \in y \leftrightarrow y \notin y$, c'est-à-dire que la vérité de $y \in y$ entraîne sa fausseté, et que, inversement, la fausseté de $y \in y$ entraîne sa vérité.

1. Voir sur ce point, P. de Rouilhan, *Russell et le cercle des paradoxes*, Paris, P.U.F., 1996.

de la logique du second-ordre de Frege et du principe de Hume, donc sans recourir au concept problématique d'extension ou d'ensemble; mieux, Wright établit que le système ainsi obtenu est consistant, et qu'il n'est pas possible, dans le nouveau cadre, de construire un paradoxe du genre de celui de Russell. Depuis lors, le courant néo-logiciste s'est développé dans de très nombreuses directions, et s'est affirmé comme un des mouvements importants de la scène philosophique contemporaine. Cela ne signifie pas, bien entendu, qu'il ne soit pas âprement discuté : la question de savoir si le néo-logicisme définit véritablement la notion de nombre (c'est-à-dire s'acquitte de manière satisfaisante de la tâche 2 plus haut) est très débattue : le principe de Hume est-il un axiome ou une définition [1]? Cette question, qui revient à examiner le caractère logique et a priori du principe de Hume, et plus généralement la question de savoir quels sont les critères permettant de distinguer les bons principes d'abstraction (type « principe de Hume ») des mauvais (type « axiome V de Frege »), a donné lieu a une littérature déjà immense [2]. Mais que les paradoxes ne signent pas la fin du logicisme fregéen est une idée qui semble aujourd'hui acquise [3].

1. Pour une discussion, voir « Implicit Definition and the A Priori », *in* B. Hale, C. Wright, *The Reason's Proper Study : Essays Towards a Neo-Fregean Philosophy of Mathematics*, Oxford, Oxford University Press, 2001.

2. Parmi de nombreuses références, citons M. Dummett, *Frege : Philosophy of Mathematics*, Cambridge, Harvard University Press, 1991; B. Hale, C. Wright, *The Reason's...*, *op. cit.*; K. Fine, *The Limits of Abstraction*, Oxford, Oxford University Press, 2002.

3. Dans le même ordre d'idée, mentionnons le retour récent de la question de l'universalisme, à savoir l'idée que la logique ne doit pas introduire de distinction entre les entités sur lesquelles elle porte. L'article de R. Cartwright, « Speaking of Everything », *Noûs* 28 (1) : 1-20, 1994, vise ainsi à démontrer que les paradoxes n'interdisent pas de concevoir la possibilité d'une généralité

L'article de Heck est précieux à un double titre. Plutôt que de procéder à une simple présentation du programme néo-logiciste[1], il se livre à une lecture néo-logiciste attentive des *Grundlagen* de Frege, et pointe ce faisant à quel niveau de l'argumentation Wright fausse compagnie à son prédécesseur. Frege n'est plus ici traité en effet comme une figure de l'histoire de la philosophie ou de la logique, mais comme un auteur vivant, dont le raisonnement serait juste assez rigoureux pour nous faire apercevoir les pistes qui n'ont pas été poussées plus avant et que l'on peut aujourd'hui continuer d'explorer. L'article est également utile car il souligne l'importance d'une quatrième tâche que nous avons jusqu'ici passée sous silence : celle qui consisterait à montrer que la définition logique n'est pas une simple interprétation des nombres mais bien une explicitation de leur essence. Les logicistes ne cherchent en effet pas seulement à montrer que l'on peut interpréter l'arithmétique dans le cadre du système logique fregéen (un peu comme on peut interpréter une équation algébrique comme une droite du plan euclidien) ; ils veulent obtenir quelque chose de beaucoup plus fort : une preuve que l'arithmétique n'est rien d'autre que de la logique. La puissance philosophique du principe de Hume est précisément qu'il permet d'expliquer l'application des nombres entiers aux choses, et qu'il fournit par là-même une raison de croire que la définition logiciste est

absolue, qui porte sur absolument tous les objets sans restriction. Les paradoxes ensemblistes interdisent seulement d'assimiler cet univers non restreint à un ensemble – mais rien ne nous contraint à une telle identification. Pour une analyse détaillée de ces questions, voir A. Rayo, G. Uzquiano, *Absolute Generality*, Oxford, Oxford University Press, 2006.

1. On trouvera une telle présentation dans « Logicism in Twenty-first Century » *in* S. Shapiro, *The Oxford Handbook of Philosophy of Mathematics and Logic,* Oxford, Oxford University press, 2004, p. 166-202.

plus qu'une une simple interprétation – qu'elle délivre quelque chose comme une essence des nombres.

L'INTUITIONNISME, LA LOGIQUE ET LES MATHÉMATIQUES

En 1904, Zermelo démontre que tout ensemble, et notamment l'ensemble des réels, peut être bien ordonné, c'est-à-dire muni d'une structure d'ordre telle que toute partie non vide de l'ensemble admette un plus petit élément. Ce résultat est une conséquence de « l'axiome du choix » (en réalité il lui est même équivalent), que l'on peut formuler ainsi : étant donné un ensemble X d'ensembles non vides, il existe une fonction définie sur X, appelée fonction de choix, qui, à chaque ensemble de X, associe un de ses éléments. La particularité de ce principe est d'affirmer l'existence d'une entité (la fonction de choix) sans donner pour autant aucun moyen de la construire. Pour cette raison, l'axiome du choix va rapidement devenir l'enjeu d'une très vive discussion. Certains mathématiciens ne voient pas pour quelles raisons il faudrait renoncer à un principe qui a de nombreux usages en analyse. Le fait que nous ne sachions pas construire une telle fonction ne signifie absolument pas qu'elle n'existe pas ; nous ne voyons pas la face cachée la Lune mais nous ne doutons pas pour autant de son existence. Comme le suggère cette dernière comparaison, l'axiome du choix ne semble pas poser de problème particulier pour peu que l'on estime qu'il y a, indépendamment de l'activité des mathématiciens, des entités tels les ensembles, les fonctions et les nombres, ou plus précisément que ces entités qui sont le corrélat naturel de l'activité mathématique peuvent être en quelque sorte détachées des actes correspondants et qu'on peut raisonner à leur sujet comme s'ils avaient une telle existence indépendante ; pour peu, en d'autres termes, que l'on soit réaliste ou platoniste[1]. Mais dès lors que l'on rejette cette forme de pensée, l'axiome du choix devient éminemment problématique. Certains mathématiciens comme Borel, Baire et Lebesgue (nommés parfois les pré-intuitionnistes français) le rejettent précisément parce qu'ils considèrent qu'exister pour une entité, en mathématiques, c'est être le résultat d'une construction, ou plus spécifiquement être susceptible d'une définition en un nombre fini de mots[2]. Lebesgue, par exemple,

1. Bernays («On Platonism in Mathematics», 1935, *in* P. Benacerraf, H. Putnam, *op. cit.*) identifie les deux principes qui sont à l'œuvre dans le platonisme en mathématiques, le «principe d'unité» et le «principe d'analogie». Lorsqu'un mathématicien crée de nouvelles entités par un processus d'abstraction à partir de propriétés données ou par un processus de rassemblement d'individus distincts pour former un nouvel objet, il utilise un «principe d'unité» qui lui permet, plus ou moins délibérément, de dissocier la nouvelle entité posée du processus générateur. Tandis que le «principe d'analogie» est ce qui autorise à traiter ces nouvelles entités (ou leurs représentations) de la même manière que des objets concrets donnés. Posy (dans «Brouwer's Constructivism», *Synthese* 27, 1974, 125-159) montre que l'intuitionnisme de Brouwer a sa source non pas dans une réaction aux paradoxes de la théorie des ensembles, mais plus fondamentalement dans une réaction aux préjugés philosophiques du platonisme qui ont par la suite conduit aux paradoxes.

2. La notion de définissabilité joue un rôle important pour Borel. Heyting (dans son introduction à *L. E. J. Brouwer: Collected Works*, vol. I, North-Holland Publishing Co, 1955) considère que l'intuitionnisme se ramène en définitive à deux principes fondamentaux: 1) les mathématiques n'ont pas seulement une signification formelle, mais aussi un contenu», et 2) «les objets mathématiques sont saisis immédiatement par l'esprit pensant. La connaissance mathématique est par suite indépendante de l'expérience» (p. 5). Mais il remarque aussi que le second principe peut être interprété de deux manières différentes: soit (2a) «on [*attribue*] aux objets mathématiques une existence en soi, c'est-à-dire indépendante de notre pensée; mais nous ne conclurons à leur existence qu'au moyen d'une construction grâce à laquelle l'objet existant déjà en soi sera reproduit par nous, et ne sera que par là reconnaissable par nous» (p. 6); soit (2b): les objets mathématiques n'existent que comme constructions mentales, ou du moins tient-on pour injustifié tout procédé de démonstration

soulignait qu'un choix (lorsque l'ensemble X est infini) n'était concevable que s'il suivait certaines règles [1]. Poincaré, même s'il n'est pas intervenu directement dans la polémique, partageait le même point de vue, comme le montre sa critique des définitions imprédicatives [2]. Une autre raison, plus technique, recommandait la prudence : les paradoxes ont montré qu'il fallait se méfier de l'évidence d'axiomes comme l'axiome V ou les axiomes de compréhension. C'est ainsi que Russell, pourtant l'archétype du « réaliste », cherchait à limiter au maximum l'usage de l'axiome du choix.

Le grand mathématicien hollandais Luitzen Egbertus Jan Brouwer (1881-1966), dont les travaux, notamment en topologie, ont été fondamentaux [3], s'est très tôt penché sur des questions liées aux fondements des mathématiques [4]. Dans sa thèse (*Over de Grondslagen der Wiskunde*) publiée en 1907, il

---

qui se fonderait sur leur prétendue existence indépendamment de notre connaissance. Heyting identifie ainsi ce qui sépare le « semi-intuitionnisme » de Borel, Lebesgue et Baire (les thèses (1) et (2a)) de l'intuitionnisme de Brouwer (les thèses (1) et (2b)).

1. Sur cette question de la réception de l'axiome du choix, voir G. H. Moore, *Zermelo's Axiom of Choice : Its Origins, Development, and Influence*, Springer-Verlag, New York, 1982.

2. On dit qu'une définition est imprédicative si l'objet défini intervient dans la définition elle-même. Pour des développements plus approfondis sur ce point, voir P. de Rouilhan, *Russell …*, *op. cit.* Soulignons avec Ramsey que toutes les définitions imprédicatives ne sont pas nécessairement dangereuses : caractériser un nombre en disant qu'il est le plus petit élément d'un ensemble, c'est donner une définition imprédicative.

3. Pour une analyse de la relation entre les recherches fondationnelles et les travaux en topologie dans l'œuvre de Brouwer, voir J. Dubucs, « L.J.E. Brouwer : Topologie et constructivisme », *Revue d'histoire des sciences*, 41-2, 1988, p. 133-155.

4. Plusieurs textes de Brouwer sont disponibles en français dans le recueil de J. Largeault, *Intuitionisme et théorie de la démonstration*, Paris, Vrin, 1992.

rejette, comme Lebesgue et Poincaré avant lui, le logicisme et la théorie des ensembles, mais ce rejet est en quelque sorte la conséquence d'une position philosophique plus fondamentale. Selon lui, la connaissance mathématique se fonde entièrement sur des constructions mentales de nature non linguistique et ultimement sur l'intuition du temps. Le langage n'est destiné qu'à donner à autrui les indications nécessaires pour construire une preuve, laquelle est essentiellement une expérience de pensée qui, comme telle, s'effectue toujours en première personne. Aussi a-t-on pu être tenté, au prix de simplifications en partie abusives, de considérer que la particularité de Brouwer n'aurait été au bout du compte que d'avoir lié ce subjectivisme et cet anti-logicisme radical à une critique de la logique classique, notamment de l'usage du principe du tiers exclu (qui stipule que « $p \lor \sim p$ » est toujours vrai). En rapprochant, d'une manière peut-être un peu trop hâtive, les textes philosophiques d'un côté et les textes polémiques dirigés contre la logique classique et le formalisme de Hilbert de l'autre, on aurait ainsi été conduit insensiblement à conforter une image en grande partie faussée de l'intuitionnisme de Brouwer. L'article de Detlefsen traduit ici nous invite à un examen plus approfondi et circonstancié, et sans doute aussi plus exact d'un point de vue historique, en distinguant nettement les mathématiques intuitionnistes que Brouwer s'est employé toute sa vie à élaborer et à perfectionner, de la logique intuitionniste proprement dite qui non seulement n'est pas son œuvre propre – c'est celle de ses successeurs – mais qu'il s'est même toujours refusé à formaliser pour des raisons de principe. Detlefsen récuse donc l'existence d'une continuité naturelle entre les mathématiques et la philosophie des mathématiques intuitionnistes d'une part, et les développements techniques, quelque remarquables qu'ils soient par ailleurs, de la logique intuitionniste d'autre part. Plus encore il voit dans l'exigence d'une caractérisation précise de ce qui fait la différence entre le raisonnement mathématique et le raisonnement logique la source même de l'intuitionnisme de Brouwer. En ce sens, c'est le rôle qui revient à la logique en tant que telle dans l'entreprise mathématique, et non pas à tel ou tel principe de logique particulier, que Brouwer nous enjoint à repenser de fond en comble, sur la base d'une épistémologie spécifique, différente de l'épistémologie classique et que Detlefsen s'attache à déterminer.

Tentons d'être plus précis pour mieux cerner le bien-fondé de cette lecture exigeante et rigoureuse de l'intuitionnisme de Brouwer. Laissons de côté provisoirement les mathématiques intuitionnistes et tournons-nous d'abord vers la logique, et plus particulièrement vers la formalisation de la logique intuitionniste connue aujourd'hui sous le nom d'interprétation BHK (Brouwer-Heyting-Kolmogorov)[1]. Dans la présentation qu'on en donne souvent, on part en effet non des mathématiques intuitionnistes mais de la conception que Troelstra et van Dalen appellent, dans leur livre *Constructivism in Mathematics* (1988), le « constructivisme naïf » et de la notion d'abord assez imprécise de « construction » qui lui est associée. Pour fixer les idées, on met très souvent en exergue l'exemple suivant dans la littérature intuitionniste[2]. Supposons qu'on pose le problème

---

1. Comme nous l'avons dit plus haut, s'il a développé des versions intuitionnistes de l'analyse, Brouwer n'a en revanche jamais cherché à formaliser une logique intuitionniste. C'est son élève Heyting (1930) qui s'est attelé à cette tâche, à laquelle Kolmogorov avait commencé à se consacrer de son côté cinq ans auparavant. L'interprétation BHK est la version unifiée issue de ces différents apports.

2. *Cf.* A. S. Troelstra, « Aspects of Constructive Mathematics », in *Handbook of Mathematical Logic*, J. Barwise (ed.), Amsterdam, North-

suivant : existe-t-il deux nombres irrationnels a et b, tels que a^b soit rationnel ? Le mathématicien classique, admettant le tiers exclu pourrait par exemple raisonner de la sorte : soit $\sqrt{2}^{\sqrt{2}}$ est rationnel, soit il ne l'est pas. Si la première branche de l'alternative est la bonne, alors notre problème est résolu ; car il suffit de poser $a = b = \sqrt{2}$. Si c'est la seconde branche qui est vraie, alors il convient de prendre $a = \sqrt{2}^{\sqrt{2}}$ et $b = \sqrt{2}$, car $(\sqrt{2}^{\sqrt{2}})^{\sqrt{2}} = 2$. Pour le mathématicien classique, ce raisonnement démontre l'existence de deux nombres a, b irrationnels, tels que a^b est rationnel. Mais d'un point de vue constructiviste « naïf », il y a quelque chose qui cloche dans ce raisonnement : on ne construit pas les nombres a et b, et de ce fait on ne sait pas au bout du compte s'il faut poser $a = \sqrt{2}$ ou $a = \sqrt{2}^{\sqrt{2}}$. En général, les énoncés existentiels posent un problème du même type. Ce sont en effet deux choses bien différentes que d'inférer d'une part, en vertu du principe du tiers exclu, une proposition de la forme $\exists x P(x)$ en partant du fait qu'il est faux que $\forall x \sim P(x)$, et de disposer d'autre part d'un procédé qui permette de construire effectivement l'individu x ayant la propriété P. Une preuve d'un énoncé de la forme $\exists x P(x)$ est dite constructive si nous disposons d'un procédé qui nous permette d'extraire de cette preuve un x particulier, un terme de notre langage, qui vérifie P. Aussi les considérations qui relèvent du constructivisme naïf font-elles déjà apparaître, comme le souligne Troelstra[1], la nécessité d'introduire certaines restrictions par rapport aux règles logiques traditionnelles et par suite la nécessité d'une réinterprétation des opérations logiques fondamentales. La logique intuitionniste cherche donc à formaliser les règles

---

Holland Publishing Company, 1977, p. 975 ; A. S. Troelstra, D. van Dalen, *Constructivism …, op. cit.*, p. 7.

1. A. S. Troelstra, « Aspects of Constructive Mathematics », *op. cit.*, p. 977.

d'inférence qui préservent la possibilité d'une construction sous-jacente. L'idée directrice qui guide l'élaboration de l'interprétation BHK consiste à proposer un schéma inductif indiquant comment les constructions associées aux propositions composées peuvent être formées à partir des constructions associées aux propositions simples, conformément à certains présupposés relatifs à la compositionnalité de ces constructions[1]. En contestant fermement la plausibilité de ces présupposés, Detlefsen montre que la logique intuitionniste ne met en œuvre qu'une notion idéalisée et schématisée de construction, ou encore construit un calcul où l'on opère, non pas sur les constructions intuitionnistes elles-mêmes, mais sur leurs représentations syntaxiques. En ce sens, la philosophie des mathématiques propre à l'intuitionnisme historique de Brouwer doit être scrupuleusement distinguée, selon Detlefsen, du courant philosophique ultérieur qui, de Dummett[2] à Martin-Löf[3] et Sundholm[4], interprète l'intuitionnisme à partir du crible de la logique, en l'infléchissant dans le sens d'une théorie de la signification renouvelée et d'une sémantique dans laquelle ce sont les règles syntaxiques qui fixent le sens des constantes logiques (*proof-theoretic*

1. *Cf.* M. Detlefsen, « Brouwerian Intuitionism », *Mind*, 99, 1990, p. 525-526 (trad. ici p. 309-311), pour une présentation et une critique de l'interprétation BHK.

2. « The philosophical basis of intuitionistic logic », *in* J. Shepherson, H. E. Rose (eds), *Logic Colloquium '73*, Amsterdam, North-Holland, 1975, p. 5-40. Repris dans P. Benacerraf, H. Putnam, *op. cit.*, 2ᵉ éd., 1983, p. 97-129.

3. « On the Meanings of the Logical Constants and the Justification of the Logical Laws », *Atti Degli Incontri di Logica Matematica*, II, Université de Sienne, Italie, 1983, p. 203-281; « Truth of a Proposition, Evidence of a Judgement, Validity of a Proof », *Synthese*, LXXIII, 1987, p. 407-420.

4. « Constructions, Proofs, and the Meanings of the Logical Constants », *Journal of Philosophical Logic*, XII, 1983, p. 151-172.

semantics), et non plus à partir d'une épistémologie constructiviste.

C'est donc à la question de ce qui constitue en propre une connaissance mathématique qu'il faut revenir si l'on veut comprendre la signification de l'intuitionnisme de Brouwer. C'était déjà, souligne Detlefsen, l'une des préoccupations essentielles de Poincaré que de faire droit à l'idée que le raisonnement mathématique suppose la saisie de «ce je ne sais quoi qui fait l'unité de la démonstration». En ce sens, on ne comprend pas davantage une preuve mathématique pour en avoir décomposé les étapes en une simple concaténation d'opérations logiquement élémentaires qu'on ne comprend une partie d'échecs lorsque l'on sait les règles et la marche des pièces. Il y faut autre chose. Mais quel est alors cet ingrédient supplémentaire qui conditionne l'accès à l'intelligence des preuves? C'est moins du côté des contenus de connaissance qu'il faut chercher ici le facteur discriminant que du côté de la modalité même de la connaissance. En ce sens, il y a une différence entre la condition épistémique de qui raisonne en mathématicien et la condition épistémique de qui raisonne en simple logicien. L'épistémologie classique se caractérise traditionnellement par l'idée que les contenus, une fois acquis, priment en quelque manière sur les modalités de la connaissance qui nous a permis de les acquérir. Il en résulte une certaine conception (classique) de l'inférence comme ce qui nous permet d'étendre notre connaissance au-delà des limites étroites de ce dont nous avons une intuition ou une connaissance directe. Mais l'opération a un coût, car nous ne connaissons pas ce que nous déduisons logiquement de la même manière que nous connaissons les prémisses dont nous partons. L'extension de notre connaissance s'accompagne d'une altération de sa modalité épistémique. Sommes-nous

disposés à payer ce prix ? Ce que Detlefsen appelle l'« épistémologie brouwérienne » procède fondamentalement de l'idée
qu'il n'y a pas lieu de faire pareille concession. Selon Brouwer,
la connaissance mathématique est indissociable d'une forme
d'expérience des contenus mathématiques, essentiellement
liée à l'activité de construction mentale de ces contenus.
Renoncer à cette modalité épistémique n'est donc pas possible
sans renoncer du même coup au caractère proprement mathématique de la connaissance. Pour l'intuitionnisme, les process-
sus mentaux à l'œuvre dans les mathématiques sont foncière-
ment distincts des processus de nature linguistique et ont leur
origine dans la perception du changement temporel. Mais
Brouwer ne s'en tient pas là, loin s'en faut. Tout l'enjeu, et
l'attrait de sa démarche, a consisté à articuler précisément et
rigoureusement cette philosophie des mathématiques à une
forme de création mathématique originale. On comprend dès
lors toute l'importance de l'enjeu. Comment élaborer un
concept de continu mathématique qui à la fois prolonge l'expérience fondamentale du flux temporel et permette de développer les mathématiques conformément aux principes philosophiques de l'intuitionnisme ? Brouwer réussit ce tour de
force grâce au concept de suites de choix [1].

   Ainsi l'« épistémologie brouwérienne » devait prendre
corps dans des mathématiques intuitionnistes, consacrant
du même coup – pour ainsi dire pratiquement – le primat des
mathématiques sur la logique. Si, comme l'écrit l'un des
interprètes contemporains de l'intuitionnisme, « la découverte

---

1. Nous renvoyons le lecteur qui souhaiterait approfondir cet aspect de
l'intuitionnisme de Brouwer à la dernière section, plus technique, de cette
introduction.

des suites de choix nous impose une logique non classique »[1], la logique intuitionniste est essentiellement secondaire par rapport aux mathématiques intuitionnistes proprement dites. En choisissant de détacher la logique des mathématiques, on ne ferait en effet de la logique intuitionniste qu'une simple codification extérieure de principes constructivistes abstraits censés valoir par eux-mêmes indépendamment des contraintes internes aux mathématiques du continu dont elle était à l'origine censée proposer une schématisation. D'une manière somme toute fidèle au développement historique de l'intuitionnisme de Brouwer, Detlefsen souligne ainsi qu'un calcul logique en général n'est au mieux qu'un « dispositif instrumental » permettant d'indiquer les propositions à démontrer, mais qu'il ne saurait suppléer les démonstrations en première personne que seules les constructions mathématiques effectives peuvent fournir. À la différence de la logique classique, la logique intuitionniste n'est toutefois pas dénuée de toute « valeur épistémique ». Certes, comme le montre notre auteur (cf. *infra*, p. 302-304), la logique classique est à la fois *incorrecte*, puisqu'elle « indique » des propositions pour lesquelles il n'existe en réalité aucune expérience démonstrative d'un point de vue intuitionniste, et *incomplète*, puisqu'elle échoue à en « indiquer » d'autres en revanche pour lesquelles une telle expérience démonstrative existe, comme par exemple le théorème de continuité uniforme d'une fonction réelle de variable réelle. Mais à l'inverse, la logique intuitionniste peut être envisagée comme un instrument approprié d'identification

1. A. S. Troelstra, « On the Origin and Development of Brouwer's Concept of Choice Sequence », *in* A.S. Troelstra, D. van Dalen (eds), *The L. E. J. Brouwer Centenary Symposium*, Amsterdam, North-Holland, 1982, p. 475.

des propositions susceptibles d'une justification intuitionniste, et si elle peut jouer ce rôle, c'est précisément parce qu'elle s'est développée comme une explicitation de contraintes internes aux mathématiques des suites de choix.

On pourrait néanmoins s'interroger sur le statut de la formalisation dans les mathématiques intuitionnistes, et par suite mettre en question le bien-fondé d'une distinction, supposée préalable, voire catégoriale, entre constructions mathématiques et représentation logique de ces constructions. C'est sans doute là l'un des présupposés de l'approche de Detlefsen qu'il conviendrait de mettre en perspective. L'histoire de l'intuitionnisme montre en effet clairement que l'élaboration de formalismes pour modéliser les mathématiques intuitionnistes a constitué le moyen privilégié permettant de clarifier certaines des intuitions philosophiques et mathématiques (souvent cryptiques) de Brouwer. Dans cette veine, John Myhill par exemple arguait de la postérité de l'intuitionnisme pour contester le bien-fondé du rejet par Brouwer lui-même de toute formalisation, en soulignant que « l'échec des formalismes existants à capturer toutes les subtilités de sa pensée n'est pas une preuve de l'inadéquation des formalismes (…) mais plutôt un défi qui nous est lancé pour que nous trouvions des formalismes plus flexibles et plus raffinés que ceux qui ont été trouvés jusqu'ici »[1]. Malgré les difficultés rencontrées, les tentatives de formalisation-interprétation des mathématiques intuitionnistes, et en particulier l'élaboration d'une notion formelle satisfaisante de « suite de choix », ont contribué,

---

1. « Formal Systems of Intuitionistic Analysis, I », in *Logic Methodology and Philosophy of Science* III, B. van Rootselaar, J. F. Staal, (eds.), North Holland Publishing Company, Amsterdam, 1968, p. 162.

parmi bien d'autres facteurs[1], à estomper l'image, qui prévalait dans les années trente, d'un champ de recherches scindé par une ligne de démarcation tranchée entre intuitionnisme et formalisme, au profit d'un jeu d'influences croisées et réciproques[2].

COMPLÉMENT SUR LE CONSTRUCTIVISME MATHÉMATIQUE DE BROUWER : LES SUITES DE CHOIX

Dans cette dernière section, nous nous proposons de préciser les analyses précédentes en donnant les éléments de contextualisation qui permettront de mieux apprécier les relations entre mathématiques intuitionnistes et logique intuitionniste, en explicitant notamment le concept central de « suites de choix » qui sous-tend la conception brouwérienne du continu mathématique. Cette section qui s'adresse aux lecteurs ayant déjà des connaissances mathématiques et qui souhaiteraient approfondir ces questions, peut être omise par les autres.

Bien qu'elle constitue le pivot de l'intuitionnisme de Brouwer, la notion de construction mathématique concrète n'est cependant nulle part explicitement définie. Ni Brouwer, ni Heyting ne la caractérisent avec précision. Il convient donc de revenir aux mathématiques elles-mêmes pour mieux cerner

---

1. Cf. en particulier l'importance dans ce contexte de l'interprétation, dite *Dialectica*, de l'arithmétique intuitionniste due à Gödel en 1958 (« Über eine bisher noch nicht benützte Erweiterung des finiten Standpunktes », *Dialectica*, 12, p. 280–287. Réédition avec une traduction anglaise dans Gödel (1990), 240-251. Traduction française dans Largeault (1992), p. 501-507); *cf.* J. Avigad, S. Feferman, « Gödel functional ("Dialectica") interpretation », *in* S. Buss, *Handbook of Proof Theory*, Elsevier, Amsterdam, 1995.

2. Sur le programme de Hilbert et sa postérité, nous renvoyons à la section 5 du second tome.

le sens de ce qui doit être considéré comme une construction admissible. L'intuitionniste est guidé par l'exigence de rendre compte positivement de certains phénomènes d'indétermination inhérents à l'activité et à la connaissance mathématique. Prenons un exemple. Est-il possible d'ordonner totalement l'ensemble des nombres réels ? Peut-on même toujours comparer deux nombres réels individuels ? L'intuitionniste prend au sérieux le fait qu'on puisse définir deux nombres réels qui coïncident aussi loin qu'on s'avise de pousser leurs développements décimaux respectifs, mais pourraient bien diverger par la suite. Ce qui conduit à un phénomène typique de dissociation des notions, car il convient désormais de distinguer la relation d'« écartement » de l'« égalité » traditionnelle. Si l'on envisage un nombre réel comme une suite d'intervalles emboîtés d'extrémités rationnelles, on dira que « le nombre réel a est *écarté* du nombre réel b », ce qu'on notera $a \mathbin{\#} b$, si, quelles que soient les deux suites d'intervalles emboîtés choisies pour ces deux nombres, l'on peut déterminer un rang à partir duquel les intervalles respectifs sont disjoints. On remarque alors que l'on a l'implication dans un sens, $a \mathbin{\#} b \rightarrow a \neq b$, mais pas dans l'autre, et que donc il y a des nombres réels a dont on ne sait pas si $a = 0$ ou $a \neq 0$. « Pour qu'il puisse parler de manière sensée d'un objet mathématique », note Carl Posy, « un mathématicien doit être capable d'indiquer l'objet en question – pointer dans sa direction en quelque sorte – et selon Brouwer, c'est seulement en se référant au processus qui engendre un tel objet que nous pouvons rendre cette individuation intuitive »[1]. La notion due à Brouwer de « suite de choix » est à cet égard fondamentale, pour autant que les suites de choix

1. Carl J. Posy, 1974, « Brouwer's constuctivism », *Synthese* 27, 137.

permettent l'individuation des objets tout en préservant leur indétermination foncière en tant qu'ils sont progressivement engendrés par un processus en cours de déploiement.

Si l'on cherche à retracer l'histoire des suites de choix, il convient de distinguer plusieurs étapes, par lesquelles Brouwer se démarque progressivement de la conception du continu de Borel pour en venir à accepter les suites de choix non seulement comme quelque chose d'admissible d'un point de vue intuitionniste, mais même comme le moyen d'élaborer une théorie satisfaisante du continu. Selon Troelstra[1], c'est entre 1914 et 1917 que l'inflexion s'opère, car c'est pendant cette période que Brouwer passe d'une conception « holistique », selon laquelle le continu est saisi comme un tout par intuition directe, à une conception « analytique » selon laquelle le continu est au contraire déterminé par les suites de choix et la manière dont elles sont données. Borel considérait en effet que le continu nous est donné par « intuition géométrique », mais qu'un nombre réel n'existe que s'il est calculable, c'est-à-dire si on peut en donner une approximation au moyen des rationnels avec un degré de précision arbitrairement choisi[2]. Une définition arithmétique du continu à partir des rationnels est donc impossible selon lui, parce que le continu ne saurait être épuisé par quelque énumération dénombrable que ce soit de nombres réels calculables (du fait de l'argument diagonal de Cantor). Si Borel lie cette hypothétique notion arithmétique

1. A. S. Troelstra, « On the Origin and Development of Brouwer's Concept of Choice Sequence », *in* A.S. Troelstra, D. van Dalen (eds), *The L. E. J. Brouwer Centenary Symposium*, *op. cit.*, p. 465-486.
2. Cf. E. Borel, « Les "paradoxes" de la théorie des ensembles », *Annales scientifiques de l'ENS*, 3ᵉ série, tome 25, 1908, p. 443-448 ; repris dans *Œuvres* 3, CNRS, Paris, 1972, p. 1271-1276.

complète du continu à la question de «la légitimité d'une
infinité dénombrable de choix successifs et arbitraires»[1], il
exprimait toutefois les mêmes réserves eu égard aux *fonctions
de choix* stipulées par l'axiome du choix qu'eu égard aux *suites
de choix* qui seraient requises par une interprétation arithmétique du continu. Les unes comme les autres semblent avoir
une sorte d'existence indépendante, mais on ne peut ni les
exhiber ni les décrire complètement. Par conséquent, écrit
Troelstra (*Ibid.*, p. 468), «une suite donnée par une infinité de
choix successifs est quelque chose qui se distingue [*chez
Borel*] par une qualité négative, le manque de quelque chose : il
n'y a pas de loi qui la décrive, pas de définition explicite qui la
singularise». Tout en concevant, comme Borel avant lui, le
continu comme un tout qui ne nous est donné que par intuition,
Brouwer commence néanmoins à explorer la structure de ce
continu dès ses premiers travaux (1907-1914), en distinguant
différentes cardinalités possibles qui correspondent aux différentes manières d'engendrer des ensembles de points du
continu. Mais ce n'est que dans la période suivante (1914-
1919) que les suites de choix deviennent un objet sui generis :
Brouwer entre alors pleinement en possession du concept
de «déploiement» [*spread*][2] dont les éléments sont les
suites de choix. Brouwer, en 1918, substitue ainsi au concept

---

1. *Cf.* E. Borel, « Sur les principes de la théorie des ensembles », *Atti del IV
Congresso Internazionale dei Matematici*, Roma, 1909, repris dans *Œuvres* 3,
p. 1267-1269.
2. La littérature intuitionniste contemporaine est pour l'essentiel de langue
anglaise. Nous nous appuyons cependant sur la traduction française de
Mathematische Grundlagenforschung. Intuitionismus. Beweistheorie, Berlin,
Springer, 1934, de A. Heyting sous le titre *Les fondements des mathématiques.
Intuitionnisme et théorie de la démonstration*, Paris, Gauthier-Villars, 1955,
pour retenir le terme français de « déploiement » pour *spread*.

d'ensemble qui prévalait dans sa thèse (1907), un *nouveau* concept de *Menge* (nommé plus tard *spread*), conçu comme la totalité engendrée par les suites de choix[1]. À la différence, de Borel, Brouwer considère donc désormais les suites de choix comme quelque chose de positif qui correspond à une notion primitive et dont le mode de donation et les déterminations éventuelles permettent de caractériser le continu[2]. La perspective devient ainsi « analytique ».

Mais que sont au juste les suites de choix et comment peut-on en tirer parti ? Pour fixer les idées, disons qu'on a affaire à une suite de choix quand une suite est engendrée par une succession de choix arbitraires d'un objet dans une classe d'objets donnée, par exemple une série de coups de dés, ou une succession d'entiers naturels choisis au hasard

$$3,$$
$$3, 121,$$
$$3, 121, 37,$$
$$\text{etc.,}$$

de sorte que, par définition, nous ne connaissons à chaque étape qu'un segment initial de la suite de choix. L'originalité de Brouwer est d'avoir su discerner toute la portée épistémologique de cette propriété. « Il est clair maintenant », précise Heyting (1955, *op. cit.*, p. 24), « que la suite de choix n'est pas définie de manière à remplacer l'objet mathématique isolé,

---

1. Cf. « Begründung der Mengenlehre unabhängig vom logischen Satz vom ausgeschlossenen Dritten. Erster Teil : Allgemeine Mengenlehre », *Verhandelingen der Koninklijke Akademie van wetenschappen te Amsterdam*, 12 (5), 1918.

2. On peut suivre cette transition dans les notes de cours de Brouwer sur la théorie des ensembles de points, *cf.* A.S. Troelstra, « On the origin… », *op. cit.,* p. 471. Dans ces notes, Brouwer prouve en particulier le caractère dénombrable du continu au moyen d'un argument de continuité.

mais la totalité, l'ensemble. Tandis que le nombre réel isolé est donné par une suite conforme à une loi, le continu est donné par la suite de choix dont la liberté n'est limitée que par la condition de convergence. » Comme le montre Parsons[1] (1967), le concept de « déploiement » [*spread*] permet en effet de tirer parti des suites de choix pour élaborer une théorie du continu satisfaisante du point de vue intuitionniste. Toute la difficulté consiste à élaborer un concept du continu mathématique qui ne procède pas de la simple juxtaposition de points indépendants les uns des autres. Si chaque « point du continu » est envisagé comme une suite d'intervalles emboîtés de la forme

$$I_{mn} = \left[\frac{m}{2^n}, \frac{m+2}{2^n} \right],$$

il s'agit donc de tenir compte dans la définition du continu de l'indétermination, au delà d'un rang donné quelconque, de chaque série d'intervalles emboîtés, de sorte que les séries qui ne divergent qu'au delà de ce rang, soient provisoirement tenues pour indiscernables. Selon la modélisation proposée par Parsons, le continu de Brouwer peut être défini comme l'« ensemble » ou le « déploiement » de ces « points du continu » de la manière suivante. Soit une énumération arbitraire des paires de nombres naturels, π_1, π_2 ..., on définit les deux entiers naturels $\rho_1(n)$ et $\rho_2(n)$ tels que si $\pi_i = \langle r, s \rangle$, l'on ait $r = \rho_1(i)$ et $s = \rho_2(i)$. On établit alors une correspondance entre suites de choix et intervalles emboîtés, en posant (1) que

1. Présentation de Brouwer (1927), « On the domains of definition of functions » *in* J. van Heijenoort, *From Frege to Gödel: A Source Book in Mathematical Logic (1879–1931)*, Cambridge (MA), Harvard University Press, 1967.

n'importe quelle suite $\langle n \rangle$ de longueur 1 est admissible[1] et qu'on lui associe l'intervalle $I_{\rho_1(n)\rho_2(n)}$; (2) que si $\langle a_1, ..., a_n \rangle$ est admissible (où $a_1, ..., a_n$ sont des entiers naturels), et si l'intervalle I_{rs} lui correspond, alors $\langle a_1, ..., a_n, b \rangle$ est admissible si et seulement si

$$\frac{r}{2^s} < \frac{\rho_1(b)}{2^{\rho_2(b)}} < \frac{\rho_1(b)+2}{2^{\rho_2(b)}} < \frac{r+2}{2^s} \ (*);$$

et l'on fait alors correspondre l'intervalle $I_{\rho_1(b)\rho_2(b)}$ à la suite $\langle a_1, ..., a_n, b \rangle$. Dans un *spread*, la liberté de choix n'est donc pas totale, mais limitée par une loi donnée d'avance, une « loi de déploiement »[2], ici la condition (*) qui garantit l'emboîtement strict des intervalles, et par suite la convergence. Toutefois, les suites de choix laissent indéterminée la manière dont à chaque étape le nouvel intervalle est contenu dans le précédent.

D'une manière générale, « l'utilisation des suites de choix en mathématiques est fondée sur la possibilité d'établir des coordinations entre des suites de choix. La suite β peut être coordonnée à la suite α par le fait que chaque choix de β peut être défini au moyen d'un segment initial de α. »[3] Des

---

1. La longueur du segment initial de la suite correspond aux nombres de choix effectués à ce stade. Ainsi la longueur de la suite $\langle a_1, ..., a_n \rangle$ est l'entier n, et une suite de longueur 1 est une suite qui n'est composée que d'un entier naturel, c'est-à-dire une suite $\langle n \rangle$ où n est un entier naturel.

2. Plus généralement, un *spread* est donné par (1) une méthode pour déterminer un sous-arbre (dont toutes les branches sont infinies) de l'arbre universel qui consiste en toutes les suites finies de nombres naturels, c'est-à-dire une loi qui caractérise les suites finies de nombres naturels qui sont considérées comme admissibles pour le *spread* en question ; et (2) une méthode pour assigner d'autres objets mathématiques aux nœuds de ce sous-arbre [dans le cas ci-dessus du *spread* du continu, ce sont des intervalles à extrémités rationnelles].

3. Voir Heyting, *Les fondements...*, *op. cit.*, 1955, p. 24.

coordinations de ce type permettent non seulement de définir les opérations usuelles de calcul, mais aussi de démontrer certaines propriétés du continu intuitionniste. Brouwer, en 1927[1], démontre ainsi que toutes les fonctions réelles de la variable réelle sont continues[2] en s'appuyant sur certaines propriétés de continuité des suites de choix. Supposons qu'une fonction réelle de la variable réelle soit définie sur le *spread* unité [0,1] et prenne aussi ses valeurs dans le *spread* unité. Pour pouvoir être définie partout, la fonction doit être telle que les approximations de l'argument soient suffisantes pour qu'on puisse calculer une approximation correspondante de la valeur de la fonction avec le degré de précision requis. Mais puisque la structure de *spread* associe des suites de choix aux suites d'intervalles emboîtés qui fournissent ces approximations, il faut qu'un certain segment initial de la suite de choix qui détermine l'argument suffise à calculer le premier terme de la suite de choix qui détermine la valeur de la fonction, qu'un certain segment initial plus étendu de l'argument suffise à calculer le second terme de la suite de choix qui donne la valeur de la fonction, et ainsi de suite. En d'autres termes, toute fonction définie sur le *spread* unité est nécessairement uniformément continue. Le principe fondamental sous-jacent à cette propriété est ce que dans la littérature intuitionniste on appelle un « principe de continuité » : une fonctionnelle $\Phi : N^N \rightarrow N$ qui associe à toute suite de choix un

1. « Über die Definitionsbereiche von Funktionen », *Mathematische Annalen* 97, 1927, 60-75. Traduction anglaise « On the domains of definition of functions », dans van Heijenoort, *op. cit.*, p. 446-463.

2. Notons qu'il s'agit d'une notion spécifique de continuité, bien différente de la notion de continuité habituelle dans les mathématiques classiques. En mathématiques intuitionnistes, la notion classique de continuité d'une fonction réelle de la variable réelle en un point déterminé n'a par exemple plus cours.

entier naturel est dite totale, c'est-à-dire définie partout, si elle ne calcule l'entier naturel associé à la suite de choix α que sur la base d'un segment initial de cette suite, de sorte que Φ donnerait la même valeur, *i.e.* le même entier naturel, pour toute autre suite de choix β, de même segment initial que α. C'est donc une propriété de continuité au sens d'une topologie très particulière[1]. Pour être en mesure d'établir rigoureusement ce théorème de continuité uniforme, Brouwer est alors conduit à démontrer le théorème de barre induction (*bar theorem*)[2], et son corollaire pour les *spread* finitaires, le théorème de l'éventail (*fan theorem*).

Si les propriétés mathématiques des suites de choix permettent de préciser la notion intuitive de construction, les développements qui relèvent du courant intuitionniste témoignent d'une telle diversité que l'on peut légitimement se poser la question de savoir s'il est possible d'espérer un jour clarifier complètement le sens de cette notion, telle que Brouwer la

1. Rappelons qu'en topologie générale, une application est continue si l'image inverse d'un ouvert est un ouvert, ou encore en termes de bases, si l'image inverse d'un élément de base est une union d'éléments de base. Ici, la fonctionnelle $\Phi : N^N \to N$ est continue, au sens où l'on prend la topologie discrète pour N et la topologie dont les ouverts sont les ensembles de suites de choix de même segment initial pour N^N. Pour une présentation formelle détaillée, *cf.* A. S. Troelstra, D. van Dalen, *Constructivism...*, *op. cit.*, p. 188.

2. Pour chaque suite de choix α, il y a un segment initial $\bar{\alpha}n = <a_1, ..., a_n>$ à partir duquel on peut calculer la valeur de la fonctionnelle $\Phi : N^N \to N$, et tous les segments qui le prolongent permettent aussi ce calcul. On peut donc distinguer les segments initiaux de α qui suffisent à calculer $\Phi(\alpha)$ et ceux qui n'y suffisent pas. L'idée directrice de la démonstration du théorème de barre induction consiste alors en substance à construire un bon ordre sur l'ensemble des suites d'entiers naturels de manière à démontrer certaines propriétés inductives de ces familles de segments initiaux de façon à en tirer la propriété de continuité. Pour un traitement formel, *cf.* A.S. Troelstra et van Dalen, *Constructivism...*, *op. cit.*, 1988.

concevait. Selon Troelstra, « l'histoire des suites de choix "après Brouwer" est en grande partie l'histoire d'une analyse toujours plus rigoureuse de ce concept, laquelle ne révèle pas un concept unique, mais une large variété de concepts possibles »[1]. La formalisation rigoureuse des arguments de continuité et des propriétés des suites de choix conduit en effet à introduire des quantificateurs sur les suites de choix, alors même que, comme le note Parsons (*op. cit.*, p. 451), le sens qu'il conviendrait de donner à une telle quantification demeure assez vague chez Brouwer. Si l'on note les suites de choix par des lettres grecques minuscules et les entiers naturels par des lettres latines minuscules, le fait que la valeur de la fonctionnelle $\Phi : N^N \to N$ ne dépende que d'un segment initial s'écrit en effet

$$\forall \alpha \exists x \forall \beta \in \bar{\alpha} x (\Phi \beta = \Phi \alpha)$$

où $\bar{\alpha} n$ est l'entier naturel formé de la concaténation des entiers du segment initial $\bar{\alpha} n = <a_1, \ldots, a_n>$, et $\beta \in m$ signifie que l'entier naturel m est segment initial de la suite β. En combinant cette propriété avec un principe de choix du type suivant

$$\forall \alpha \exists x A(\alpha, x) \to \exists \Phi \in N^N \to N \forall \alpha A(\alpha, \Phi \alpha)$$

on est conduit à ce qu'on appelle dans la littérature intuitionniste le schéma de continuité faible, ou de continuité locale pour les nombres[2]

---

1. « Analyzing Choice Sequences », *Journal of Philosophical Logic* 12, 1983, 197-260, p. 248, et section 12.6, p. 249-250, pour un parallèle éclairant entre l'histoire de la hiérarchie cumulative des ensembles et l'histoire des suites de choix.

2. *Cf.* par exemple A.S. Troelstra, D. van Dalen (eds), *Constructivism…*, *op. cit.*, chapitre 4, section 6.

WC-N $\forall \alpha \exists x A(\alpha,x) \to \forall \alpha \exists x \exists y \forall \beta \in \bar{\alpha}x A(\beta,y)$

Brouwer s'était contenté d'affirmer ce principe, et Troelstra est l'un des premiers à avoir souligné la nécessité d'en donner une justification satisfaisante, ce que van Atten et van Dalen (2002) se proposent de faire à partir de considérations phénoménologiques[1].

Plus généralement, Troelstra juge « trop rudimentaire » le concept de suite de choix de Brouwer, et c'est pour cette raison, prétend-il, que non seulement « nous ne pouvons pas espérer avoir une unique interprétation cohérente de tous les passages où Brouwer traite des suites de choix ... [*mais qu'en outre*] nous ne pouvons pas échapper au fait qu'"interpréter Brouwer" signifie inéluctablement "interpréter Brouwer à la lumière des connaissances présentes" »[2]. La difficulté qu'il y a à reconstruire les arguments originaux du mathématicien hollandais tient en effet en grande partie au fait que « pour Brouwer, l'univers des suites de choix était d'une riche variété, il contenait à la fois des "suites plus ou moins arbitrairement choisies" et des suites *lawlike* [*i.e. des suites conformes à une*

---

1. Il s'agit plus précisément pour eux de proposer une justification de l'argument de continuité faible en appliquant le principe husserlien de corrélation noético-noématique aux suites de choix, lequel stipule que la manière dont un objet nous est donné est parallèle à la structure d'actes correspondant à l'intentionalité par laquelle nous visons cet objet; cf. Van Atten et van Dalen, « Arguments for the continuity principle », *The Bulletin of Symbolic Logic* 8 (3), 2002, p. 335. Dans cette même veine, van Atten, dans son *Brouwer meets Husserl, On the phenomenology of choice sequences* (Springer, 2007) défend l'idée que la phénoménologie de Husserl donne les moyens d'une justification des suites de choix comme objets mathématiques.

2. A. S. Troelstra, « Analyzing... », *op. cit.*, p. 246. Sur les différentes manières de formaliser, et donc d'interpréter, la démonstration du théorème de continuité uniforme, cf. A. S. Troelstra, « On the origin... », *op. cit.*, p. 476-479.

loi ou complètement déterminées par un algorithme]. Il envisageait pour ainsi dire, un spectre continu de liberté de choix, allant des suites complètement libres aux suites complètement déterminées »[1]. Or s'il y a une telle hétérogénéïté dans la composition du continu, rien ne garantit, comme le souligne Troelstra, que dans cette « jungle »[2] de types de données possibles pour les suites de choix, on puisse isoler de manière significative des sous-domaines sur lesquels on puisse quantifier.

À cet égard, on peut noter une évolution chez Brouwer. Dans un premier temps, il ne dit rien concernant la gamme des restrictions possibles qui pourraient être imposées aux suites de choix pour les rendre propres aux constructions intuitionnistes. Il se contente de construire l'analyse intuitionniste en utilisant les propriétés générales des suites de choix mais sans faire référence à la manière dont elles pourraient être concrètement engendrées, ce qui lui permet d'éviter d'introduire un élément intensionnel[3] dans les mathématiques. Toutefois, dès la seconde moitié des années vingt, Brouwer introduit l'idée de restrictions d'ordre supérieur imposées aux suites de choix[4]. Traditionnellement, on distingue en effet dans la littérature intuitionniste les restrictions de premier ordre et les restrictions d'ordre supérieur qui seules sont de nature intensionnelle. Les premières portent sur les valeurs admissibles susceptibles d'être choisies à chaque étape du déploiement; elles se présentent sous la forme de « lois de déploiement » du

---

1. M. van Atten, D. van Dalen, *op. cit.*, p. 330.
2. A. S. Troelstra, « Analyzing… », *op. cit.,* p. 202.
3. *Cf.* Posy, « Brouwer's… », *op. cit.*, p. 139.
4. La première mention de telles restrictions d'ordre supérieur apparaît sous la plume de Brouwer dans une lettre à Heyting de juin 1924 qu'analyse et commente Troelstra (« On the origin… », *op. cit.*, p. 472).

type de celle qui définit le *spread* du continu, à savoir le fait que les intervalles successifs doivent être emboîtés pour garantir la convergence. Les secondes en revanche regroupent les restrictions qui à chaque étape du déploiement des suites de choix peuvent limiter la liberté de choix en modifiant par exemple les lois de déploiement en fonction d'une information mathématique disponible à ce stade, voire arbitrairement, ce qui justifie leur dénomination de restrictions d'«ordre supérieur». Dans la préparation de ses leçons de Berlin de 1927, Brouwer précise comment pourrait s'opérer cette modulation des restrictions d'ordre supérieur, en référant pour la première fois explicitement à la possibilité de faire dépendre les suites de choix des actes ou des expériences d'un mathématicien idéalisé[1]. Mais comment alors donner forme à ce qui se présenterait nécessairement comme une hiérarchie de restrictions d'ordre supérieur, de façon à élaborer un concept mathématique praticable de suite de choix ? Il semble que, comme l'indique Troelstra, Brouwer ait émis des doutes sérieux, dès la fin des années quarante, quant à la légitimité de telles restrictions d'ordre supérieur, en soupçonnant que leur admission pourrait ne conduire qu'à d'inutiles complications.

Dans le même temps apparaissent les premiers arguments qui reposent sur ce qu'on a appelé « l'exploitation solipsiste » du mathématicien idéalisé[2]. Brouwer a souvent changé d'avis

---

1. Cf. *ibid.*, p. 473.

2. *Cf.* A. S. Troelstra («On the origin…», *op. cit.,* p. 474), pour une appréciation de ce qui constitue le noyau mathématiquement pertinent de cette doctrine : « l'élément *nouveau* principal dans l'exploitation solipsiste n'est pas tant le fait de penser que l'activité de IM [«*idealized mathematician*»] se déploie en une suite dénombrable de stades discrets, ni même la construction des objets mathématiques par référence à ces stades, que le fait qu'on utilise du même coup comme *instrument mathématique* l'intuition que *toute* l'activité

sur ces questions et plusieurs interprétations se sont opposées qui prétendaient traduire fidèlement sa pensée. À cet égard, Myhill distingue en première approche deux grandes orientations : (1) ceux qui, comme Kleene et le premier Kreisel acceptent la notion de suite de libres choix « pour autant qu'elle est totalement libre et seulement restreinte *mathématiquement* (c'est-à-dire non sujette aux aventures du "sujet créateur") », ce qui les conduit à « réléguer les arguments historiques de Brouwer dans le domaine du mystique »; et (2) ceux qui, comme Kripke, le dernier Kreisel, Myhill lui-même (et l'on pourrait ajouter Posy qui développe dans la lignée de Myhill une théorie des suites empiriques[1]), « semblent avoir accompagné Brouwer tout du long en prenant au sérieux son introduction du sujet créateur dans les arguments mathématiques »[2]. Mais Troelstra « dialectise » en quelque sorte ces différentes tentatives de formalisation des idées de Brouwer en en faisant les moments d'une même histoire procédant par essais et corrections : l'histoire de l'axiomatisation progressive des suites de choix[3]. La méthode qui mène ainsi du concept informel aux axiomes peut être, selon lui, caractérisée comme une sorte de « rigueur informelle », dans la mesure où nous sommes conduits à « analyser nos concepts aussi

---

mathématique est déployée dans ces différents stades et que par conséquent, pour que IM juge que quelque chose est vrai, il faut que ce quelque chose soit établi à un certain stade. »

1. « Brouwer's constuctivism », *Synthese* 27, 1974, 125-159; « Varieties of Indeterminacy in the Theory of General Choice Sequences », *Journal of Philosophical Logic* 5, 1976, 91-132; « The Theory of Empirical Sequences », *Journal of Philosophical Logic* 6, 1977, 47-81.

2. J. Myhill, « Formal ... », *op. cit.,* p. 161.

3. *Cf.* A. S. Troelstra, « Analyzing... », *op. cit.*, p. 249-250; Troelstra, « Choice Sequences and Informal Rigour », *Synthese* 62, 1985, p. 218.

précisément que possible et à proposer les axiomes ou les définitions comme autant de conclusions tirées de notre analyse »[1].

Dans le droit fil de l'approche « analytique » initiée par Brouwer, il nous faut donc, selon Troelstra, poursuivre l'entreprise d'axiomatisation, grâce à certaines idéalisations (justifiées) qui permettent le traitement mathématique : on commence par fixer un concept clair de suite de choix dont on puisse donner une définition mathématique dénuée de toute ambiguïté, puis on cherche à déterminer les axiomes qui régissent les propriétés de continuité du type $\forall\alpha\exists x$ pour l'univers de suites de choix qu'on a ainsi choisi, de sorte que certaines propriétés de clôture pour un ensemble d'opérations continues non triviales soient garanties. Le concept le plus simple de suite de choix, qui constitue de ce fait le point de départ naturel, est le concept de « *lawless sequence* » [*i.e.* le concept d'une suite de choix complètement indéterminée], développé par Kreisel en 1968. Mais la construction d'autres types de suites de choix est rendue nécessaire par l'exigence de développer les mathématiques intuitionnistes[2], et cet ajustement du concept formel de suite de choix induit du même coup un refaçonnage des axiomes.

---

1. *Ibid.*, p. 219.
2. *Cf.* A. S. Troelstra, « Analyzing… », *op. cit.*, p. 216 ; Troelstra dans son article de 1985 montre ainsi par exemple la nécessité de distinguer les « *proto-lawless sequences* » [PLS] (qui sont totalement indéterminées dès le premier choix) et les « *lawless sequences* » [LS] (qui peuvent en outre admettre un segment initial fixé à l'avance et n'être donc réellement indéterminées qu'à partir d'un certain rang), pour autant que l'axiome dit de « densité », qu'un argument de rigueur informelle nous convainc d'accepter, est vrai des LS, mais non des PLS.

RICHARD G. HECK, JR.

INTRODUCTION AU THÉORÈME DE FREGE [1]

1. ENTRÉE EN MATIÈRE

Quel est le statut épistémologique de notre connaissance des vérités de l'arithmétique ? Ces dernières sont-elles analytiques et le produit de la raison pure comme le pensait Leibniz ? Ou ne sont-elles que des vérités empiriques d'un degré élevé que nous ne connaissons qu'*a posteriori* comme les empiristes, et tout particulièrement Mill, l'ont avancé ? Ou bien encore Kant avait-il raison de dire que la connaissance de « 5+7=12 », bien qu'elle s'appuie essentiellement sur l'intuition, est néanmoins *a priori* ? C'est à ce problème que Gottlob Frege consacra la plus grande partie de sa carrière philosophique. Son approche visait à reformuler la position de Leibniz (et à démontrer par là-même l'indépendance des raisonnements arithmétiques et géométriques) ainsi qu'à établir que les vérités de l'arithmétique peuvent être logique-

---

1. R.G. Heck, « Introduction au théorème de Frege », trad. fr. par L. Perrin dans M. Marion, A. Voizard (éd.), *Frege : Logique et philosophie*, Montréal, L'Harmattan, 1998, p. 33-61.

ment déduites de prémisses qui sont elles-mêmes des vérités de
la logique. On donne aujourd'hui à une telle approche le nom
de *logicisme*.

La façon dont Frege approcha ce problème se subdivise
en de nombreuses ramifications, qu'il est plus simple de
regrouper en deux grandes catégories : une approche négative
et une approche positive. L'approche négative consiste principalement à critiquer les positions de Mill et de Kant ainsi que
celles de leurs défenseurs. Ces critiques, bien qu'elles soient
présentées dans divers textes, sont pour la plupart reprises dans
les trois premiers chapitres des *Fondements de l'arithmétique*
(Frege 1969a). L'approche positive, quant à elle, consiste à
tenter de démontrer (entre autres) *comment* les vérités arithmétiques peuvent être établies par la raison pure, en donnant
des preuves de ces vérités à partir de prémisses qui sont (ou
sont censées être) des vérités de la logique pure. Il existe donc
un aspect purement mathématique du projet frégéen, et c'est à
ce dernier que je compte me consacrer ici.

Frege ne fut certes pas le premier à tenter de montrer que
les vérités arithmétiques peuvent être démontrées à partir
d'hypothèses plus fondamentales encore. Mais son approche
est cependant bien plus rigoureuse et bien plus englobante que
toutes celles qui l'avaient précédée. Leibniz avait ainsi essayé
de démontrer des vérités arithmétiques telles que « 2+2=4 »
mais ses preuves, tout comme celles d'Euclide avant lui, repo-
saient sur des hypothèses qu'il n'a pas rendues explicites : ainsi
Leibniz faisait-il appel, par exemple, à l'associativité de
l'addition et ce, sans la justifier, c'est-à-dire qu'il s'arrogeait,
sans autre forme de procès, le droit de « réarranger » les paren-
thèses. Il est pourtant essentiel à *toute* tentative visant à déterminer le statut épistémologique des vérités de l'arithmétique
d'être à même de déterminer avec précision de quelles présup-

positions les démonstrations dépendent. Ce qui veut dire qu'il est essentiel que les démonstrations soient présentées de façon à ce que, une fois énoncées les prémisses sur lesquelles elles s'appuient, aucune présupposition *additionnelle* ne puisse y être subrepticement introduite. Frege eut l'idée de donner les démonstrations dans un système de logique formelle où toute étape déductive acceptable peut être identifiée de façon explicite au moyen de critères purement syntaxiques de sorte qu'il ne soit pas plus difficile de déterminer les présuppositions utilisées dans une démonstration que de vérifier, par exemple, les différentes étapes d'un long calcul.

Les systèmes de logique existants, dérivés des travaux de George Boole (et remontant, en dernière instance, à ceux d'Aristote), étaient en l'état incapables de remplir une telle tâche et ce pour deux raisons. En premier lieu, ces systèmes conviennent mal à la présentation de démonstrations. Pire, ils se révélaient incapables de représenter certains énoncés contenus dans de nombreuses démonstrations. Il est, par exemple, impossible d'exprimer dans le système booléen des énoncés contenant plusieurs expressions de généralité, telles que « Toute tête de cheval est une tête d'animal », ou encore, ce qui est plus à propos, « Tout nombre possède un successeur ». En un *sens*, ces énoncés peuvent être, formulés dans le cadre de la logique booléenne – mais pas de façon à ce que l'on puisse voir, sur la seule base de cette formulation, pourquoi le premier énoncé suit de, mais n'implique pas, « Tout cheval est un animal », donc, pas de façon à ce que la démonstration d'un tel énoncé, pourtant des plus simples, puisse être menée à bien.

C'est pour cette raison que Frege fut conduit à développer un nouveau système de logique formelle qu'il présenta pour la première fois dans *Begriffsschrift* (1879). Son système, comme il le souligne à plusieurs reprises, permet de formuler des énoncés tels que ceux mentionnés plus haut : ses règles d'inférence, quoique peu nombreuses, permettent d'effectuer toutes sortes de démonstrations qui ne pouvaient l'être dans le système de Boole. Or, le fait de disposer d'un système permettant de formuler de véritables raisonnements mathématiques, transforme complètement la question de savoir quel est le statut épistémologique de l'arithmétique. Il serait peut-être exagéré d'affirmer qu'elle se réduit dès lors à la question de savoir de quelles hypothèses se déduisent les lois de l'arithmétique – car, une fois ces hypothèses identifiées, demeure la question de savoir quel est leur statut épistémologique. Mais la question philosophique prend dès lors une forme purement mathématique et des outils mathématiques peuvent donc être employés afin de la résoudre.

Je crois qu'on ne pourra jamais assez souligner l'importance de cette dernière contribution, implicite dans l'approche de Frege. L'idée frégéenne que les ressources mathématiques peuvent, grâce à la logique formelle, contribuer à résoudre des problèmes philosophiques, idée qui nous est parvenue par l'intermédiaire de Russell, Wittgenstein, Carnap entre autres, constitue le fondement de la philosophie analytique contemporaine. Mais son influence ne se limite pas qu'à la philosophie. La logique mathématique, telle que nous la connaissons aujourd'hui tourne toute entière autour de la question de savoir ce qui peut, ou ne peut pas, être démontré à partir d'hypothèses particulières et ce n'est que dans le cadre du système frégéen de logique formelle (ou, tout au moins, dans le cadre d'un système de logique formelle qui remplisse les critères que celui de Frege fut le premier à remplir) qu'une telle question peut être formulée d'une façon qui rend possible un traitement mathématique.

C'est donc en ce sens que l'approche frégéenne s'avéra plus rigoureuse que celles qui l'avaient précédée. Mais l'approche de Frege était également plus générale. Lorsque Leibniz cherche à démontrer les lois de l'arithmétique, il s'intéresse plus particulièrement à des énoncés tels que $2+2=4$. Frege, quant à lui, s'intéresse a des vérités arithmétiques plus fondamentales et pour une bonne raison. Il s'agit en effet pour lui de montrer que *toutes* les vérités de l'arithmétique sont démontrables par les lois de la logique ; or, ces vérités étant en nombre infini, il est impossible d'accomplir une telle tâche en essayant de les démonter toutes une à une. Il s'agit donc plutôt d'identifier un certain nombre de vérités arithmétiques fondamentales, dont on a lieu de croire que toutes les autres puissent être déduites, et de s'attacher à démontrer ces seules vérités fondamentales. À cette fin, il est nécessaire d'*axiomatiser* l'arithmétique, tout comme Euclide avait axiomatisé la géométrie, puis de donner une démonstration de ces axiomes. Frege ne fut pas le premier à publier de tels axiomes : on s'accorde généralement à créditer Giuseppe Peano d'un tel fait, bien que les données historiques indiquent clairement que ce fut en fait Richard Dedekind qui, le premier, les formula. Le fait demeure cependant que Frege formula pour l'arithmétique des axiomes (qui sont, il est intéressant de le noter, différents de ceux de Dedekind) dont il s'attache, dans un premier temps, à établir la démonstration. Puis il démontre, dans un second temps, tout comme Dedekind l'avait fait, que ces axiomes sont suffisant pour caractériser la structure mathématique abstraite des nombres naturels (à l'isomorphisme près, comme l'on dit, ce qui constitue un critère classique permettant de déclarer que l'axiomatisation est suffisante[1]).

On ne peut bien sûr, au sens strict, démontrer les axiomes de l'arithmétique dans le cadre d'un système de logique pure : aucun terme du langage dans lequel le système est formulé ne saurait se référer à des nombres, de sorte que les axiomes de l'arithmétique ne peuvent pas même être exprimés dans un tel système. Il faut donc définir les notions fondamentales de l'arithmétique en termes des notions logiques ; démontrer les axiomes de l'arithmétique revient dès lors à démontrer leurs traductions définitionnelles dans le système logique. Le projet mathématique consiste donc, pour utiliser la terminologie contemporaine, à « interpréter » l'arithmétique dans le cadre d'un système de logique formelle. Interpréter une théorie (que nous appellerons théorie cible) dans une autre (que nous appellerons théorie base), consiste à montrer que l'on peut définir le vocabulaire primitif de la théorie cible (ici celui de l'arithmétique) dans les termes du vocabulaire primitif de la théorie base (ici celui d'une théorie formelle de la logique), de sorte que les transcriptions définitionnelles des axiomes de la théorie cible constituent des théorèmes de la théorie base.[2] Un tel résultat a, pour le moins, le mérite de montrer que la théorie cible est consistante si la théorie base l'est : si une preuve de contradiction existait dans la théorie cible, cette démonstration pourrait être reproduite dans la théorie base, en démontrant les axiomes de la théorie cible dans la théorie base, puis en y ajoutant la dérivation de la contradiction dans la théorie cible.

---

1. Pour un examen critique des axiomes de Frege et de sa démonstration de ce théorème, se reporter à mon (Heck 1995).

2. Certaines interprétations peuvent prendre des formes plus complexes mais il n'est pas nécessaire de les envisager ici.

Ainsi, si aucune contradiction ne peut être démontrée dans la théorie base, aucune contradiction ne pourra non plus être démontrée dans la théorie cible.

De tels résultats d'interprétabilité étaient bien connus des géomètres contemporains de Frege et le fait est que Frege, lui-même, était géomètre de formation. Cette technique était parmi les plus fréquemment utilisées pour établir la consistance de diverses sortes de géométries non-euclidiennes, c'est-à-dire des géométries qui nient le postulat des parallèles. La démonstration de la consistance de ces géométries revenait le plus souvent a démontrer qu'elles pouvaient être interprétées dans des théories (telles que, par exemple, la géométrie euclidienne elle-même) dont la consistance n'était pas remise en question.

Il est cependant important de souligner qu'interpréter l'arithmétique dans le cadre d'un système de logique formelle ne nous permet pas de déterminer le statut épistémologique de l'arithmétique, et cela *même si* l'on considère que le « système de logique formelle » constitue véritablement un système de logique, c'est-à-dire que tous ses théorèmes sont des vérités analytiques. Le problème peut être formulé de la façon suivante. Frege pensait que non seulement l'arithmétique, mais aussi l'analyse (c'est-à-dire la théorie des nombres réels) est analytique. Si tel est le cas, et si une définition des paires ordonnées est donnée, alors la théorie de la géométrie euclidienne peut être interprétée dans l'analyse au moyen des coordonnées cartésiennes. En découle-t-il pour autant que, selon Frege, la géométrie euclidienne est analytique ? Cela serait malheureux car Frege affirme explicitement, comme Kant, que les lois de la géométrie euclidienne sont synthétiques *a priori*. Mais en réalité, la position défendue par Frege n'est pas incohérente. Le résultat d'interprétabilité établit simplement que ce qui *a l'apparence* des axiomes de la géométrie euclidienne peut être démontré dans le cadre de l'analyse. La question est dès lors de savoir si ce qui *a l'apparence* d'un postulat des parallèles signifie réellement ce que signifie le postulat des parallèles. Ce qui revient à se demander si les « définitions » des notions géométriques fondamentales capturent véritablement les significations de ces notions, telles que nous les entendons ordinairement – à savoir, par exemple, si « un point est un triplet ordonné de nombres réels » est une bonne définition du mot « point » tel qu'on l'entend en géométrie. Si tel n'est pas le cas, il n'a pas été montré que les vérités de la géométrie euclidienne peuvent être démontrées dans l'analyse, du moins pas si nous entendons par « vérités de la géométrie euclidienne » ce que ces vérités *signifient* et non pas seulement leur structure orthographique ou syntaxique.

Une question connexe se pose relativement aux définitions que donne Frege des notions arithmétiques fondamentales. Un kantien serait en effet en droit de se demander si les définitions que donne Frege capturent véritablement la signification des notions arithmétiques telles que nous les entendons ordinairement. Si tel n'était pas le cas, Frege n'aurait pas montré que les vérités de l'arithmétique peuvent être démontrées dans le cadre de la logique mais, simplement, que des énoncés syntaxiquement indiscernables des vérités de l'arithmétique peuvent être démontrés de cette façon. Ce qui est insuffisant. C'est pourquoi Frege dut s'attaquer à une autre tâche : établir que les notions fondamentales de l'arithmétique sont bien des *notions logiques* et qu'en ce sens les définitions qu'il en donne en termes logiques constituent de bonnes définitions.

Résumons ce que nous avons établi jusqu'ici. Le projet philosophique de Frege, montrer que les lois de l'arithmétique sont analytiques et peuvent être connues par la seule raison, comporte un aspect mathématique. Son premier objectif est de définir les notions fondamentales de l'arithmétique en termes de logique pure, puis de prouver que toutes les vérités de l'arithmétique peuvent être démontrées à partir desdites définitions dans le cadre d'un système formel de logique. C'est ainsi que Frege en arriva à identifier « les lois fondamentales de l'arithmétique », c'est-à-dire les hypothèses fondamentales sur lesquelles s'appuie tout raisonnement arithmétique. Aussi importante que puisse être la portée d'un tel projet, il n'est cependant pas, en soi, à même de résoudre le problème du statut épistémologique de l'arithmétique, car deux questions restent en suspens. La première est de savoir si les définitions que donne Frege des notions fondamentales de l'arithmétique capturent véritablement leur signification, donc de savoir si on a vraiment réussi à démontrer les axiomes de l'*arithmétique* et ainsi à en identifier les lois fondamentales. La seconde question, indépendante de la première, est celle de savoir quel est le statut épistémologique desdites lois : ce n'est en effet que si elles sont elles-mêmes des vérités de la logique, des vérités analytiques, que l'on aura démontré que les axiomes de l'arithmétique sont des vérités analytiques. Comme nous allons le voir par la suite, ces deux questions ont occupé un rôle prééminent dans les débats qu'a suscités le projet frégéen.

2. LE SYSTÈME FRÉGÉEN DE LOGIQUE FORMELLE

Le système de logique formel que Frege développe dans la *Begriffsschrift* est, en l'état, ce que nous appelons aujourd'hui une logique du second ordre imprédicative pleine [*full*]. Elle permet la quantification sur des « concepts » et des relations (en tant que références extralinguistiques des prédicats de diverses sortes) tout aussi bien que sur des objets. Le système, tel qu'il est présenté dans la *Begriffsschrift*, ne remplit cependant pas tous les critères de rigueur imposés par Frege. En effet, l'une des plus importantes règles d'inférence, à savoir la règle de substitution, n'est jamais formulée de façon explicite. On pourrait penser que cette omission, de la part de Frege, est sans importance : n'est-il pas, après tout, évident que, si l'on a prouvé un théorème, le résultat obtenu, en remplaçant par diverses autres expressions les variables qui apparaissent dans ce théorème, doit aussi être un théorème ? Sans doute – mais, dans le cadre d'une logique du second ordre, poser que la substitution est une règle d'inférence valide, est extrêmement lourd de conséquences. La règle de substitution joue en effet, dans le système frégéen, le rôle joué, dans des formulations plus récentes, par les axiomes dits de compréhension. Les axiomes de compréhension caractérisent les concepts et relations sur lesquels les variables de la théorie sont supposés porter ; en d'autres termes, chacun de ces axiomes affirme qu'un concept particulier ou une relation particulière *existe*. Dans une logique du second ordre pleine, chaque formule de la théorie est dotée d'un tel axiome de compréhension et ces axiomes de compréhension, pris ensemble, affirment que toute formule $A(x)$ définit un concept (à savoir, celui qui est vrai des objets pour lesquels la formule est vraie) ; et que toute formule $B(x, y)$ définit une relation binaire ; et ainsi de suite. Dépourvue d'axiomes de compréhension, une logique du second ordre est très faible. Même si nous nous donnons les axiomes de compréhension dits prédicatifs – c'est-à-dire, même si nous faisons l'hypothèse que les formules qui ne contiennent pas elles-mêmes de quantificateurs du second ordre définissent des concepts et relations – la logique ainsi obtenue demeure des plus faibles, dans un sens technique bien défini.

De nombreux philosophes se sont inquiétés du fait que l'usage d'axiomes de compréhension imprédicatifs risquait d'introduire une sorte de circularité dans la définition des concepts et relations sur lesquels portent les variables de la théorie. Russell, par exemple, s'inquiéta du cercle vicieux créé par le fait de vouloir définir les concepts dont la théorie parle en quantifiant sur lesdits concepts. Bien que Frege n'ait jamais abordé ce problème, je crois qu'il aurait répondu à cette objection en déclarant qu'il ne prétend en aucune façon dire quels sont les concepts qui appartiennent au domaine de la théorie au moyen des axiomes de compréhension ; le domaine est en effet censé contenir *tous* les concepts, et la question de savoir combien d'entre eux peuvent être *définis* ne saurait être confondues avec celle de déterminer s'ils *existent*. Les axiomes de compréhension ne font rien de plus qu'affirmer le fait que toute formule définit un concept[1]. Il ne nous sera malheureusement pas possible ici d'étudier le sujet plus en détail.

Mais le fait que Frege ne formule pas, dans la *Begriffsschrift*, la règle de substitution est donc une importante omission. Il y remédie heureusement par la suite lorsqu'il présente à nouveau sa théorie formelle dans *Grundgesetze der Arithmetik*. Cette dernière exposition est, en réalité, tout aussi rigoureuse que n'importe laquelle de celles qui verront le jour jusqu'à ce que Gödel, au début des années trente, n'en mathématise la syntaxe.

Il n'en reste pas moins que les axiomes de l'arithmétique ne peuvent être démontrés au seul moyen d'une logique du second ordre, fût-elle pleine. On peut facilement montrer que

---

1. Voir G. Frege, *Die Grundgesetze der Arithmetik*, Hildesheim, Olms, 1962, § 66.

le simple fait d'affirmer qu'il existe deux objets distincts n'est pas un théorème de la logique du second ordre. Or l'arithmétique pose pour principe l'existence, non de deux, mais d'une infinité de nombres naturels. Et c'est, de fait, cette affirmation qui constitue le plus sérieux obstacle à un développement logiciste de l'arithmétique. Il est en effet difficile d'imaginer un problème plus ardu, pour qui veut résoudre le problème épistémologique qui nous intéresse ici, que d'expliquer la genèse de notre connaissance du fait qu'il existe une infinité de nombres, et ce quelle que soit la réponse que l'on souhaite en fin de compte proposer.

3. TROIS ENSEIGNEMENTS ET UN SÉRIEUX PROBLÈME

Comme nous l'avons déjà indiqué, Frege, dans les trois premiers chapitres des *Fondements*, s'attache à montrer que les philosophies kantienne ou empiriste de l'arithmétique ne sont pas acceptables. De cette analyse, il retient trois enseignements sur lesquels il compte fonder sa propre philosophie, mais il se retrouve en fin de compte confronté à un très sérieux problème. Le premier enseignement est que les nombres naturels doivent être caractérisés, comme l'avait déjà suggéré Leibniz, en définissant « zéro » puis « augmenter de un ». Cela est en soi assez simple et nous examinerons plus loin comment Frege entreprend de définir ces notions. Le second est d'un abord plus difficile : Frege y affirme que « attribuer un nombre, c'est dire quelque chose d'un concept » (Frege, 1980, § 55). Il affirme ainsi qu'un nombre n'est pas, au sens strict, attribué à un *objet*. Imaginons un instant que, pointant du doigt une pile de cartes, je vous demande « Combien ? ». Vous pourriez compter les cartes et me dire qu'il y en a 104. Mais vous pourriez tout aussi bien me répondre « 2 ». Tout dépendra de la façon dont vous comprenez ma question qui demeure ambiguë tant que l'on n'a pas posé une question telle que « Combien de quoi ? », « Combien de cartes ? » ou bien encore « Combien de jeux de cartes complets ? ». Mais alors, semble-t-il, le nombre 104 n'est pas attribué à la pile de cartes, à l'agrégat (ou « fusion ») qu'elles forment, à cet objet quelque peu éparpillé dont toutes les parties ne sont autres que les parties des cartes. Car le nombre 2 pourrait tout aussi bien être attribué à cet agrégat (les jeux sont composés des mêmes parties que les cartes). On pourrait donc conclure que l'attribution d'un nombre est subjective, qu'elle dépend essentiellement de la façon dont on considère l'agrégat auquel on attribue un nombre. Mais il existe une alternative : affirmer, comme le fait Frege, que le nombre est attribué à un concept qui, dans ce cas, sera soit le concept *cartes sur la table* ou le concept *jeux de cartes complets sur la table*.

Ceci dit, rien ne semble plus naturel que de considérer que les nombres sont une sorte de propriété d'ordre supérieur, qu'ils sont des *propriétés de concepts*.[1] Ainsi, par exemple, 0 serait la propriété d'un concept sous lequel ne tombe aucun objet (ainsi, le concept *album de musique disco dans ma collection de disques* possède la propriété 0 puisque je ne possède aucun album de musique disco). Un concept aura la propriété 1 s'il existe un objet qui tombe sous ce concept, et que tout objet tombant sous ce concept est identique au dit objet (c'est ainsi que le concept *objet identique à George Clinton* aura la propriété 1 puisque George Clinton tombe sous ce concept et que tout objet qui tombe sous ce concept est identique à ce dernier). Et un concept aura la propriété $n+1$ s'il

---

1. Pour un examen détaillé de cette idée, se reporter à mon (2000a).

existe un objet *x* qui tombe sous ce concept et que le concept
objet qui tombe sous le concept original différent de x, a la
propriété *n*. Ainsi le concept objet *identique à George Clinton
ou James Brown* aura la propriété 1+1 (soit 2) puisqu'il existe
un objet qui tombe sous ce concept, à savoir *le Godfather of
Soul*, qui est tel que le concept *objet identique à George
Clinton ou James Brown différent du Godfather of Soul* (alias
James Brown) a la propriété 1 car ce dernier n'est autre que le
concept *objet identique à George Clinton*, exprimé en d'autres
mots.

Frege examine cette approche dans les sections 55 à 61 des
Fondements. La raison pour laquelle il finit par la rejeter n'est
pas très claire, mais on peut avancer que c'est parce que cette
approche ne permet pas de démontrer les axiomes de l'arithmétique (tout au moins sans recourir à des hypothèses supplémentaires) qu'il s'en détourne. Supposons un instant qu'il
n'existe dans le monde que deux objets que nous appellerons
George et James. Nous aurons alors un concept qui possède la
propriété 0, d'autres qui posséderont la propriété 1 et un qui
possédera la propriété 1+1. Mais il n'existera pas de concept
qui possède la propriété 1+1+1 car, pour qu'un tel concept
existe, il faudrait qu'existe un concept sous lequel tombent
trois objets et, en vertu de notre hypothèse de départ, il n'existe
que deux objets. Nous ne pourrions, pour la même raison, avoir
de concepts qui ont la propriété 1+1+1+1. Choisir la manière
de décrire cette situation n'est pas chose aisée : on peut soit
affirmer que le nombre 1+1+1 n'existe pas, soit que 1+1+1 et
1+1+1+1, dans le cas qui nous intéresse, sont identiques.
Quelle que soit l'option retenue, il y aura seulement un nombre
fini de nombres, et les lois de l'arithmétique ne pourront pas
être démontrées. (Ainsi, par exemple, et selon le point de vue

que l'on aura choisi, soit 2+2 n'existe pas, soit il est identique à 2+1.)

Il y a, bien sûr, en réalité, bien plus que deux objets ; mais le problème demeure le même tant que les objets sont en nombre fini. On peut remédier à ce problème en posant simplement, comme un axiome, qu'il existe une infinité d'objets : c'est là la solution choisie par Russell et Whitehead dans les *Principia Mathematica* (Whitehead et Russell 1925). Frege n'aurait cependant jamais accepté ce genre de « solution ». Comme nous l'avons déjà souligné, le plus sérieux problème auquel se trouve confronté un épistémologue de l'arithmétique est de rendre compte de notre connaissance du fait qu'il existe une infinité de nombres. Il est difficile de comprendre en quoi le fait de supposer l'existence d'une infinité de choses d'une autre sorte pourrait nous aider en la matière. Prouver les lois de l'arithmétique à partir d'une telle hypothèse ne résout en rien le problème du statut épistémologique de l'arithmétique, et n'a pas même le mérite de nous rapprocher d'une quelconque solution puisque c'est justement le statut épistémologique de cette hypothèse qui, depuis le début, constitue le cœur du problème. De plus, si les objets dont nous supposons l'existence sont censés, tout comme George Clinton, être matériels, il semble peu probable que l'affirmation qu'il y en a un nombre infini puisse être logiquement établie ; en vérité, on peut même douter de la vérité de cette thèse.

Le troisième enseignement est en conséquence que, bien que l'attribution d'un nombre constitue une assertion à propos d'un concept, les nombres eux-mêmes *ne sont pas* des propriétés des concepts – ce sont des *objets*. Dans les termes de la grammaire, les noms de nombres ne sont pas des *prédicats de prédicats* mais des noms propres. [...] On pourrait se demander comment concilier ces deux doctrines apparemment contradictoires. Il suffit pour cela d'insister sur le fait que le genre d'expression le plus fondamental pour nommer un nombre est de la forme « le nombre appartenant au concept F », et que cette dernière est un nom propre. Les attributions de nombre, telle que « Il y a 102 cartes sur la table », sont alors restructurées pour apparaître comme des énoncés d'identité, comme par exemple « Le nombre appartenant au concept *cartes sur la table* est identique à 102 ». Cet énoncé, en tant que tel, contient une assertion à propos d'un concept mais le nombre 102 n'y apparaît pas comme la *propriété* d'un concept.

Frege, cependant, demeure confronté à un sérieux problème. Il a en effet refusé l'idée que l'arithmétique soit synthétique (*a priori* ou *a posteriori*), en se fondant partiellement sur le fait que les nombres ne nous sont donnés ni par la perception ni par l'intuition. Comment donc nous *sont*-ils dès lors donnés ? Quel est, pour ainsi dire, notre mode d'accès cognitif aux objets de l'arithmétique ? Frege, habilement, plutôt que de répondre directement à cette question, préfère la reformuler :

> Les mots n'ont de signification qu'au sein d'une proposition ; il s'agira donc de définir le sens d'une proposition où figure un nom de nombre [...] Dans le cas présent nous devons définir le sens de la proposition : « le nombre qui appartient au concept F est le même que celui qui appartient au concept G », c'est-à-dire que nous devons énoncer le contenu de cette proposition d'une autre manière, sans employer l'expression « le nombre qui appartient au concept F » (Frege 1964, § 2).

C'est ici que Frege effectue « le tournant linguistique ». Il n'est bien sûr pas le premier philosophe à s'intéresser au langage : Locke, pour ne citer que lui, était obsédé par le langage et affirma, à plusieurs reprises, que bon nombre de problèmes philosophiques ne sont que le fait d'illusions engendrées par notre mécompréhension du langage. (Locke était peut-être le premier positiviste logique) L'approche de Frege demeure cependant originale en ce qu'elle transforme le pro-blème épistémologique auquel elle s'attaque en un problème relevant de la *philosophie du langage*, non pour l'évacuer, mais au contraire pour le *résoudre*.

La réponse contenue implicitement dans le traitement fregéen est que notre accès cognitif aux nombres peut être expliqué par notre capacité à nous y référer, à les dénoter au moyen d'expressions que nous sommes à même de comprendre. Mais, bien entendu, si notre capacité à nous référer à un objet au moyen d'un nom propre nécessite que nous possédions ou, tout au moins, soyons à même de posséder, une perception ou une intuition de ce nom propre (ou de tout autre objet de la même catégorie), aucun réel progrès n'est accompli par une telle reformulation du problème. Mais c'est très précisément pour rejeter une « explication de ce genre » que Frege invoque le « principe du contexte », en vertu duquel la signification d'une expression peut être expliquée en expliquant les significations des propositions complètes dans lesquelles elle apparaît. En l'occurrence, le but sera ici de définir « le nombre qui appartient au concept F est le même que celui qui appartient au concept G » au moyen de concepts qui appartiennent à la logique pure. Si une telle chose s'avérait possible, on pourrait en déduire qu'il y a, pour ainsi dire, une voie purement logique permettant de comprendre les expressions qui réfèrent aux nombres, donc aussi nous rendant capable de référer aux nombres et d'avoir un accès cognitif à eux.

Frege note à ce propos, citant Hume, que nous disposons déjà d'un critère d'identité entre nombres. Supposons un instant que je veuille démontrer que, sur une table, le nombre d'assiettes est identique au nombre de verres. Je peux, bien sûr, compter les assiettes puis les verres, c'est-à-dire attribuer un nombre au concept *assiette sur la table* ainsi qu'à celui de *verre sur la table* et vérifier que ces deux nombres sont bien les mêmes. Mais je peux aussi procéder d'une autre façon : je peux apparier assiettes et verres, en mettant, par exemple, un (et un seul) verre sur chaque assiette et vérifier qu'il y a bien un verre dans chaque assiette et qu'il ne me reste plus de verres. Dit autrement, je peux tenter d'établir une « corrélation biunivoque » entre les assiettes et les verres : si cette corrélation existe, le nombre d'assiettes est le même que le nombre de verres ; sinon non.

En réalité, comme Frege se plaît à le souligner, le fait même de compter se fonde sur l'opération qui consiste à établir une relation biunivoque[1]. Compter les assiettes n'est rien d'autre qu'établir une corrélation biunivoque entre les assiettes et le segment initial de la suite des nombres naturels, en commençant par 1 et en attribuant le dernier nombre de ce segment au concept *assiette sur la table*. En quoi, en effet, le fait d'attribuer, par cette opération, le même nombre aux concepts *assiette sur la table* et *verre sur la table* montre-t-il que le nombre d'assiettes est identique au nombre de verres ? Parce que, nous dit Frege, s'il existe une corrélation biunivoque entre les assiettes et la suite de nombres allant de 1 à n ainsi qu'une autre corrélation biunivoque entre les verres et la suite de nombres allant de 1 à m alors il existe une corrélation biunivoque entre les assiettes et les verres si et seulement si n est identique à m.

La notion de corrélation biunivoque peut alors elle-même être expliquée en termes logiques (pour autant que l'on accepte l'idée frégéenne que la théorie générale des concepts et des

---

1. Voir G. Frege, *Philosophical and Mathematical Correspondence*, Oxford, Blackwell, 1980, § 108.

relations, développée dans une logique du second ordre, relève bien elle-même de la logique). Ainsi une relation R constitue une corrélation biunivoque entre les F et les G si les deux conditions suivantes sont remplies :

> 1. La relation est biunivoque, c'est-à-dire qu'aucun F n'est en relation R avec plus d'un G et qu'aucun G n'est en relation R avec plus d'un F,
> 2. Tout F est en relation R avec un G et tout G est en relation R avec un F.

Ce qui, si l'on utilise le symbolisme contemporain, nous donne :

$$\forall x \forall y \forall z \forall w \, [Rxy \,\&\, Rzw \to (x = z \equiv y = w)] \,\&$$

$$\forall x \, [Fx \to \exists y \, (Rxy \,\&\, Gy)] \,\&\, \forall y \, [Gy \to \exists x \, (Rxy \,\&\, Fx)]$$

Nous pouvons dès lors dire qu'il *existe* une corrélation biunivoque entre les Fs et les Gs s'il *existe* une relation R qui remplisse ces conditions. Les F et les G sont alors dits « équi-numériques ». Frege adopte en fin de compte la définition suivante de l'identité numérique :

> Le nombre de F est le même que le nombre de G si et seulement si les Fs et les Gs sont équinumériques.

C'est ce qu'on appelle généralement le « Principe de Hume », et ce parce que Frege l'introduit au moyen d'une citation de Hume (et non pas parce quelqu'un pense que Hume avait ce raisonnement en tête).

4. LE PROBLÈME DE CÉSAR ET LA « SOLUTION » DE FREGE

Le problème posé par le statut épistémologique de cette explication du « nombre des Fs » demeure l'un des plus ardus et des plus controversés que la philosophie de l'arithmétique de Frege nous a légué. Il convient, néanmoins, de souligner que le problème posé est bien plus général que la simple question de savoir si cette explication est à même de nous offrir un mode d'appréhension des nombres qui soit purement logique. Frege pensait que notre capacité à nous référer à des objets abstraits peut, de façon générale, être expliquée d'une telle manière. Ainsi, il considérait que notre capacité à référer aux directions peut être expliquée par notre compréhension des noms de direction, ceux-ci étant eux-mêmes expliqués au moyen d'un principe analogue au « Principe de Hume », à savoir :

> La direction de la droite *a* est identique à la direction de la droite *b* si, et seulement si, *a* est parallèle à *b*.

Selon Frege, une telle approche ne nous délivre pas un mode d'appréhension des directions qui soit purement logique, puisque les droites ne peuvent nous être données que par l'intuition. Mais ceci importe peu : les directions des droites *ne* sont *pas*, quant à elles, données par l'intuition (ou, du moins, Frege l'affirme-t-il), et il y a donc un problème analogue relatif à savoir comment elles nous sont données, problème qu'il résout selon les mêmes lignes (Frege 1980, § 64-65). Ce type de réponse à la question de savoir comment expliquer notre capacité à se référer à des objets abstraits peut être généralisé de façon assez naturelle, et l'examen critique de ses points forts et de ses points faibles occupe, depuis quelques années, bon nombre de philosophes (Wright 1983 ; Hale 1987). Mais étrangement, Frege finit par conclure que le « Principe de Hume » ne suffit pas à expliquer les noms de nombres. La raison qu'il en donne est que la définition « ne permet pas de décider si [Jules César] est la même chose que [le nombre d'empereurs romains] – qu'on veuille bien excuser cet exemple apparemment dépourvu de sens» (Frege 1980, § 66)[1]. En effet, si le « Principe de Hume » nous indique ce que signifient les énoncés de la forme «le nombre de F est identique au nombre de G », il ne nous dit rien de la signification d'énoncés tels que « q est le nombre de G », sauf quand q est de la forme « le nombre de F » (Frege 1980, § 66). Il n'est pas évident, cependant, de comprendre en quoi cela est censé constituer un problème. J'en suis moi-même arrivé à la conclusion qu'il ne s'agit pas là d'un, mais de plusieurs problèmes. Tout d'abord, comme le remarque Frege, nous semblons n'avoir aucun doute au sujet de César : quoique puissent être les nombres, nous savons que César n'en est pas un et, *a fortiori*, pas le nombre des empereurs romains. Et il est difficile de voir ce que pourrait être le fondement de ce savoir s'il n'était, d'une certaine façon, déjà contenu dans notre compréhension des noms de nombres. (Le fait que César ne soit pas un nombre ne saurait constituer un fait *empirique* !) Mais, si tel est le cas, l'explication proposée des noms de nombres ne peut être, au mieux, qu'incomplète puisqu'elle ne tient pas compte de cet aspect de notre compréhension des nombres.

Le second souci est en quelque sorte la conséquence du précédent. Lorsque j'affirme que César n'est pas un nombre, j'ai utilisé le concept de nombre. Si nous comprenions le concept de nombre, il serait aisé de répondre à la question de savoir si un quelconque objet, appelons-le a, est le nombre des Fs. Car, de deux choses l'une : soit a est un nombre, soit a n'est

---

1. Frege examine ici le cas des définitions de directions mais il est clair que, *mutatis mutandis*, ce qu'il en dit est également censé s'appliquer aux nombres et au « Principe de Hume » (N.d. T. : Richard Heck modifie ici l'exemple de Frege et remplace « Angleterre » par « Jules César » et l'axe de la terre » par « le nombre d'empereurs romains ».)

262 RICHARD G. HECK, JNR.

pas un nombre. Si *a* n'est pas un nombre, il n'est assurément pas le nombre de *F*s ; et si *a* est un nombre, il est le nombre des *G*s, pour un certain *G*, et le « Principe de Hume » nous dira si ce nombre est identique au nombre de *F*s. De plus, il semble clair que ce que Frege doit expliquer n'est pas seulement notre capacité à nous référer à des nombres particuliers mais également notre compréhension du concept de nombre lui-même. En vertu du « Principe de Hume », il semblerait naturel de s'acquitter d'une telle tâche en affirmant qu'un objet est un nombre s'il existe un concept dont il est le nombre. Mais, si nous décortiquons cet énoncé, nous nous rendons compte que nous n'avons fait qu'affirmer que *a* est un nombre si, et seulement si, il existe un concept *F* tel que *a* est le nombre de *F*s. Or, comme nous l'avons déjà souligné, le « Principe de Hume » ne nous explique en rien ce qu'est censé signifier « *a* est le nombre de *F*s ». Ainsi, et à moins que nous trouvions une autre façon de définir le concept de nombre, nous nous retrouvons sans même une explication de *ce que signifie* dire que César n'est pas un nombre.

Nous sommes à présent de mieux saisir le problème posé par le « Principe de Hume » (considéré comme une définition ou une explication des noms de nombres). Notre but était, rappelons-le, d'expliquer notre mode d'accès cognitif aux nombres en expliquant notre capacité à nous y référer et, pour ce faire, de définir ou d'expliquer les noms de nombres en termes purement logiques. Revenons donc un instant sur le « Principe de Hume » :

> Le nombre de *F*s est identique au nombre de *G*s si, et seulement si, les *F* et les *G* sont équinumériques.

Examinons plus attentivement le côté gauche de l'équivalence. Il ressemble à un énoncé d'identité. Mais

quelles raisons avons-nous d'affirmer qu'il en est véritablement un ? Pourquoi donc devrions-nous considérer que « le
nombre de Fs », ici, est réellement un nom propre ? Pourquoi
supposer que l'énoncé possède, non pas seulement la structure
orthographique, mais également la structure *sémantique* d'un
énoncé d'identité ? Pourquoi ne pas plutôt considérer que « le
nombre de Fs est identique au nombre de Gs » est seulement
une façon particulièrement trompeuse d'écrire que « les Fs et
les Gs sont équinumériques » ? Car, de fait, si cet énoncé
possèdait effectivement la structure sémantique d'un énoncé
d'identité, il serait tout à fait légitime de remplacer « le nombre
de Fs » par un nom d'un autre type tel que, par exemple,
« César » et d'envisager un énoncé de la forme « César est le
nombre de Gs ». De même, il devrait être légitime de remplacer
« le nombre des Fs » par une variable et d'envisager des
énoncés « ouverts » tels que « x est le nombre de Gs », et de se
demander s'ils sont vrais ou faux lorsque la variable prend
comme valeur différents objets tels que, par exemple, César.
Mais ce que ces différents cas montrent est que le « Principe de
Hume », en lui-même, n'explique en rien ce que sont censés
signifier de tels énoncés. Ce qui, en soi, remet sérieusement en
cause l'idée que ce principe permettrait d'expliquer les
énoncés d'identité contenant des *noms de nombres*.

Ce problème revêt, dans la philosophie de Frege, une
importance particulière. Comme je l'ai précédemment mentionné, un de ses principaux objectifs était d'expliquer la
genèse de notre connaissance du fait qu'il existe une infinité de
nombres, et l'une des principales raisons pour lesquelles il
insistait sur le fait que les nombres sont des objets est que cette
affirmation est nécessaire pour établir cette thèse. La stratégie
utilisée par Frege pour sa démonstration est la suivante.
Appelons 0 le nombre appartenant au concept *objet qui n'est*

pas identique à soi-même; il est évident que ce nombre est réellement 0. Appelons 1 le nombre appartenant au concept *objet identique à 0*, et appelons 2 le nombre appartenant au concept *objet identique à 0 ou 1*, et ainsi de suite. Il est une fois de plus évident que ces nombres sont réellement 1 et 2, mais ce n'est que si nous considérons les nombres comme des objets qu'il nous est possible de parler de concepts de ce genre. Or, lorsque l'on formalise le raisonnement frégéen dans le cadre de la logique du second ordre, l'expression « le nombre appartenant au concept F » devient : « le nombre de x tel que Fx ». De même les définitions de 0, 1 et 2 deviennent :

> 0 est le nombre de x tel que $x \neq x$
> 1 est le nombre de x tel que $x = 0$
> 2 est le nombre de x tel que $x = 0$ ou $x = 1$,

et ainsi de suite. Et lorsque l'on remplace « 0 » par sa définition dans la seconde ligne, nous obtenons :

> 1 est le nombre de x tel que $x =$ le nombre de y tel que $y \neq y$

Ainsi la définition frégéenne du 1 contient-elle un énoncé ouvert de la forme « x est le nombre de Fs », c'est-à-dire précisément un de ces énoncés que le « Principe de Hume » est tout à fait incapable d'expliquer.

Il est bien sûr tentant de se demander s'il existe un moyen de contourner ce problème. Mais nous ne l'aborderons pas ici car, quel que soit le fin mot de l'histoire, le fait est que Frege, pour sa part, le considéra comme insoluble et abandonna toute tentative visant à utiliser le « Principe de Hume » afin d'expliquer les noms de nombres. À la place, il adopta une définition *explicite* des noms de nombres en termes d'extensions de concepts :

> Le nombre appartenant au concept *F* est : l'extension du
> concept *concept équinumérique au concept F.*

On peut ici considérer que les extensions sont des
ensembles : le nombre de *F* est ainsi l'ensemble de tous les
concepts qui sont équinumériques au concept *F.* C'est ainsi
que 0 devient l'ensemble de tous les concepts sous lesquels
rien ne tombe, de même que 1 devient l'ensemble de tous les
concepts « une fois instanciés », 2 celui de tous les concepts
« deux fois instanciés », et ainsi de suite.

Ce coup devait cependant malheureusement s'avérer
désastreux. Afin de donner cette définition dans son système
de logique formelle, Frege a du faire appel à certains axiomes
qui nous indiquent ce que nous devons savoir sur les extensions des concepts. Et, étant donné le cadre logiciste, il fallait
que ces axiomes prennent la forme de vérités logiques. Il est un
axiome qui semble tout naturellement approprié à cette fin. Les
discours sur les « extensions » de concept sont régis par un
principe d'extensionnalité, qui veut que les concepts *F* et *G*
aient la même extension si tout *F* est un *G* et si tout *G* est un *F* –
c'est-à-dire si les *F*s ne sont rien d'autre que les *G*s. Et,
puisqu'il semble logique de croire que tout concept doit avoir
une extension, l'axiome requis peut prendre la forme suivante :

> L'extension du concept *F* est identique à l'extension du
> concept *G* ssi tout *F* est un *G* et tout *G* est un *F.*

Considéré comme une définition ou une explication du
nom des extensions, ce principe souffrirait des mêmes défauts
que le « Principe de Hume ». C'est pourquoi Frege ne retient
pas cette option, mais le considère comme un axiome,
affirmant simplement dans une note des *Fondements*, « qu'il

suppose connu ce qu'est une extension de concept » (Frege 1980, § 68, note)[1].

Malheureusement, cet axiome, qui deviendra l'Axiome V des *Grundgesetze*, souffre de maux plus grands encore : il se révèle en effet être, dans le cadre d'une logique du second ordre pleine, inconsistant puisque, comme l'a démontré Russell, un paradoxe naît dès que l'on demande si l'extension du concept *objet ne tombant sous aucun concept dont il est l'extension* tombe sous ce concept. Si elle le fait, elle ne le fait pas. Et inversement… Problème !

5. LE THÉORÈME DE FREGE

Au milieu des années 80, mon texte se serait arrêté là. Frege montre, se fondant sur son Axiome V et la définition des nombres comme extensions de certains concepts, que l'on peut en déduire les axiomes de l'arithmétique. Ceci est en soi sans aucun intérêt puisque n'importe quoi peut être déduit d'une théorie qui n'est pas consistante. Si les axiomes de l'arithmétique peuvent être démontrés, leurs négations peuvent l'être également ! Un examen plus approfondi de la structure des démonstrations de Frege révèle néanmoins quelque chose d'intéressant. Si Frege renonce à utiliser le « Principe de Hume » comme définition des noms de nombres, il ne l'abandonne pas complètement. Ce dernier continue de jouer un rôle central dans sa philosophie. Bien que Frege ne le dise pas de façon explicite la raison en est, il me semble, qu'il ne considère pas le « Principe de Hume » comme étant faux mais simplement comme étant incomplet. Le concept de nombre reste, pour Frege, intimement lié à la notion de corrélation biuni-

---

1. Frege, cependant, ne reviendra pas sur le sujet dans les *Grundgesetze*.

voque; mais on ne peut pas utiliser cette observation pour définir les noms de nombres au moyen du «Principe de Hume». Toute définition acceptable doit néanmoins être compatible avec le «Principe de Hume» et doit permettre de l'en déduire comme une conséquence quasi immédiate. Il s'agit dès lors, pour compléter la définition, de donner une définition explicite sur la base de laquelle le «Principe de Hume» peut être retrouvé. Et, de fait, dès qu'il a formulé sa définition de manière explicite, Frege s'attache à démontrer que l'on peut en déduire le «Principe de Hume».

C'est Charles Parsons qui, le premier, observa, dans son article intitulé «Frege's Theory of Number» (Parsons 1965), que, une fois démontré le «Principe de Hume», la définition explicite ainsi que toute autre référence à l'extension disparaissent tout simplement – que plus aucune référence aux extensions n'est contenue dans la démonstration de Frege. Celle-ci, en effet, se décompose en deux étapes: dans la première le «Principe de Hume» est démontré à partir de l'Axiome V et de la définition des noms de nombres utilisant la notion d'extension; puis, dans la seconde, les axiomes de l'arithmétique sont démontrés dans le cadre d'une pure logique du second ordre, à partir du seul «Principe de Hume». La remarque de Parsons ne créa cependant pas beaucoup d'émois, car pour qu'elle ait un quelconque intérêt, il eut fallu établir que le «Principe de Hume» était, contrairement à l'Axiome V, consistant dans le cadre de la logique du second ordre. Et Parsons n'a pas même posé cette question. Quelques vingt ans plus tard, Crispin Wright redécouvrit l'observation de Parsons et démontra de façon détaillée comment les axiomes peuvent être dérivés du «Principe de Hume» dans le cadre de la logique du second ordre (Wright 1983). Il montra également que toute tentative visant à répliquer le paradoxe de

Russell dans le nouveau système était voué à l'échec, et il conjectura que la nouvelle théorie était en réalité consistante. Une fois formulée, la conjecture fut rapidement prouvée[1].

Appelons *arithmétique frégéenne* une théorie du second ordre dont le seul axiome « non logique » est le « Principe de Hume ». Il est dès lors possible de démontrer que l'arithmétique frégéenne est consistante si l'arithmétique du second ordre l'est également; ou encore, si l'arithmétique frégéenne est inconsistante, l'arithmétique du second ordre l'est aussi. Mais si l'arithmétique du second ordre s'avérait être inconsistante, il en résulterait une crise des fondements des mathématiques auprès de laquelle la découverte du paradoxe de Russell ne serait, somme toute, qu'une simple peccadille. L'arithmétique frégéenne est donc ainsi (à peu près sans l'ombre d'un doute) consistante. Et l'arithmétique du second ordre peut être interprétée dans le cadre de cette dernière : une fois les définitions appropriées formulées, il est possible de démontrer, dans le cadre de la logique du second ordre, les axiomes de l'arithmétique à partir du « Principe de Hume ». Ou encore : toutes les vérités de l'arithmétique peuvent être logiquement déduites du principe (somme toute évident lorsqu'on en a compris la signification) qui veut que le nombre de *F*s est identique au nombre de *G*s si, et seulement si, les *F*s sont en correspondance biunivoque avec les *G*s. Et c'est à ce théorème, aussi surprenant qu'élégant, que l'on donne aujourd'hui le nom de Théorème de Frege. L'étude de la démonstration formelle détaillée que donne Frege des axiomes de l'arithmétique dans les *Grundgesetze* a montré qu'elle constitue

---

1. Cette hypothèse fut aussi démontrée, de façon indépendante, par George Boolos, John Burgess, Allen Hazen et Harold Hodes.

bien, pour peu qu'on l'examine avec bienveillance, une démonstration du Théorème de Frege [1].

Comment démontrer le Théorème de Frege? Il serait trop long d'en donner une présentation détaillée, mais il peut être utile d'indiquer les grandes lignes de la preuve. Notons « $Nx : Fx$ » l'énoncé « le nombre de x tel que Fx » et « $\mathrm{Eq}_x(Fx, Gx)$ » la formule qui définit « les Fs sont équinumériques aux Gs ». Le « Principe de Hume » s'écrit dès lors :

$$Nx : Fx = Nx : Gx \leftrightarrow \mathrm{Eq}_x(Fx, Gx).$$

Frege définit alors le zéro comme le nombre du concept *non identique à soi-même* :

$$0 =_{\mathrm{df}} Nx : x \neq x$$

On doit aussi définir « augmenter de un ». Ce que Frege définit est en réalité une relation entre nombres, que l'on pourrait nommer la relation de prédecession. Intuitivement, un nombre m est de un inférieur à un nombre n si un concept qui a le nombre m a un objet de moins qui l'instancie qu'un concept qui a le nombre n. C'est-à-dire : m précède (immédiatement) n seulement s'il existe un concept F et un objet y tels que le nombre de F est n, y est un F et le nombre de Fs différents de y est m. (Comparer cette définition à celle de « $n + 1$ » donnée dans la section 3.) Formellement, Frege donne cette définition :

$$Pmn \equiv_{\mathrm{df}} \exists F \exists y\, [n = Nx : Fx \,\&\, Fy \,\&\, m = Nx : (Fx \,\&\, x \neq y)]$$

Trois des axiomes usuels de l'arithmétique peuvent alors être facilement démontrés : que zéro ne possède pas de prédécesseur; qu'aucun nombre n'a plus d'un prédécesseur; et qu'aucun nombre n'a plus d'un successeur.

1. Voir R. G. Heck « The Development of Arithmetic in Frege's *Grundgesetze der Arithmetik* », *in* W. Demopoulos, *Frege's Philosophy of Mathematics,* Cambridge MA, Harvard University Press, 1995.

Prenons par exemple le premier axiome. Supposons un instant que zéro possède un prédécesseur, à savoir que, pour un certain m, nous ayons $Pm0$. Nous aurions alors, par définition, un concept F et un objet y tels que :

$$0 = Nx : Fx \& Fy \& m = Nx : (Fx \& x \neq y)$$

A savoir : 0 est le nombre de F, y est un F et m est le nombre des Fs différents de y. A fortiori, il doit donc exister un concept F, dont le nombre est 0, et sous lequel tombe quelque objet. Or ceci est impossible car 0 est le nombre du concept non identique à soi-même et, si 0 est le nombre des Fs, le nombre de Fs est le même que le nombre d'objets non identiques à eux-mêmes ; et donc, en vertu du « Principe de Hume », il doit exister un moyen d'établir une corrélation biunivoque entre ces objets non identiques a eux-mêmes et les Fs. Or une telle chose est impossible, si un objet, disons b, est un F : car avec quel objet non identique à lui-même b pourrait-il donc être en corrélation ? D'où il s'ensuit qu'aucun nombre ne précède zéro. La démonstration des deux autres axiomes est à peine plus difficile.

Deux autres axiomes restent à démontrer. Ils se réfèrent tous deux à la notion fondamentale de nombre naturel, ou fini, qui n'a pas encore été définie. L'un de ces axiomes est le principe d'induction mathématique. L'induction est une méthode qui a pour objet de démontrer que tous les nombres naturels partagent une certaine propriété. La méthode consiste à (i) démontrer que 0 possède cette propriété puis (ii) à démontrer que, si un nombre n possède cette propriété, son successeur $n + 1$ la possède aussi. Tentons, de façon intuitive, de saisir pourquoi cette méthode marche. Supposons que (i) et (ii) soient vérifiés. Alors 0 possède la propriété. Et, en vertu de (ii), $0 + 1$, soit 1, la possède également ; de même que $1 + 1$, soit 2 ; puis 3 et ainsi de suite. Ainsi tous les nombres naturels possèdent cette propriété *car tous les nombres naturels peuvent être « atteint » en partant de 0 et en ajoutant 1.*

La définition des nombres naturels que donne Frege a pour effet de transformer la clause en italique en une définition. Concernant le concept de nombre naturel, nous savons que : (i') 0 tombe sous ce concept ; et (ii') à chaque fois qu'un objet tombe sous ce concept, il en va de même du successeur de cet objet (s'il en possède un). Le fait est que nombreux sont les concepts qui remplissent les conditions (i') et (ii') : le concept *être identique à soi-même*, par exemple, remplit ces conditions puisque tout objet tombe sous ce concept. Mais tous les concepts ne remplissent cependant pas ces conditions : le concept *identique à 0* par exemple ne les remplit pas puisque 1, le successeur de 0, ne tombe pas sous ce concept et ne remplit donc pas la condition (ii'). Certains concepts remplissent donc les conditions (i') et (ii'), tandis que d'autres ne les remplissent pas : nous appellerons *inductifs* les concepts qui remplissent les conditions requises. Que pouvons-nous dire des concepts inductifs ? Et bien, si un concept est inductif, tout nombre naturel doit assurément tomber sous lui : 0 en vertu de (i'), 1 en vertu de (ii'), et ainsi de suite. Ou, pour reformuler le point différemment, on peut affirmer que, s'il existe un concept inductif sous lequel *a* ne tombe pas, *a* n'est pas un nombre naturel. Et, inversement, on peut également affirmer que, si *a* n'est pas un nombre naturel, alors il existe un concept inductif sous lequel *a* ne tombe pas, à savoir celui de *nombre naturel*. Ainsi un objet *a* n'est pas un nombre naturel si, et seulement si, il existe un concept inductif sous lequel il ne tombe pas. Ou bien encore, niant les deux termes de cette dernière affirmation :

> Un objet a est un nombre naturel si, et seulement si, a tombe sous tout concept inductif.

Ce qui, en tant que tel, peut désormais être pris pour une *définition* du concept de nombre naturel. Notons qu'on déduit immédiatement de cette définition que la démonstration par induction est valide. Car, si les hypothèses de l'induction, (i) et (ii), sont vérifiées, alors la propriété en question est inductive ; et, donc, tout nombre naturel la possédera.

On pourrait à juste titre s'inquiéter d'une certaine forme de circularité dans le dernier paragraphe. Il est donc, pour cette raison, important de souligner que toute circularité qui pourrait s'y trouver ne saurait résulter de la définition de Frege. Car nous pouvons formuler ce qu'*est* un concept inductif sans faire appel au concept de nombre naturel. De façon formelle, nous avons :

$$\text{Nat}(a) \equiv_{df} \forall F [F0 \,\&\, \forall x \forall y (Fx \,\&\, Pxy \to Fy) \to Fa]$$

Si jamais une circularité existait, celle-ci se trouverait plutôt dans le raisonnement utilisé pour justifier la définition, c'est-à-dire dans le raisonnement développé pour établir que *cette définition définit de façon appropriée le concept de nombre naturel*. Or, comme nous l'avons déjà souligné, ce type d'objection est tout à fait recevable puisque Frege a besoin que ses définitions capturent la signification des notions arithmétiques primitives. Ce genre d'objection, qui a été d'abord articulé par Henri Poincaré, a récemment été repris et développé par Charles Parsons (Parsons 1965, 1983). Mais je ne m'y attarderai pas et me contenterai d'indiquer ici que ces critiques sont liées aux problèmes de l'imprédicativité que nous avons mentionnés lorsque nous avons parlé des axiomes de compréhension de la logique du second ordre.

Le seul axiome de l'arithmétique que nous n'ayons pas encore discuté est de la plus haute importance, puisqu'il affirme que tout nombre naturel possède un successeur. Les axiomes que nous avons jusqu'à présent étudiés n'impliquent pas, en eux-mêmes, qu'il existe une infinité de nombres. Ils sont en fait consistants avec l'existence d'un seul nombre, à savoir zéro. Mais étant donné ces axiomes, la thèse que chaque nombre possède un successeur implique qu'il existe une infinité de nombres. Car 0 aura un successeur, que nous appellerons 1, dont il doit être distinct car, si 0 était identique à 1, 0 se précéderait et, donc, 0 aurait un prédécesseur, ce qui n'est pas le cas. Mais alors 1 possède également un successeur, que nous appellerons 2, qui doit être distinct de 0 (sinon 0 aurait, une fois encore, un prédécesseur, à savoir 1) et de 1 (car, dans le cas contraire, 1 se précéderait lui-même et, comme 0 précède aussi 1, cela contredirait le principe qui veut qu'aucun nombre n'ait plus d'un prédécesseur). Et de même 2 aura un successeur, que nous appellerons 3, distinct de 0, 1 et 2 ; et ainsi de suite.

Comment, des lors, démontrer que tout nombre possède un successeur ? Le raisonnement de Frege est bien trop complexe pour qu'il me soit possible de le présenter ici en détail, mais nous en avons déjà examiné le principe : nous devons définir 1, le successeur de 0, par $Nx : x = 0$; 2, le successeur de 1, par $Nx : (x = 0 \lor x = 1)$; et ainsi de suite. Le successeur d'un nombre n sera, de façon générale, le nombre de x tel que x est identique à 0, ou 1, ou... ou n. Ce raisonnement peut être rendu rigoureux, et sa démonstration ne pose aucun problème.

6. EN GUISE DE CONCLUSION : LA PORTÉE PHILOSOPHIQUE DU THÉORÈME DE FREGE

Le Théorème de Frege montre que les axiomes de l'arithmétique peuvent, dans le cadre d'une logique du second ordre, être déduits du « Principe de Hume ». Que peut-on conclure, en philosophie, d'un tel fait ? Que le logicisme est dans le vrai ? Il ne semble pas, si par logicisme, on entend la thèse que les vérités de l'arithmétique sont des vérités de la *logique*, car il n'existe aucune bonne raison de croire que le « Principe de Hume » soit lui-même une vérité de la logique. Pire même, étant donné la façon dont on tend, en philosophie contemporaine, à comprendre la notion de vérité logique (une vérité de la logique est un énoncé vrai dans toutes les interprétations), nous venons justement de démontrer que le « Principe de Hume » *n'est pas* une vérité de la logique, puisqu'il est faux dans le cadre de toute interprétation dont le domaine est fini.

On pourrait, cependant, penser que le « Principe de Hume », bien qu'il ne soit pas une vérité de la *logique*, possède tout au moins un statut épistémologique similaire. Wright (1983) suggère ainsi, par exemple, que ce principe peut être compris comme renfermant une « explication » des noms de nombres ou, pour être moins technique, que nous pouvons être convaincus de sa vérité en réfléchissant simplement à ce que *signifient* les noms de nombres. Si le « Principe de Hume » se déduit analytiquement, en ce sens, du concept de nombre, alors les axiomes de l'arithmétique s'avèrent être des conséquences d'un principe qui est lui-même analytique, en ce sens étendu – ce qui semble suffisant pour satisfaire les exigences épistémologiques du projet frégéen. Et si une telle approche n'est pas, à proprement parler, logiciste, la filiation est évidente.

Cette conception a, depuis que Wright l'a proposée, été au cœur de nombreux débats. Les problèmes auxquels elle doit faire face peuvent être regroupés en deux grandes catégories : le « problème de César » et l'objection de « la mauvaise compagnie ». Nous avons déjà examiné le premier point : l'objection liée au « César » vise à montrer que le « Principe de Hume » ne peut être considéré comme une explication des noms de nombres. Nous n'y reviendrons plus.

L'objection dite de « la mauvaise compagnie » est ainsi appelée parce qu'elle revient à dire que le « Principe de Hume » a pour inconvénient d'être naturellement associé avec des types de principes très douteux. Bien que le « Principe de Hume » ne soit pas en lui-même inconsistant, il est d'une forme qui peut engendrer l'inconsistance. Ainsi, par exemple, l'Axiome V est, comme nous l'avons vu, inconsistant et les deux principes sont de la forme :

> Le schmilblick de *F* est identique au schmilblick de *G ssi* les *F*s patati-patata les *G*s.

Ici, « patati-patata » est une relation entre concepts que l'on appelle, en jargon technique, une relation d'équivalence (c'est-à-dire qu'elle possède les propriétés formelles permettant de garantir que la définition ne contredira pas les lois de l'identité). Quel est donc le problème ? […] Si certaines propositions, similaires à une proposition donnée, posent problème, alors il semble naturel de suspecter que ces problèmes, même s'ils n'affectent pas directement ladite proposition, pourront, après un examen plus fouillé, se révéler être des symptômes de problèmes plus profonds, qui, eux, *affectent* la proposition de départ.

Une manière de développer l'objection est la suivante (Boolos 1998). Affirmer que le « Principe de Hume » est vrai nous enjoint, pour le moins, à affirmer également qu'il est consistant. Il serait en effet difficile d'imaginer comment nous pourrions affirmer savoir que ce principe est vrai sans être prêt à affirmer savoir qu'il est consistant. Il ne s'agit pas ici de mettre en doute le fait que nous sachions une telle chose : nous la savons parfaitement, tout comme nous savons bien d'autres choses que nous affirmons savoir en mathématiques. Mais il reste que la démonstration de consistance ne peut être formalisée que dans le cadre d'une théorie mathématique exceptionnellement forte, une théorie (en vertu du théorème de Gödel) essentiellement plus forte que l'arithmétique frégéenne. Or il semble quelque peu exagéré de nous demander d'accepter l'idée que nous puissions connaître une telle chose par le simple fait de réfléchir sur le concept de nombre.

Il paraît néanmoins difficile d'évaluer la portée d'une telle objection. En premier lieu, parce qu'une personne cherchant à nous convaincre que l'arithmétique est analytique nous demande déjà d'accepter quelque chose de difficile à avaler. Le raisonnement semble montrer, au mieux, que Wright aurait du affirmer, non seulement que nous savons que le « Principe de Hume » est vrai, mais que nous savons en plus également qu'il est consistant [...]. D'autre part, le raisonnement formulé dans le dernier paragraphe semble être d'une forme qui n'est pas sans rappeler bon nombre de raisonnements sceptiques, ce qui pose problème. Prenons l'exemple suivant : si je sais qu'il y a un ordinateur sur mon bureau, je dois aussi savoir qu'il existe un monde extérieur. Mais est-on pour autant en droit d'en déduire que le fait que j'affirme savoir qu'il y a un ordinateur sur mon bureau dépend de ma connaissance *antécédente et indépendante* de l'existence d'un monde extérieur ? Si tel est le cas, nous nous retrouvons confrontés à une sérieuse difficulté car il est difficile de voir comment, si je suspends ma croyance en ce qui concerne toutes les choses particulières dans le monde (c'est-à-dire si je soumets au doute cartésien toutes mes croyances particulières), je pourrais récupérer la réalité. Et c'est un argument désormais bien connu en épistémologie que de rejeter l'idée qui veut que, simplement parce qu'une affirmation A implique une autre affirmation B, affirmer savoir A doive *se fonder sur* le fait d'affirmer savoir B : il se peut en effet très bien que nous sachions B parce que nous savons A, et non l'inverse. Or cet argument semble pouvoir s'appliquer parfaitement au cas qui nous intéresse : si nous savons que le «Principe de Hume» est vrai, alors nous savons également qu'il est consistant; mais il ne s'ensuit pas que notre connaissance de sa vérité doive se fonder sur la connaissance indépendante de sa consistance.

Aussi satisfaisante que puisse être cette réponse, le fait est qu'il y a d'autres difficultés. Si cette approche prétend que tout principe consistant de la forme générale précédemment mentionnée est « analytique », alors elle est réfutable. Les principes de cette forme sont légion et certains d'entre eux, bien qu'en eux-mêmes consistants, sont inconsistants *entre eux*. Il est ainsi possible de formuler des principes qui, bien que consistants, impliquent qu'il n'existe qu'un nombre fini d'objets. Et puisque le «Principe de Hume» implique qu'il existe une infinité d'objets, il ne peut être consistant avec ces derniers. Pire encore, quelle que soit la proposition que vous choisissiez, il est possible de formuler un principe de la forme précédemment mentionnée qui l'implique et, tout aussi facilement, un autre principe de la même forme qui implique sa négation (Heck 1992). Ainsi tous les principes consistants de cette forme ne peuvent, en même temps, être *vrais* – et, moins encore, analytiquement vrais. Il devient dès lors nécessaire de trouver une méthode permettant de distinguer les « bons » principes des « mauvais ». Bien qu'il y ait eu de nombreux travaux sur ce problème, on ne sait pas encore comment le faire. Et même si on parvenait à isoler les « bons » principes, la question de savoir si on peut affirmer que les « bons » principes sont tous analytiques restera ouverte.

Rappelons cependant, une fois encore, qu'il ne faut pas accorder trop d'importance à cette question. Même s'il était avéré que le « Principe de Hume » n'est pas analytique, il pourrait néanmoins se faire qu'il ait un rôle à jouer dans la fondation de notre connaissance des vérités de l'arithmétique. Le « Principe de Hume » possède, après tout, un attrait intuitif très puissant ; et l'idée que la thèse qu'il exprime fait, à un niveau très fondamental, partie intégrante de notre compréhension du concept de nombre pourrait être vraie même s'il n'était *pas* vrai que le « Principe de Hume » soit analytique, en quelque sens que ce soit qui puisse sauver le projet frégéen [1].

---

1. Pour plus sur ce point, voir R. G. Heck « Counting, Cardinality, and Equinumerosity », *Notre Dame Journal of Formal Logic* 41, 2000.

Références

BOOLOS, G. (1998) « Is Hume's Principle Analytic ? », dans R. Jeffrey (éd.), *Logic, Logic, and Logic*. Cambridge MA, Harvard University Press, p. 301–314.

DEDEKIND, R. (1963) « The Nature and Meaning of Numbers », dans *Essays on the Theory of Numbers*, New York, Dover, tr. by W.W. Beman.

DEMOPOULOS, W. (ed.), (1995) *Frege's Philosophy of Mathematics,* Cambridge MA, Harvard University Press.

FREGE, G. (1962) *Grundgesetze der Arithmetik*. Hildesheim, Georg Olms Verlagsbuchhandlung. Une traduction en anglais de la Partie I est disponible dans Frege (1964), et une traduction de portions de la Partie III dans Frege (1970).

– (1964) *The Basic Laws of Arithmetic : Exposition of the System*, édition et traduction par M. Furth, Berkeley CA, University of California Press.

– (1970) *Translations from the Philosophical Writings of Gottlob Frege*, P. Geach, M. Black (eds.), Oxford, Blackwell.

– (1980) *The Foundations of Arithmetic*, 2ᵉ éd. révisée, tr. by J. L. Austin, Evanston IL, Northwestern University Press.

– (1997) *The Frege Reader*, M. Beaney (ed.), Oxford, Blackwell.

HALE, B. (1988) *Abstract Objects*, Oxford, Blackwell.

— et WRIGHT, C. (2001), *The Reason's Proper Study*, Oxford, Clarendon Press.

HECK JR., R. G. (1992) « On the Consistency of Second-Order Contextual Definitions », *Noûs* 26, p. 491–494.

– (1995) « The Development of Arithmetic in Frege's *Grundgesetze der Arithmetik* », *in* Demopoulos (1995), p. 257–294.

– (2000a) « Counting, Cardinality, and Equinumerosity », *Notre Dame Journal of Formal Logic* 41, p. 187–209.

– (2000b) « Syntactic Reductionism », *Philosophia Mathematica* 8, p. 124–149.

PARSONS, C. (1965) « Frege's Theory of Number », *in* M. Black (ed.), *Philosophy in America*, Cornell University Press, Repris dans Demopoulos (1995), p. 182–210.

– (1983) « The Impredicativity of Induction », Indianapolis, Hackett, p. 132–154.

WHITEHEAD, A. N., RUSSELL, B. (1925) *Principia Mathematica*, volume 1. Cambridge, Cambridge University Press.

WRIGHT, C. (1983) *Frege's Conception of Numbers as Objects*, Aberdeen, Aberdeen University Press.

Traduction Lionel Perrin (révisée)

MICHAEL DETLEFSEN

L'INTUITIONNISME DE BROUWER [1]

1. RÉSUMÉ

| L'objet de cet article est double : il s'agit, en premier lieu, **501** de développer quelques remarques relatives à cette philosophie des mathématiques connue sous le nom d'« intuitionnisme » et, en second lieu, d'inscrire ces remarques au sein d'un message plus général pour la philosophie des mathématiques dans son ensemble. Concernant le premier point, notre propos peut sans trop d'imprécision être résumé en ces deux thèses : d'une part, la critique intuitionniste des mathématiques classiques s'appuie principalement sur des considérations épistémologiques plutôt que sur des considérations relatives à la théorie de la signification ; d'autre part, la principale critique que l'intuitionnisme adresse à l'utilisation que les mathématiques classiques font de la logique *n'est pas* centrée sur *l'utilisation de principes logiques particuliers* (du type de la

---

[1]. M. Detlefsen, 1990, « Brouwerian Intuitionism », *Mind*, 99 (396), p. 502-534.

loi du tiers-exclu en particulier), mais plutôt sur le *rôle* que le mathématicien classique assigne (ou du moins fait jouer) généralement (c'est-à-dire sans égard aux principes *particuliers* utilisés) à l'utilisation de la logique dans la production de démonstrations mathématiques. Ainsi, la critique intuitionniste de la logique que nous nous proposons de présenter est de loin plus radicale que celle qui est communément décrite comme la « critique intuitionniste ».

Concernant le second thème, plus général, nous défendons l'idée qu'une restriction du rôle de l'inférence logique comme celle qui est mentionnée ci-dessus est nécessaire pour rendre compte de la différence qui semble exister entre les conditions dans lesquelles se trouvent ceux qui démontrent à l'aide d'un raisonnement qui s'appuie sur une authentique maîtrise du domaine étudié et ceux dont le raisonnement ne s'appuie pas sur une telle maîtrise, mais plutôt sur des principes d'inférence qui s'appliquent indifféremment à tous les domaines. Ce point, sur lequel Poincaré insista pourtant à maintes reprises, semble avoir été oublié du fait du développement rapide qu'a connu la logique au cours de ce siècle. Nous pensons qu'il mérite plus d'attention qu'il n'en a reçue et que, correctement pris en considération, il fournit une base « nouvelle » pour une épistémologie des mathématiques qui partage de nombreux traits avec l'intuitionnisme de Brouwer.

L'observation de Poincaré suggère une épistémologie qui opère selon un principe de conservation épistémique : il ne saurait y avoir d'accroissement de la connaissance véritable **502** | d'un domaine mathématique spécifique qui ne soit soustendu par l'accroissement d'une maîtrise (c'est-à-dire d'une saisie de nature *intuitive*) spécifique à ce domaine. Ainsi, le recours à une intuition ne peut être évité en mathématiques, même après qu'un système d'axiomes a été établi. L'inférence purement logique ne peut par conséquent accroître notre connaissance mathématique authentique et on ne saurait donc lui attribuer un rôle très important au sein de la démonstration.

La conception de l'épistémologie brouwerienne présentée dans cet article partage la préoccupation de Poincaré au sujet de la possibilité d'une épistémologie des mathématiques qui permettrait un accroissement de la connaissance mathématique ne s'accompagnant pas d'une maîtrise accrue du domaine mathématique particulier concerné. Cette nouvelle (c'est-à-dire : non classique) épistémologie requiert une nouvelle conception de l'inférence selon laquelle, pour qu'une vérité soit démontrée, il faut que, d'une manière ou d'une autre, elle fasse l'objet de quelque « expérience ». En outre, cette nouvelle conception de l'inférence restreint considérablement le rôle de l'inférence logique dans la démonstration. Par l'analyse ou l'inférence logique (classique), on peut tirer toutes sortes de propositions à partir d'une proposition qui a fait l'objet d'une expérience. Mais seules quelques-unes de ces propositions peuvent elles-mêmes être l'objet d'une « expérience » du genre approprié (exactement comme dans le cas des vérités perçues empiriquement, où seules quelques-unes de leurs conséquences logiques sont elles-mêmes perceptibles empiriquement). Ajoutons qu'aucune d'entre elles n'est l'objet d'une expérience du genre approprié du seul fait que l'on montre qu'elle est logiquement reliée aux prémisses.

Telle est, brièvement, la position développée dans le présent article. Comme nous l'avons mentionné, il s'agit de présenter l'intuitionnisme mathématique comme une conception essentiellement épistémologique plutôt que comme une conception ressortissant à la théorie de la signification. Nous nous efforçons par ailleurs de l'écarter du solipsisme communément attribué à Brouwer et de mettre au contraire l'accent sur le questionnement de Poincaré au sujet de la place de l'inférence purement logique au sein du véritable raisonnement mathématique. Le résultat, nous l'espérons, constitue à la fois une lecture intéressante de l'intuitionnisme et une appréciation renouvelée de l'importance de l'observation de Poincaré pour la philosophie des mathématiques.

2. LA PRÉOCCUPATION DE POINCARÉ

Poincaré présente sa position sous la forme d'une observation dont il fait l'une des « données » centrales de la philosophie des mathématiques. Cette observation est assez simple en substance et peut être présentée comme le résultat d'une expérience de pensée de l'espèce suivante.

> Imaginons deux agents connaissants M et L. M possède la connaissance ou la compréhension d'un sujet mathématique donné S que l'on attribue typiquement à un maître en mathématiques. L, de son côté, possède une maîtrise épistémique de S qui consiste en une connaissance d'un ensemble d'axiomes pour S et de la faculté (que l'on peut supposer excellente) de manipuler ou de développer ces axiomes conformément à des moyens *logiques* admis. Question : y a-t-il une différence significative | entre la condition épistémique de M et la condition épistémique de L eu égard à leur connaissance des mathématiques ?

503

Selon Poincaré, la réponse est affirmative : même une maîtrise *logique* parfaite d'un ensemble d'axiomes ne représenterait pas une authentique maîtrise mathématique des mathématiques ainsi axiomatisées. En effet, elle ne serait aucunement l'indice d'un degré appréciable de connaissance mathématique : la connaissance d'un ensemble de propositions mathématiques jointe à la maîtrise de leur manipulation logique n'équivaut pas à la connaissance mathématique de ces propositions ou des propositions qui en dérivent logiquement.

Selon Poincaré, par conséquent, le véritable raisonnement mathématique ne procède pas à l'échelle des pas logiques mais par le biais d'étapes plus importantes – des étapes qui requièrent une véritable compréhension intuitive du sujet mathématique qui est déployé sous la forme d'inférences. Ceci le distingue du raisonnement logique qui, *en vertu de son caractère éminemment neutre eu égard au sujet*, ne requiert et même n'admet aucun usage d'une telle compréhension intuitive dans la production d'inférences. En renonçant ainsi à recourir à toute information qui relève des particularités du sujet particulier examiné, le raisonnement logique renonce aussi à l'agilité de celui qui enjambe les ornières du terrain qui lui est familier, pour adopter le pas hésitant de celui qui, étant aveugle aux accidents de terrain particuliers rencontrés à tel ou tel endroit, doit faire des pas qui sont sûrs en *tout* lieu. Selon Poincaré, la sécurité ainsi obtenue ne saurait pallier la cécité qu'elle reflète. Le savoir-faire logique prévient les chutes, mais l'utilisation d'une canne pour se guider est un piètre substitut à la vue.

[…]

| Cette [idée selon laquelle il y a une différence, eu **505** égard à la connaissance mathématique, entre les conditions épistémiques de celui qui raisonne en logicien et de celui qui raisonne en mathématicien], si elle doit être prise au sérieux, est appelée à avoir des conséquences importantes relativement à la concep-tion que l'on peut se faire de la connaissance mathématique. Elle implique notamment ce que l'on pourrait appeler une conception *modale* – en tant qu'elle s'oppose à une conception *thématique* – de la connaissance mathématique.

Conçue thématiquement, la typologie de la connaissance obéit
à un schéma de classification qui ordonne la connaissance
au sujet qui en constitue le contenu. Ainsi, pour qu'une
connaissance que *p* soit considérée comme une κ-connais-
sance (c'est-à-dire une connaissance de type κ), il suffit que
p soit une vérité *au sujet de* κ. Suivant ce modèle, la
connaissance mathématique devient simplement connaissance
d'une vérité *mathématique* (c'est-à-dire la connaissance d'une
vérité qui relève d'un sujet ou d'un thème mathématique).

506   Selon la conception *modale*, en revanche, la | typologie
de la connaissance n'est pas ordonnée à la classification des
sujets sur lesquels portent les propositions sues. Ce sont au
contraire des différences relatives à l'attitude cognitive particulière adoptée qu'elle sanctionne. Aussi bien, la connaissance
mathématique devient plus que la simple connaissance d'une
proposition mathématique et est distinguée par un certain
mode ou un certain *type* d'état cognitif.

Il est bien sûr difficile de répondre à la question de savoir
en quoi celui-ci consiste exactement, autrement dit de savoir ce
qui distingue d'autres modes de connaissances ce mode
spécifique de connaissance qu'est la connaissance mathématique. Ceci peut susciter discussion au sein du camp « modaliste ». Poincaré, par exemple, croyait que cela avait fondamentalement à voir avec la capacité d'apercevoir quelle
fonction ou quelle position occupe une proposition à l'intérieur du domaine plus étendu auquel elle appartient ; dans cette
perspective, on en vient à posséder une connaissance mathématique en ayant une vision globale de la place qu'occupe une
proposition au sein d'une entreprise épistémique de plus vaste
portée. Brouwer, de son côté, croyait que connaître mathématiquement une vérité consistait à « en faire l'expérience » en
quelque manière. D'autres diraient que le caractère distinctif

de la connaissance mathématique est son indépendance vis-à-vis de considérations empiriques. D'autres encore insisteraient sur le fait que le degré de certitude joue un rôle important. Et ainsi de suite[1].

Nous n'entreprendrons pas ici de trancher entre de telles épistémologies modalistes rivales, puisque les implications de la conception modale de la connaissance mathématique qui nous occupent principalement sont de nature plus générale que celles qui relèvent d'une articulation particulière de cette conception. De première importance pour nous sont les implications d'une épistémologie modaliste des mathématiques qui ont trait à la façon dont il convient de concevoir la *croissance* ou l'*extension* du savoir mathématique. De plus, comme nous allons le voir brièvement, l'utilisation de l'inférence logique dans la production de la connaissance mathématique est compatible seulement avec des conceptions modalistes faibles selon lesquelles les traits distinctifs de la connaissance mathématique sont des caractéristiques à grande échelle qui ne

1. Il est peut-être utile de donner quelques éléments de comparaison entre les positions de Brouwer et de Poincaré sur ce point. L'un comme l'autre décrivent le mode spécifique qui caractérise la connaissance mathématique comme une connaissance par « intuition ». Cependant, ils n'entendent pas par là la même chose. Poincaré, comme nous l'avons mentionné plus haut, considère que l'intuition est constituée par une certaine sorte d'intégration du savoir – dont le caractère est en dernier ressort davantage théorique que pratique – qui permet au savant mathématicien de voir comment une certaine démonstration ou un certain théorème sont liés à d'autres démonstrations et à d'autres théorèmes et comment, en vertu de cette liaison, ils contribuent à l'accomplissement de la recherche plus large dans laquelle ils s'inscrivent et à laquelle ils sont subordonnés. Pour Brouwer, en revanche, la caractéristique saillante et distinctive de l'intuition est qu'elle consiste en un type de connaissance qui repose sur une expérience dont la nature est fondamentalement pratique et qui, par conséquent, ne saurait être étendue par le moyen de l'inférence logique. Ce point est développé plus bas.

la spécifient que de manière grossière (par exemple le haut degré de certitude ou le caractère *a priori*).

Comme nous l'avons déjà noté, l'idée clef de la conception modaliste est qu'avoir une connaissance mathématique d'une proposition donnée *p* est avoir une certaine *espèce* de connaissance que *p*. Ainsi, si une sorte de connaissance de *p* doit être étendue à une autre proposition *q* par le moyen d'une inférence de *p* à *q*, alors cette inférence doit préserver les caractères spécifiques de la connaissance de *p* en vertu desquels celle-ci

507 est de cette sorte. Par conséquent, si une connaissance | de l'espèce particulière κ doit être étendue par les moyens d'une inférence *logique*, alors l'inférence logique doit préserver les caractères d'un fragment de savoir donné qui font de celui-ci une κ-connaissance. Pour le dire autrement, si la κ-connaissance de *p* doit être étendue à la κ-connaissance de *q*, alors les caractères qui distinguent la κ-connaissance doivent faire partie des propriétés des croyances qui sont préservées par inférence logique.

Cette condition n'est ni triviale ni sans effet, car il y a manifestement des types de connaissance qui peuvent être distingués par des caractères qui ne sont pas préservés par inférence logique. Considérons par exemple la connaissance par expérience sensorielle directe. Je regarde l'herbe devant ma fenêtre et je vois qu'elle est verte. En tournant sur ma chaise dans la direction opposée, j'observe le tapis dans le couloir et je vois qu'il est gris. Je peux inférer *logiquement* de la connaissance ainsi acquise que l'herbe devant ma fenêtre est verte et que le tapis dans le couloir est gris. Cependant, en raison des difficultés pratiques relatives à cette situation (par exemple mon incapacité de diriger mes yeux dans des directions opposées au même instant, de voir autour ou à travers des coins, etc.), je ne peux pas produire une expérience sensorielle directe dont le contenu est que l'herbe devant ma fenêtre est verte et que le tapis dans le couloir est gris. Ainsi, étendre logiquement le contenu de la connaissance obtenue par expérience sensorielle directe ne garantit pas que le contenu étendu de cette manière sera accessible au moyen *du même mode cognitif* (dans ce cas, par une expérience sensorielle directe).

[...]

| Ainsi, la *manipulation logique* du contenu d'un état **508** mental est une chose et la *manipulation pratique* de son mode cognitif en est une autre. Par conséquent, l'assomption selon laquelle le savoir mathématique peut être étendu au moyen du raisonnement logique n'est pas innocente. La seule capacité manifeste de l'inférence logique est celle d'être un procédé d'abstraction, c'est-à-dire un procédé qui opère la *séparation* du *contenu* d'un état cognitif donné de son *mode d'occurrence*, et qui soumet ce contenu à diverses sortes d'analyses qui conduisent à la production de nouveaux contenus. De la sorte, il ne s'agit pas automatiquement d'une extension ou d'une continuation de l'état cognitif duquel le contenu a été séparé, mais plutôt d'une *réflexion* centrée *sur* son contenu. Dans la mesure où elle est centrée sur le contenu plutôt que sur le mode cognitif, on peut en attendre une préservation du contenu d'un fragment de connaissance donné, mais sans aucune garantie correspondante que le contenu ainsi préservé apparaisse au sein du même mode cognitif que l'original.

Un tel échec dans l'extension du mode cognitif d'un fragment de connaissance donné n'a, bien sûr, rien de tragique si l'occurrence au sein de ce mode est accessoire, ou au moins inessentiel, eu égard à son caractère épistémique global ou à sa valeur [...]. Brouwer et son prédécesseur

« pré-intuitionniste[1] » Poincaré ne croient pas, cependant, qu'il en soit généralement ainsi dans le cas de la connaissance mathématique, et leur croyance est ancrée dans l'observation que nous désignons ici par l'expression : « la préoccupation de Poincaré », à savoir que la condition épistémique de celui qui a acquis une maîtrise logique ou axiomatique d'un domaine mathématique donné est inférieure à celle de celui qui en possède une maîtrise authentiquement mathématique.

509 | Si leurs manières de rendre compte de cette différence sont distinctes, tous deux la tiennent fermement pour un fait fondamental de l'épistémologie des mathématiques. Dans le présent article, nous considérerons seulement l'épistémologie de Brouwer, réservant l'étude de celle de Poincaré pour une autre occasion. En revanche, à titre de préparation pour présenter les idées de Brouwer, il sera utile d'exposer au moins les traits élémentaires de la principale conception qui leur est opposée, à savoir celle qu'on appelle « l'épistémologie classique ».

---

1. « Pré-intuitionniste » était l'expression utilisée par Brouwer pour désigner les positions philosophiques de ce qu'on appelle « l'école française », dont les figures principales étaient Borel, Lebesgue et Poincaré. La partie « intuitionniste » tient sa justification du fait que, selon Brouwer, ces penseurs considéraient l'objectivité et l'exactitude de certaines parties « séparables » des mathématiques (à savoir la théorie des nombres naturels, qui comprend le principe d'induction complète et tout ce qui peut en être dérivé sans faire appel à ce que Brouwer appelle « l'axiome d'existence ») comme étant indépendante du langage et de la logique. La partie « pré- » entend souligner le fait qu'ils n'étendaient pas cette tentative de trouver une base extra-linguistique et extra-logique à la connaissance du continu, tâche que Brouwer estimait être d'une importance capitale. *Cf.* Brouwer (1951), p. 2-3.

3. L'ÉPISTÉMOLOGIE CLASSIQUE

L'épistémologie qui sous-tend les mathématiques classiques (que nous appellerons, par souci de brièveté, *épistémologie classique*) insiste sur la composante *contentuelle* de la connaissance au détriment de la question de son *mode cognitif*. Selon cette conception, si le sujet connaissant en mathématiques s'appuie sur quelque expérience introspective (ou sur quelque intuition) pour parvenir aux propositions initiales de son édifice épistémique, il est à partir de ce point libre de faire abstraction des aspects *non-contentuels* de cette expérience ou de les ignorer, et de se concentrer en revanche sur sa composante *contentuelle*. À ce compte, ce qui importe épistémiquement eu égard au mode cognitif d'un événement épistémique donné est ce que l'on pourrait appeler son *effet de conviction*, c'est-à-dire le degré de certitude qu'il confère à la proposition qui exprime son contenu. Mais puisque des modes cognitifs très différents sont susceptibles d'avoir le même effet de conviction, l'identification de l'importance épistémique d'un mode cognitif avec son effet de conviction produit une épistémologie qui tend à réduire le nombre des différences épistémiquement significatives entre les modes cognitifs. Cela, à son tour, conduit à soutenir une conception selon laquelle l'inférence n'a pas ou peu l'obligation de préserver les caractères du mode cognitif des prémisses (puisque peu d'entre eux sont de quelque importance épistémique). Au-delà de l'effet de conviction, l'épistémologie classique des mathématiques, du moins dans certaines de ses variantes, accorde une place à des caractéristiques à grande échelle du mode cognitif, comme son caractère *a priori* ou *a posteriori*. Cependant, la sensibilité à des traits qui opèrent à si grande échelle ne peut certainement pas fournir une grille suffisamment fine pour établir des distinctions à faible échelle – en particulier une distinction du type de celle, décrite dans la section précédente, qui permet d'établir une démarcation entre le raisonnement logique et le 510 raisonnement mathématique, | démarcation que Brouwer et Poincaré considéraient comme de la plus haute importance au sein d'une épistémologie des mathématiques pleinement développée.

Dans la conception classique, donc, la démonstration ou l'inférence est une procédure de l'espèce suivante : en mathématiques, le sujet connaissant commence avec une connaissance qui relève d'un certain mode cognitif; il fait alors abstraction de toutes les caractéristiques de ce mode cognitif qu'il considère comme n'étant pas épistémiquement pertinentes, ne prenant plus en considération que des traits comme l'effet de conviction et, disons, la distinction *a priori* / *a posteriori*; en ayant ainsi étroitement réduit le champ de ses préoccupations épistémiques, il a de manière concomitante élargi l'horizon de l'inférence en rendant possible l'extension de sa connaissance à *toute* nouvelle proposition qui peut être obtenue à partir de celle qui exprime son ancien savoir, par des moyens susceptibles de préserver (dans une mesure suffisante) le noyau étroitement réduit de ses *desiderata* épistémiques (à savoir son effet de conviction et la distinction *a priori* / *a posteriori*). […]

Ainsi, moins (plus) il y a de contraintes sur la préservation des caractéristiques du mode cognitif des prémisses, moins (plus) est restreint le champ des possibilités pour l'inférence. Par conséquent, l'épistémologie classique confère à la justification inférentielle un rôle d'autant plus important qu'il impose à la préservation du mode cognitif des exigences relativement faibles. C'est là peut-être le point sur lequel elle contraste le plus significativement avec l'épistémologie brouwerienne. Comme nous le verrons dans la prochaine section, les exigences que pose l'épistémologie brouwerienne sur la préservation du mode cognitif sont si fortes qu'elles laissent très peu de possibilités pour transformer la justification d'une proposition en la justification d'une autre proposition. Et puisque l'aptitude à faire usage de la justification d'une proposition pour produire la justification d'une autre proposition semble être l'essence même de la justification inférentielle, il en résulte que l'épistémologie brouwerienne accorde à celle-ci un champ comparativement moins étendu. D'où le recours comparativement plus important à ce que l'on pourrait appeler « l'intuition ».

En vertu de l'analyse conduite ci-dessus, l'inférence logique (au moyen de laquelle la connaissance mathématique | est censée être étendue) est essentiellement une réflexion 511 comparative sur les *contenus*, au sein de laquelle ceux-ci sont considérés comme relativement indépendants des activités ou des processus épistémiques auxquels ils sont attachés. Elle ne *reflète* ni n'*exprime* les caractéristiques des activités épistémiques qui sous-tendent ces contenus de manière à impliquer des relations pratiques entre eux. L'idée de base de l'épistémologie classique est donc que les caractéristiques épistémiquement pertinentes d'une expérience donnée ou d'un fragment d'activité intellectuelle en sont séparables ou détachables. La mémoire, ou une aptitude semblable, est appelée à soutenir les effets épistémiques et la fécondité d'un fragment d'activité mentale bien après que l'activité elle-même a cessé d'exister dans l'expérience. Une aptitude comme la mémoire a pour fonction de « retenir » le contenu et la garantie conférés par une expérience (ou par une autre activité de garantie) de telle sorte que ceux-ci puissent être transmis à des contenus propositionnels qui n'appartiennent pas à ce mode cognitif.

L'analyse *logique* « détache » alors les résultats contentuels de ces processus épistémiques eux-mêmes, et les traite comme des entités indépendantes, le résultat étant que l'inférence logique ou la connaissance sont conçues comme consistant davantage en la manipulation de *contenus garantis* qu'en la manipulation de *processus de garantie*.

Dans l'épistémologie classique, par conséquent, l'effet épistémique d'une garantie est assez stable – étant préservé par des transformations qui tolèrent une altération massive des caractéristiques du ou des processus particuliers qui ont originellement produit la garantie.

Ce qui motive cette épistémologie classique de l'inférence est une certaine conception du langage et de l'entreprise épistémologique en général, que nous appellerons : « conception *logico-intensive* ou r*eprésentationnelle-intensive* ». En arrière-plan de cette conception se trouve l'idée de base selon laquelle, bien que la connaissance commence peut-être par « l'intuition » ou par quelque espèce d'expérience, elle peut néanmoins – et le doit ou le devrait en de nombreux cas – être étendue en l'absence d'une extension correspondante de cette intuition ou de cette expérience. Ainsi, bien que l'expérience puisse être nécessaire pour que le savoir *commence*, elle a une valeur strictement limitée en tant que moyen d'*extension* du savoir[1].

---

1. Brouwer lui-même semble avoir soutenu une position de cette sorte au sujet des relations entre les mathématiques et les sciences de la nature.

« L'importance des mathématiques eu égard à la pensée scientifique consiste principalement en ceci qu'un groupe de séquences causales observées peut souvent être manipulé plus aisément en faisant de son substrat mathématique dépouillé des éléments qualitatifs une *hypothèse*, c'est-à-dire un système mathématique plus compréhensible et dont l'examen est plus aisé. Les séquences causales représentées abstraitement dans l'hypothèse, mais qu'on

| C'est cette croyance en l'exploitabilité épistémique 512 limitée de l'expérience qui constitue la base de la conception *logico-intensive* ou r*eprésentationnelle-intensive*. Selon celle-ci l'expérience elle-même est une denrée relativement inextensible, soit à cause de difficultés pratiques, soit à cause des coûts qui lui sont associés. Dans cette perspective, notre condition épistémique est vue comme une situation dans laquelle nous est alloué un budget relativement modeste en termes d'expérience ou d'intuition pour mettre en marche l'entreprise épistémique, et dans laquelle il y a peu d'opportunités de presser ou de pétrir ce modeste budget de départ pour en tirer un capital plus important susceptible de répondre à nos besoins épistémiques. Nous nous en remettons par conséquent à l'*inférence* qui, selon la conception classique, nous offre les bénéfices épistémiques de l'extension de l'expérience sans les coûts qui lui sont attachés et les difficultés qu'elle soulève. […]

n'a jusqu'ici ni observées ni considérées comme observables, se trouvent plus tard réalisées. » ((1948), p. 482).

Cependant, d'un usage présentement plus significatif est l'idée que la conception classique des mathématiques subordonnée à la logique peut être articulée aux mathématiques authentiques *de la même manière que*, dans le passage que nous venons de citer, les mathématiques sont dites être articulées (ou en quelque façon articulables) aux sciences naturelles. Ainsi, le raisonnement logico-intensif classique est au raisonnement mathématique authentique ce que la manipulation à l'aide de représentations mathématiques dépouillées des éléments qualitatifs est à l'enquête empirique. Ils peuvent constituer des instruments plus ou moins précis de prédiction de l'occurrence de séries causales d'intuitions ; mais quelque précis – et même parfaitement précis – qu'ils puissent être, ils ne doivent pas être confondus avec la vérification intuitive actuelle ou potentielle de telles séquences. Nous en dirons davantage à ce sujet plus bas.

4. L'ÉPISTÉMOLOGIE BROUWERIENNE

Au sujet de l'origine du point de vue classique, Brouwer émet l'hypothèse suivante :

> [...] on a postulé que certaines régularités très familières de notre expérience interne ou externe du temps et de l'espace sont invariables, soit exactement, soit avec le plus haut degré d'approximation que l'on puisse atteindre. On les a appelées axiomes et intégrées au langage. Sur cette base, on a développé des systèmes de propriétés plus compliquées à partir du substrat linguistique des axiomes, par le moyen du raisonnement et en suivant le guide de l'expérience, mais sous la conduite linguistique et par l'usage des principes de la logique classique [...] [Selon ce point de vue] la logique est autonome, et les mathématiques dépendent (sinon existentiellement, du moins fonctionnellement) de la logique.
>
> Brouwer (1951), p. 1

Il poursuit en pointant ce qu'il considère comme l'erreur fondamentale (ou du moins l'une des erreurs fondamentales) de ce point de vue, à savoir la croyance

> [...] en la possibilité d'étendre sa connaissance de la vérité par le processus mental de la pensée, et en particulier de la pensée accompagnée d'opérations de nature linguistique indépendantes de l'expérience – ce que l'on appelle « le raisonnement logique » – grâce à laquelle on parvient à adjoindre, à un stock limité d'assertions « évidemment » vraies fondées sur l'expérience et parfois appelées axiomes, une abondance de vérités supplémentaires.
>
> Brouwer (1955), p. 113

Comme antidote à cette méprise sur le rôle du raisonnement logique dans la production du savoir mathématique, Brouwer propose son fameux Premier Acte de l'Intuitionnisme, qui consiste à

> |[...] séparer complètement les mathématiques du langage 515 mathématique et par conséquent des phénomènes linguistiques décrits par la logique théorique, à reconnaître que la mathématique intuitionniste est une activité de l'esprit essentiellement non langagière, qui trouve son origine dans la perception d'un changement temporel.
>
> Brouwer (1951), p. 4

Selon Brouwer, la mathématique est essentiellement une forme d'*expérience* ou d'*activité* de construction introspective dont la croissance et le développement ne peuvent donc pas procéder de l'extrapolation logique de son contenu (comme le maintient l'épistémologie classique), mais plutôt seulement de son développement *phénoménologique* ou *expérientiel* – c'est-à-dire de son extension à *d'autres expériences* de même espèce épistémique. L'extrapolation logique du contenu – c'est-à-dire l'inférence logique – ne peut jamais, écrit Brouwer, « déduire un état de choses *mathématique* »[1]. Au sein des véritables mathématiques, les théorèmes sont démontrés « exclusivement par le moyen d'une construction introspective »[2]. Les lois logiques ne sont pas des « directives pour des actes de construction mathématique » (*cf.* (1907), p. 79), mais dérivent plutôt des régularités du langage (éventuellement mental) utilisé pour exprimer ou représenter de telles constructions. Et si les régularités d'un tel système de représentation peuvent se

---

1. Brouwer (1954), p. 522-48. Nous soulignons.
2. Brouwer (1948), p. 488.

montrer utiles lorsque nous essayons de nous rappeler d'authentiques expériences mathématiques, et pour les communiquer aux autres, elles ne doivent pas être confondues ou identifiées aux moyens qui permettent d'étendre effectivement cette expérience[1]. En effet, il faut garder à l'esprit le fait que, même considérés uniquement comme des instruments de mémorisation et de communication, de tels schémas destinés à représenter l'expérience se montrent limités en termes d'exactitude et de correction (Brouwer (1951), p. 5).

La connaissance mathématique est ainsi essentiellement une forme d'activité de construction et cela a pour conséquence que l'extension de cette connaissance doit prendre la forme d'une extension de cette activité au lieu d'être une simple extrapolation logique désincarnée de son contenu. C'est sur ce noyau anti-classique de l'épistémologie brouwerienne que porte principalement la présente étude.

Ainsi, la thèse centrale, générale et radicale de Brouwer affirme le caractère *expérientiel-intensif* de la connaissance mathématique et de son développement – et nie son caractère *logico-intensif* : la connaissance mathématique est une forme d'expérience ou d'activité, et son développement requiert donc le développement de cette activité. Par conséquent, si la connaissance mathématique d'une proposition p doit être étendue à la connaissance mathématique d'une proposition q, l'expérience ou l'activité dont le contenu est p doit être *transformée en* une expérience ou en une activité dont le contenu est q. En contradiction avec le modèle classique du développement épistémique, l'épistémologie de Brouwer ne présente donc pas celui qui démontre comme réfléchissant sur des

---

1. Brouwer (1908), p. 108 ; Brouwer (1955), p. 551-552.

contenus, créant du neuf à partir de l'ancien par le moyen de cette réflexion logique et transférant ainsi au neuf ce qui garantit l'ancien (en se référant au fait | que les modes 516 d'analyse contentuelle employés préservent la garantie). Bien plutôt, – et on ne saurait trop insister sur l'importance de cette différence dans le cadre de la présente discussion – le mathématicien transforme des expériences démonstratives ou des activités démonstratives en de nouvelles démonstrations de même nature et se fait alors témoin de l'extension de sa connaissance à de nouvelles propositions quand de telles propositions émergent comme les contenus des expériences démonstratives nouvellement créées. Ce qui est crucial et fondamental est la création d'une nouvelle expérience démonstrative. En effet, une fois qu'une telle expérience existe, la connaissance peut être étendue à son contenu, quel qu'il soit. C'est une question secondaire de savoir quelle relation logique le contenu de cette expérience nouvellement créée pourrait entretenir avec celui de l'ancienne car l'extension de la connaissance ne procède pas par extraction logique de nouvelles propositions à partir d'autres propositions déjà connues, mais plutôt par transfor-mation phénoménologique d'une expérience démonstrative en une autre – le contenu nouveau émergeant comme *contenu de* la nouvelle expérience produite par cette transformation. L'inférence ou la démonstra-tion mathématique suit ainsi le chemin des possibilités rela-tives aux activités mathématiques davantage que la chaîne des connexions déterminées par quelque analyse logico-linguistique des contenus (propositionnels) de telles activités, comme le soutient l'épistémologie classique.

Voici donc en substance la *première* – sinon en termes de reconnaissance, du moins en termes d'importance principielle – critique que Brouwer adresse aux mathématiques classiques.

Cette critique de l'épistémologie classique porte non pas tant sur un choix particulier de principes logiques comme moyens d'étendre la connaissance mathématique que sur le fait qu'elle attribue un tel pouvoir épistémologique à *n'importe quel* ensemble de principes purement logiques. Pour un brouwerien, la démonstration est plus (et aussi moins) qu'une simple série de prises de position épistémiques dont les contenus sont logiquement mis en relation; au lieu de cela, elle se déploie selon une séquence d'activités dans laquelle ce que l'on pourrait appeler «l'accessibilité par l'action» d'une activité de construction à partir d'une autre est plus importante que l'accessibilité logique du contenu de l'une à partir du contenu de l'autre [1].

1. Heyting caractérisait la différence entre sa logique et la logique classique par la séparation entre une «logique de la connaissance» et une «logique de l'existence». Dans une logique de la connaissance, disait-il, «un théorème logique exprime le fait que, si nous connaissons une démonstration pour certains théorèmes, nous connaissons alors aussi une démonstration pour un autre théorème» (1958, p. 107). Cependant, il n'est pas du tout aisé de voir clairement si cette manière de penser l'engendrement épistémique est proche de la façon dont l'épistémologie brouwerienne la conçoit. Pour le brouwerien, on peut dire d'une démonstration Π' donnée qu'elle est engendrée par une autre démonstration Π seulement quand l'activité de construction ou l'expérience qu'*est* Π peut etre transformee en une activité de construction qui serait Π'. En vertu de cela et du fait que connaître une démonstration ou un théoreme revient à vivre ou à mettre en œuvre l'activité qui *est* cette démonstration, il semblerait qu'il s'ensuive que la connaissance de la démonstration qui est Π n'implique pas automatiquement la connaissance de la démonstration qui est Π'. Il semble donc qu'une logique intuitionniste n'est pas tant, comme Heyting le proposait, une logique de la connaissance qu'une logique de la connaissance-par-effectuation-actuelle.

Il se pourrait aussi que Brouwer attribuât aux activités démonstratives une plus grande autonomie que celle que leur attribuait Heyting. Heyting considérait que les expériences démonstratives peuvent être décomposées suivant des lignes contentuelles; autrement dit, il soutenait que si une expérience

[...]

| C'est [la] problématique de l'exactitude qui est en arrière- 518
plan de la *seconde* (mais mieux connue) critique adressée par
Brouwer aux mathématiques classiques, à savoir la critique du
principe du tiers exclu et des principes de la logique classique
qui lui sont connexes.

> [...] la fonction des principes logiques n'est pas de gouverner
> les arguments concernant les expériences sous-tendues par
> des systèmes mathématiques, mais de décrire des régularités
> qui sont par la suite observées au sein du langage du système
> [...]
> Seule demeure donc la question plus particulière qui suit : est-
> il permis, au sein des constructions et des transformations
> purement mathématiques, de négliger pour quelque temps
> l'idée du système mathématique en construction et d'opérer
> au sein de la structure linguistique correspondante, en

démonstrative Π a comme contenu une proposition composée *p*, alors pour
chaque composant *c(p)* de *p* il y a une sous-activité isolable *c(Π)* de Π telle que
c(Π) est une activité démonstrative dont le contenu est *c(p)*. Ceci suggère bien
sûr que les démonstrations peuvent être déformées logiquement, et rien ne
laisse clairement penser que les types de transformations de démonstrations que
Brouwer avait à l'esprit (c'est-à-dire les transformations qui constituent le
développement optimal – le libre déploiement – de la connaissance mathématique) se prêteraient à de telles déformations. Il admettait certes qu'il y a des
activités démonstratives intuitionnistes qui correspondent à certaines des
démonstrations construites dans le cadre d'un système axiomatique, mais cela
pouvait signifier seulement qu'elles s'accordaient eu égard au contenu et non eu
égard à la structure de composition des sous-démonstrations. En effet, si, pour
le brouwerien, les activités démonstratives peuvent être structurées, il n'est pas
évident que les éléments de cette structure correspondent à ceux de la structure
des sous-démonstrations d'une démonstration axiomatique, car il n'y a
apparemment pas de raison que ce qui structure une activité complexe en tant
que telle doive suivre les lignes induites par la déformation contentuelle. Nous
reviendrons sur ces problèmes dans la section conclusive de cet article.

> appliquant les principes du *syllogisme*, le principe de *contradiction* et le principe du *tiers exclu*, et pouvons-nous alors être assurés que chaque partie de l'argument peut être justifiée par le rappel à l'esprit de la construction mathématique correspondante?
> Nous montrerons ici que cette confiance est fondée pour les deux premiers principes, mais pas pour le troisième.
>
> Brouwer (1908), p. 108-9

519 | La critique brouwerienne du principe du tiers exclu n'avait donc pas le statut d'un argument visant à montrer que ce principe ne pouvait pas jouer un rôle significatif dans la construction d'une démonstration, alors que d'autres principes logiques le pouvaient. Il s'agissait plutôt de la critique d'un dispositif de « calcul » : d'un dispositif qui, même s'il était parfait, ne pouvait jouer aucun rôle sérieux dans la production de véritables démonstrations, mais pouvait seulement permettre d'identifier les propositions susceptibles d'être démontrées. La critique de Brouwer consiste à dire que, utilisé comme (partie d'un) dispositif pour déterminer quelles propositions sont susceptibles d'être les contenus d'expériences démonstratives intuitionnistes, le tiers exclu conduirait à identifier certaines propositions comme possédant cette propriété alors qu'en fait elles ne la possèdent pas. Ce principe est par conséquent insatisfaisant comme (partie d'un) dispositif instrumental pour « calculer » quelles propositions sont susceptibles de devenir les contenus d'expériences démonstratives intuitionnistes.

En plus de cette première sorte d'inexactitude provenant de l'incorrection s'en ajoute une seconde. Cette seconde forme d'inexactitude provient du fait que la logique classique est *incomplète* en tant que dispositif pour déterminer les propositions qui sont susceptibles d'être démontrées. Brouwer défendit avec vigueur ce point et développa une batterie de résultats tirés de l'analyse pour l'illustrer[1]. Parmi ceux-ci, le plus célèbre est probablement sa démonstration du Principe de Continuité, c'est-à-dire du théorème qui énonce que toute fonction réelle totale sur l'intervalle unité fermé est uniformément continue[2].

Brouwer pouvait ainsi résumer sa critique de la logique classique comme instrument de détermination des propositions susceptibles de constituer les contenus d'une expérience démonstrative intuitionniste en disant qu'« il y a des structures intuitionnistes que l'on ne peut faire entrer dans aucun cadre logique | classique et [qu'] il y a des arguments classiques qui **520** ne s'appliquent à aucune image introspective » (*cf.* Brouwer (1948) p. 489). La première partie de cette affirmation souligne l'inexactitude provenant de l'*incomplétude* de l'instrument classique, alors que la seconde souligne celle qui résulte de son *incorrection*. Si l'on devait amender les principes de la logique classique de telle sorte que soient éliminés ces défauts, on posséderait alors un instrument logique approprié, autrement dit un dispositif exact de détermination des propositions qui constituent des contenus potentiels d'expériences démonstratives intuitionnistes. Cependant, un tel dispositif ne servirait toujours qu'à *identifier* les propositions susceptibles d'une justification intuitionniste – ce qui diffère considérablement de (et est épistémiquement inférieur à) l'obtention effective d'une telle justification.

Telle est en tout cas notre compréhension du point de vue de Brouwer, qui contredit fortement la version courante de l'intuitionnisme présentée dans la littérature. Selon la version

1. Brouwer (1949), p. 495-497 ; Brouwer (1949), p. 497-498.
2. Brouwer (1923), p. 248.

courante, la critique du tiers exclu est présentée comme la pièce maîtresse des thèses intuitionnistes et comme le nœud de sa critique des mathématiques classiques. Notre lecture diffère de celle-ci à deux égards. En premier lieu, elle suggère que la question : « Quelle logique est la logique des mathématiques ? » (et en particulier la sous-question : « Le principe du tiers exclu fait-il partie de la logique des mathématiques ? ») est d'une importance secondaire. Plus fondamentale est la question suivante : « Quel rôle *n'importe quelle* logique (y compris la « bonne ») doit-elle jouer dans la construction des démonstrations intuitionnistes ? » Vue de cette perspective, la question : « Quelle logique est la logique des mathématiques ? » ne peut être considérée que comme trompeuse.

Le second aspect selon lequel notre lecture diffère de la lecture courante réside dans l'importance bien moindre qu'elle attribue à la critique du tiers exclu – même eu égard au rôle qu'il joue dans la critique de la logique classique considérée comme un dispositif d'identification et de rappel mnémotechnique. Selon l'interprétation présentée ici, cette critique ne doit être vue que comme un volet d'une critique en deux parties de plus grande portée ; celle-ci ne concerne pas uniquement la correction du dispositif de rappel mnémotechnique et d'identification, mais aussi sa complétude. La critique du tiers exclu est fondamentalement une critique de la correction et contribue peu, sinon pas du tout, à l'examen de la question de la complétude, en dépit du fait que cette dernière compte autant pour l'exactitude du dispositif de rappel mnémotechnique et d'identification que la question de la correction.

[…]

521 |La présentation de l'épistémologie brouwerienne esquissée jusqu'ici insiste sur les effets induits par la prééminence qu'elle donne à l'occurrence de la connaissance selon une *modalité expérientielle*, prééminence qu'elle considère comme un aspect important de la connaissance mathématique. Cette insistance, cependant, ne semble pas motivée. Pour combler ce manque, nous devons à présent examiner certains thèmes plus profonds de l'épistémologie brouwerienne.

Commençons par rappeler un principe de l'intuitionnisme maintes fois répété, qui constitue la pierre angulaire de la conception de Brouwer. Ce principe n'est autre que l'idée, triviale en apparence mais en réalité assez radicale, selon laquelle les mathématiques sont, en leur essence, une forme d'*activité* mentale. Nous proposons de prendre au sérieux cette insistance sur le caractère *agissant*, *pratique* des mathématiques, et d'explorer ainsi la possibilité de considérer que l'épistémologie brouwerienne est fondée sur une conception davantage *pratique* que *théorique* de la connaissance mathématique.

| Selon cette manière de voir, les mathématiques sont un **522** corps d'actions ou de capacités d'action plutôt qu'un corps de vérités (c'est-à-dire une *science* au sens traditionnel du terme). De la même façon, la connaissance mathématique est plus un savoir du type *connaître-pratiquement-comment* accomplir certaines actions, qu'un savoir du type réflexion rationnelle sur diverses propositions, et *reconnaissance-intellectuelle-du-fait-que* elles sont vraies. Notre intention est donc aussi de considérer comme fondamentale cette distinction entre la connaissance pratique et la connaissance théorique. Autrement dit, nous proposons de l'interpréter de telle sorte qu'elle implique, tout au moins au niveau de l'équivalence épistémologique, la non-convertibilité de ces deux types de

connaissance. [1] On peut concevoir que les activités mentales de l'intuitionniste ont des contenus propositionnels au même titre que les attitudes ou les « admissions » de l'épistémologie conventionnelle. Mais, en *vivant* ces contenus ou en *en faisant l'expérience*, on les « enregistre » épistémiquement d'une façon qui n'est réductible – tout au moins sans perte épistémique – à aucune espèce de saisie purement intellectuelle. L'insistance sur cette propriété de pouvoir être vécu ou éprouvé est une manière d'exprimer le caractère pratique du savoir concerné. Nous « vivons » nos activités. Par conséquent, puisque le savoir mathématique est en dernier ressort une activité ou une capacité d'agir, il se manifeste en dernier ressort à travers notre expérience ou notre vécu pratique. […]

Dans une épistémologie dominée ainsi par une conception pratique de la connaissance, on ne devrait pas être surpris que soient dévalués les appareillages de la conception théorique ou scientifique de la connaissance que sont l'utilisation de l'inférence logique et de la méthode axiomatique, et que soit remise à sa juste place la question de la convertibilité (ou, pour reprendre le terme que nous avons utilisé, de la « transformabilité ») d'une capacité pratique ou d'une capacité d'action dans une autre. Ainsi, au sein de l'épistémologie esquissée

523 ici, un domaine | de la pensée mathématique (le corrélat de ce qu'est une *théorie mathématique* au sein de la conception

---

1. Pourquoi ne pas considérer aussi la maîtrise logique d'un schème d'implications comme un type de savoir pratique? Ce n'est certainement pas l'idée de l'intuitionniste de nier que l'extraction d'implications logiques est en un certain sens une forme d'activité mentale. Il doit par conséquent défendre l'idée qu'il y a une différence fondamentale entre l'activité mentale qui constitue le procès de construction mathématique et l'activité mentale qui constitue l'extraction d'implications logiques. En dernière analyse, bien sûr, le brouwerien devra rendre compte de ce en quoi consiste cette différence.

traditionnelle) doit être conçu comme un corps d'actions organisé par un schème de connexions entre ces actions qui reflète quelque espèce de disposition pratique à passer d'un *acte* à un autre, plutôt qu'un corps de vérités organisé par un réseau de relations logiques. De même, à la place d'une planification du développement épistémique qui conçoit celui-ci comme une marche qui va d'une « admission » intellectuelle à une autre à travers l'incessante exploitation logique des propositions ainsi admises, en direction d'un but qui serait l'admission « complète » (c'est-à-dire l'admission de l'ensemble complet des vérités relatives à un domaine de la science concernée), on a affaire au déroulement d'un développement pratique qui est conçu comme consistant en la transformation pratique d'un acte en un autre de telle sorte que l'activité mathématique globale d'une personne soit rendue plus conforme à un réseau ou à un « flot » d'actions considéré comme représentant l'idéal d'une *vie* mathématique riche et féconde.

Ainsi, aussi bien le but que le processus du développement épistémique se modifient dès lors qu'on passe d'une conception théorique de la connaissance mathématique à une conception pratique de cette connaissance. À la place d'un but identifié à une connaissance théorique « complète », on trouve l'idéal d'une *vie* pratique riche et féconde, considérée non pas (ou du moins pas primordialement) en termes de propriétés logiques (comme la consistance et la complétude) possédées par l'ensemble des propositions connues, mais plutôt en termes de capacités pratiques que ses activités représentent. Et, à la place de l'extension épistémique du domaine de nos « admissions » intellectuelles de propositions à partir d'autres propositions *via* l'inférence logique, on trouve l'extension de nos capacités pratiques, laquelle repose sur l'acquisition et la réalisation de dispositions qui relient une activité

mathématique à une autre. Nos activités démonstratives
« locales » ou individuelles se trouvent ainsi unies en un tout
global (une *vie*) par un schème de relations qui sont consti-
tuées, non par les relations logiques qui prévalent au sein de
leurs résultats propositionnels, mais plutôt par les affinités
d'action ou les affinités comportementales qui les relient. Il
faut ainsi voir différentes activités démonstratives comme
mettant en évidence, non seulement une relation logique entre
leurs contenus, mais aussi une relation globale de « conve-
nance » ou de « continuité » qui reflète une disposition *pratique* à passer de l'exécution d'un acte à celle d'un autre acte de
manière à approcher l'idéal d'une *vie* mathématique riche et
féconde – laquelle est aussi définie en termes de réalisations et
de capacités *pratiques*. Ainsi, l'orientation globale en un lieu
donné (c'est-à-dire pour une activité démonstrative locale
donnée) est correcte si cette activité locale est dispositionnel-
lement reliée à d'autres activités démonstratives de telle
manière qu'en se développant de façon naturelle ces activités
croîtraient pour former un corps d'activités démonstratives
possédant le type de potentiel pratique qui est considéré
comme constitutif de la maturité mathématique.

[…]

524 | Le modèle de savoir pratique que nous venons d'esquisser
n'est qu'une tentative pour donner chair, à la manière de
Brouwer, au thème central de notre argument, à savoir qu'il
apparaît, comme Poincaré l'avait souligné, que le raisonnement mathématique diffère fondamentalement du raisonnement logique, et qu'en vue de rendre compte de cette différence il convient, semble-t-il, de rejeter l'épistémologie logico-
intensive classique en ce qui concerne les mathématiques.

[…]

|5. La logique intuitionniste 525

Terminons par quelques remarques sur une conséquence quelque peu troublante de notre position, à savoir sur la grande disparité entre notre présentation de l'attitude de l'intuitionniste brouwerien à l'égard de la logique, d'une part, et celle de l'intuitionniste d'aujourd'hui, de l'autre : celui-ci attribue un rôle bien plus important à l'utilisation de l'inférence logique au sein du raisonnement mathématique que ne le fait celui-là. Dans cette dernière section de l'article, nous allons examiner quelques présupposés de la conception d'aujourd'hui afin de déterminer ce qui serait requis pour les justifier. En particulier, nous nous concentrerons sur les présupposés relatifs à la manipulation des constructions mathématiques mentales qui sont nécessaires à la défense de la logique intuitionniste et nous examinerons leur plausibilité en tant que caractéristiques structurales d'un domaine de constructions mentales de type pratique ou théorique comme celles décrites dans la dernière section. Notre conclusion sera négative : les présupposés relatifs à la manipulation de constructions mathématiques mentales qui semblent nécessaires à la défense de la logique intuitionniste ne sont pas plausibles | au titre de caractéristi- 526 ques de la connaissance pratique ou théorique décrite dans la dernière section.

Commençons par le *locus classicus* de l'intuitionnisme d'aujourd'hui – à savoir Heyting, où la conception standard des constructions mathématiques considérées comme des démonstrations est introduite ainsi (1956, p. 102)[1] :

---

1. Des remarques semblables peuvent être trouvées dans Heyting (1934), p. 14 et suivantes (les numéros de page renvoient à la réimpression de 1974 par Springer-Verlag).

[...] une proposition mathématique **p** requiert toujours une construction mathématique qui possède certaines propriétés données ; elle peut être assertée dès qu'une telle construction a été effectuée. Nous disons dans ce cas que la construction *démontre* la proposition **p** et nous l'appelons *démonstration* de **p**.

Ayant ainsi caractérisé la condition première d'une démonstration comme étant la maîtrise d'une construction, Heyting en vient à donner une description plus détaillée des conditions spécifiques d'assertion relatives aux différentes sortes de propositions composées qui peuvent être formées par l'application des diverses opérations logiques à des propositions plus simples. Naturellement, cette description est gouvernée par une certaine conception de la dynamique de la maîtrise d'une construction, autrement dit par une conception des lois générales selon lesquelles la maîtrise d'un ensemble donné de constructions induit celle d'autres constructions. Un schème inductif est ainsi donné, qui indique comment la maîtrise des constructions relatives à des propositions composées logiquement est mise en relation avec la maîtrise des constructions relatives à des propositions plus simples[1]. En posant que « $\pi(\chi, A)$ » signifie « χ est une construction qui démontre A », on obtient pour ce schème quelque chose comme ceci :

(i) $\pi(\chi, A \wedge B)$ ssi $\chi = \langle \chi_A, \chi_B \rangle$ et $\pi(\chi_A, A)$ et $\pi(\chi_B, B)$.

(ii) $\pi(\chi, A \vee B)$ ssi $\chi = \langle \chi_A, \chi_B \rangle$ et $\pi(\chi_A, A)$ ou $\pi(\chi_B, B)$.

(iii) $\pi(\chi, A \rightarrow B)$ ssi pour toute construction κ, si $\pi(\kappa, A)$ alors $\pi(\chi(\kappa), B)$.

---

1. *Cf.* Troelstra (1969), p. 6 *sq.*; Dummett (1977), p. 12 *sq.*; van Dalen (1979), p. 133-4 ; McCarty (1983), p. 122-126.

(iv) $\pi(\chi, \neg A)$ ssi pour toute construction κ, si $\pi(\kappa, A)$ alors $\pi(\chi(\kappa), \perp)$, où $\perp$ est une proposition reconnue comme réfutable de manière intuitionniste.

(v) $\pi(\chi, \exists x A x)$ ssi il y a une (un terme pour une) construction τ et une construction (démonstrative) κ telles que $\chi = \langle \kappa, \tau \rangle$ et $\pi(\chi, A(\tau))$.

(vi) $\pi(\chi, \forall x A x)$ ssi pour tout nombre n, $\pi(\chi(n), A(\mathbf{n}))$ où « $\mathbf{n}$ » est le terme numérique standard correspondant à n.

À la base de ces conditions, qui ont pour vocation d'énoncer les lois qui gouvernent l'interaction entre la maîtrise de la construction de propositions simples et la maîtrise de la construction de propositions composées, on trouve un ensemble | de contraintes structurales portant sur le domaine **527** des constructions intuitionnistes induites par les conditions générales suivantes : (1) deux constructions quelconques peuvent être « couplées » pour donner une nouvelle construction, (2) les constructions qui constituent des démonstrations de propositions composées peuvent être décomposées de manière à obtenir des constructions démontrant certaines propositions plus simples, et (3) il y a des constructions qui peuvent être appliquées à d'autres constructions de manière à produire d'autres constructions.

La nécessité de la première condition est illustrée par la clause (i) considérée de la droite vers la gauche (règle d'introduction de l'opérateur $\wedge$). Ici, la maîtrise des constructions séparées démontrant respectivement A et B est réinvestie dans la maîtrise d'une construction de $A \wedge B$ par le « couplage » des constructions individuelles démontrant A et B en une construction unique qui est alors utilisée comme construction démontrant $A \wedge B$.

La nécessité de la deuxième des conditions structurales mentionnées ci-dessus peut aussi être illustrée par la clause (i) considérée cette fois-ci de la gauche vers la droite (règle d'élimination de ∧). Ici, on commence avec une construction unique démontrant la proposition $A \wedge B$ et on la décompose en des constructions composantes qui sont les constructions démontrant A et B. La décomposition de constructions démontrant des propositions composées en constructions démontrant des propositions plus simples (dans le cas des ∧-composants, il s'agit des composants de la proposition composée dont il est supposé que l'on maîtrise la construction) est donc supposée caractériser le domaine des constructions intuitionnistes.

La clause relative au conditionnel illustre bien la nécessité de la troisième des conditions structurales mentionnées ci-dessus. Ici, on suppose que la construction χ est telle qu'on peut l'*appliquer* elle-même *à* des constructions démontrant A afin d'obtenir des constructions démontrant B. On considère ainsi que le domaine des constructions intuitionnistes contient certaines constructions qui sont elles-mêmes susceptibles d'opérer sur des constructions de telle sorte que soient produites d'autres constructions.

La position des conditions (1)-(3) a ainsi pour effet de créer une sorte « d'algèbre » relative au domaine des constructions intuitionnistes. La tâche qui nous incombe est de déterminer la plausibilité de l'« algèbre » ainsi conjecturée quand elle est considérée comme une algèbre des constructions que l'on trouve dans les modèles pratique ou théorique de la connaissance évoqués dans la section précédente.

Afin de disposer d'un exemple concret, nous présenterons notre argument en faisant spécifiquement référence à la conjonction logique. Des arguments similaires pourraient être développés au sujet des autres opérations logiques, mais les problèmes que nous souhaitons mettre en évidence apparaissent de la manière la plus claire et la plus simple dans le cas de la conjonction. En outre, il apparaît que c'est un bon choix stratégique de se concentrer sur la conjonction dans la mesure où les intuitionnistes d'aujourd'hui semblent la considérer comme la moins problématique de toutes les opérations logiques. Par conséquent, tout problème soulevé à son endroit pointe probablement une difficulté fondamentale. Considérons donc | l'affirmation selon laquelle une **528** démonstration de $A \wedge B$ peut être obtenue à partir d'une démonstration de A et d'une démonstration de B par le moyen d'une opération censée « coupler des démonstrations ».

Il est facile de passer à côté du problème que soulève une telle affirmation car il est tentant de prendre ce qui est, en réalité, une affirmation au sujet du fonctionnement d'un type *naturel* d'activité mentale (à savoir les constructions mathématiques mentales de l'intuitionniste) pour une affirmation portant sur quelque espèce de possibilité purement logique ou conceptuelle. En d'autres termes, on peut être tenté de penser qu'il est possible de défendre l'affirmation en question en indiquant simplement la possibilité conceptuelle de relier une démonstration de A et une démonstration de B pour en faire une sorte d'unité, ou en les réunissant par la pensée.

Dans le modèle pratique de la connaissance esquissé dans la section précédente, les constructions mathématiques mentales de l'intuitionniste forment une espèce *naturelle*, c'est-à-dire un type d'activité dont les lois de combinaison ne sont pas gouvernées par le simple fait de pouvoir être conçues, mais par les lois qui gouvernent l'espèce naturelle d'activité concernée. Le simple fait (si c'est un fait) que nous puissions toujours concevoir le couplage d'une construction de A et d'une construction de B de manière à produire une construction de $A \wedge B$ ne suffit pas à montrer que le type naturel de construction mathématique mentale fonctionne aussi de cette manière. Nous pouvons effectuer des opérations logiques sur les contenus de nos constructions, mais il pourrait se faire qu'au lieu de coïncider avec les lois qui gouvernent le flot naturel des activités de construction, elles suivent une direction transversale par rapport à celui-ci. Le « couplage » n'est ainsi qu'une simple étiquette collée à une opération mentale qui n'est pas décrite, qui est plutôt douteuse (parce qu'elle va à l'encontre de l'autonomie généralement observée de l'activité de construction par rapport à la machinerie logique) et qui est supposée nous permettre de faire de deux actes de construction quelconques un acte unique (complexe) dont le contenu est la conjonction des contenus des expériences séparées.

Des remarques similaires s'appliquent au modèle théorétique de la connaissance. Le fait que l'on soit en possession d'une démonstration locale de A et d'une démonstration locale de B n'implique pas que l'on soit ou que l'on puisse être en possession d'une démonstration locale de $A \wedge B$ (bien que cela puisse bien sûr être le cas pour certains A et B particuliers, et même pour certains *types* limités de A et de B). Cela est particulièrement manifeste si A et B sont obtenus à partir de différents cadres locaux, mais on doit aussi généralement s'y attendre même si A et B sont obtenus à partir d'un même cadre local puisque le raisonnement selon lequel la démonstration locale de A et la démonstration locale de B doivent être reliées entre elles n'est pas local mais plutôt global. Par conséquent, ce n'est pas en vertu d'une compréhension ou d'une saisie locale que les deux démonstrations sont reliées, ce qui pourrait suffire à refuser à la démonstration composée le statut de raisonnement local.

L'attrait de la règle d'introduction de la conjonction et des autres règles de la « logique intuitionniste » pourrait être dû pour une large part au fait que, depuis la formalisation originale de cette logique par Heyting, la plupart des travaux consacrés au sujet ont été de nature plus technique que philosophique et qu'ils ont donné lieu à des constructions *syntaxiques* claires, précises et qui peuvent être effectivement implémentées, *homologues* aux opérations mentales | qui portent sur **529** les constructions de démonstrations (à savoir le couplage de démonstrations, la décomposition de démonstrations et l'application de constructions) qui seraient requises par une véritable logique des raisonnements intuitionnistes. Dans la mesure où l'on peut effectivement les implémenter, ces opérations syntaxiques sont, bien sûr, acceptables d'un point de vue intuitionniste ; et cela a pu conduire certains à perdre de vue le fait que ce ne sont cependant pas, malgré tout, des procédures qui opèrent sur des démonstrations intuitionnistes *per se*, mais seulement sur certaines de leurs *représentations syntaxiques*.

De telles opérations syntaxiques ou formelles qui portent sur des représentations de démonstrations ne *suggèrent* pas non plus clairement d'opération parallèle au niveau des démonstrations mentales véritables. Essayons de rendre ce point manifeste en considérant l'homologue syntaxique du couplage des démonstrations, à savoir la concaténation syntaxique. La concaténation est une opération qui implique l'arrangement en séquence de *concretia* dans l'espace et dans le temps. Or, on ne peut certainement pas produire une démonstration mentale « composée » en mettant deux démonstrations « plus petites » bout à bout. En effet, quelle *signification* claire peut être donnée à l'idée de mettre bout à bout des *mentalia* ? Même en faisant l'hypothèse supplémentaire (qui n'est aucunement évidente) que des états mentaux doivent être considérés comme des *concretia* de quelque espèce (par exemple, des états cérébraux), qu'est-ce que la concaténation syntaxique pourrait suggérer comme parallèle au niveau des *mentalia*? On peut difficilement attendre de la contiguïté spatiale d'états cérébraux qu'elle donne les mêmes résultats que la « concaténation » de démonstrations mentales. Et on ne peut en attendre davantage de la contiguïté temporelle puisqu'il y a de nombreux états mentaux temporellement contigus auxquels on ne peut donner aucune espèce d'unité mentale signifiante (par exemple, un état correspondant à une construction mathématique mentale suivi d'un état correspondant au fait d'être surpris par un bruit).

Il semble donc clair que l'on ne peut pas considérer que l'opération syntaxique qui justifie l'introduction de la conjonction en *logique intuitionniste formalisée* justifie l'introduction de la conjonction comme règle des *démonstrations intuitionnistes authentiques*, puisque si la « concaténation » peut apparaître claire en tant qu'opération portant sur des entités syntaxiques, elle ne fournit pour autant aucune indication sur ce que pourrait être son homologue au niveau de la démonstration mentale[1].

Les remarques que nous venons de faire portent sur une conception de la conjonction intuitionniste selon laquelle celle-ci est fondée sur la possibilité de coupler les constructions démonstratives de *A* et de *B* de manière à produire une

---

1. Certains auteurs qui acceptent aujourd'hui la logique intuitionniste sont conscients des difficultés soulevées par le fait de traiter les démonstrations intuitionnistes comme des processus mentaux plutôt que comme des entités syntaxiques, même s'ils ne nous semblent pas mesurer dans toute leur ampleur les conséquences de leurs suggestions. *Cf.* Martin-Löf (1983, 1984 et 1987) 1983), et Sundholm (1983).

nouvelle construction démonstrative dont le contenu est $A \wedge B$. Il existe, cependant, une conception alternative de la conjonction intuitionniste[1]. Selon cette conception, une démonstration de $A \wedge B$ ne doit pas être vue comme une troisième entité composée (χ_A, χ_B), distincte aussi bien de χ_A que de χ_B (qui sont les démonstrations respectives de A et de B), et cependant formée par quelque combinaison de ces dernières donnant lieu à une construction unique dont le contenu est $A \wedge B$. Elle consiste plutôt à | maîtriser d'une certaine manière **530** les constructions individuelles distinctes χ_A et χ_B : à les maîtriser, pour ainsi dire, « simultanément ».

Cette façon de penser la conjonction dispense du besoin de montrer qu'il existe un couplage mental d'opérations qui préserve le caractère local (dans le cas d'une approche de l'épistémologie intuitionniste qui défend une conception théorétique de la connaissance) ou qui préserve le type naturel d'activité constructrice intuitionniste (dans le cas d'une approche qui défend une conception pratique de la connaissance) quand on l'utilise pour conjoindre des démonstrations distinctes afin de former une démonstration composée de la conjonction de leurs contenus. Elle permet en effet d'y voir une construction de la proposition composée $A \wedge B$ sans que l'on ait affaire à une construction unique dont le contenu est la conjonction des contenus de la construction de A et de la construction de B. À ce compte, la maîtrise des constructions distinctes de A et de B est tout ce qui est requis, pourvu, bien sûr, que cette « maîtrise » fournisse un égal accès aux deux constructions à un instant donné.

---

1. *Cf.* Dummett (1977), p. 12 et Martin-Löf (1983).

Cette interprétation est peut-être adéquate dans le cas de l'élimination de la conjonction puisque tout ce qu'elle requiert est qu'une démonstration de $A \wedge B$ soit de nature à permettre un accès aussi bien à une démonstration de A qu'à une démonstration de B – et la maîtrise « simultanée » des démonstrations de A et de B correspond exactement à ce genre de chose. Mais en ce qui concerne l'introduction de la conjonction, c'est une autre histoire : il semble en effet qu'on attende d'une démonstration de $A \wedge B$ plus que le simple fait de fournir un égal accès aux démonstrations individuelles de A et de B. Elle doit être quelque chose qui transforme la maîtrise simultanée des démonstrations distinctes de A et de B en une démonstration qui synthétise leurs contenus respectifs. C'est en effet à cette seule condition qu'elle peut constituer un candidat à l'inférence véritable. Car l'inférence véritable requiert qu'il y ait quelque « transformation » (c'est-à-dire quelque changement d'état mental) lorsque l'on passe des prémisses à la conclusion. Par conséquent, quel que soit l'état que l'on considère comme constituant une saisie épistémique de la conclusion, il doit être différent de celui qui constitue une saisie des prémisses.

Cette condition est remplie pour l'élimination de la conjonction même lorsque l'on considère que la maîtrise d'une démonstration de $A \wedge B$ consiste en ce que nous avons appelé la maîtrise « simultanée » des démonstrations de A et de B. En effet, la conclusion d'une inférence par élimination de la conjonction ne requiert que la saisie d'une démonstration de A ou d'une démonstration de B, alors que la prémisse requiert une saisie simultanée des deux. Mais il n'en est pas de même dans le cas de l'introduction de la conjonction. Dans ce cas, les prémisses requièrent déjà la maîtrise simultanée d'une démonstration de A et d'une démonstration de B et non pas seulement les maîtrises distinctes d'une démonstration de A et d'une démonstration de B, puisqu'il est nécessaire d'*unir* en quelque façon les démonstrations pour pouvoir s'élever à la conclusion. Etre en possession d'une démonstration de A et d'une démonstration de B, mais sans être capable de les tenir ensemble, ne permettrait rien d'autre que de fournir une démonstration de A et, séparément, une démonstration de B. Il y a ainsi une différence entre maîtriser séparément une démonstration de A et une démonstration de B et les maîtriser ensemble sous la forme d'une certaine sorte d'unité (autrement dit les maîtriser « simultanément »), et c'est cette dernière situation qui est requise par les prémisses de l'introduction de la conjonction.

| En vertu de cela et du fait que, comme nous l'avons vu **531** plus haut, l'inférence véritable requiert quelque espèce de « transformation », nous pouvons déduire que la conclusion d'une inférence effectuée par introduction de la conjonction requiert davantage que la seule maîtrise simultanée des démonstrations de A et de B – du moins dans la mesure où l'introduction de la conjonction est censée constituer une forme d'inférence véritable. Le supplément qui est requis est la synthèse des contenus des démonstrations de A et de B qui font connaître les prémisses. Les constructions de démonstrations mathéma-tiques mentales de l'intuitionniste (en tant qu'opposées aux constructions d'objets ou de termes) sont des états *intentionnels*, c'est-à-dire des états mentaux qui *portent sur* des objets (construits) et qui ont par conséquent un contenu propositionnel.[1] Ainsi, d'ordinaire, ou peut-être devrions-

---

1. Il est possible de voir là la source de l'insistance de l'intuitionniste sur la construction des objets mathématiques – sans une telle construction, les objets ne peuvent tout simplement pas être « donnés » à l'esprit de telle manière que soient rendus possibles d'authentiques états mentaux (c'est-à-dire des états

nous dire : *canoniquement*, être en possession d'une construction (démonstrative) mathématique mentale pour une proposition σ, c'est être dans un état intentionnel μ qui a σ pour contenu et qui survient selon un certain mode M_μ qui reflète ses origines « locales » (dans le cas du modèle théorétique de la connaissance) ou son appartenance à un type naturel d'activité de construction intuitionniste (dans le cas du modèle pratique de la connaissance). De manière dérivée, ou non canonique, être en possession d'une construction mathématique mentale pour σ, c'est être dans un état mental μ, ce qui facilite l'accès à une (autrement dit : met – du moins idéalement – en position de produire) construction mathématique mentale canonique μ dont le mode est M_μ et dont le contenu est σ.

Dans un cas comme dans l'autre, cependant, être en possession d'une construction mathématique mentale de $A \wedge B$ implique que l'on soit dans un état intentionnel dont le contenu est $A \wedge B$ ou que l'on y a accès. Il en résulte que le fait d'être en possession d'une construction mathématique mentale de $A \wedge B$ diffère du simple fait d'être en mesure de produire d'une même manière un état intentionnel dont le contenu est A et un état intentionnel dont le contenu est B, ce qui revient à être « simultanément » en possession d'une construction démonstrative de A et d'une construction démonstrative de B. Par conséquent, pour être une authentique forme d'inférence, l'introduction de la conjonction doit être considérée comme transformant la maîtrise « simultanée » de A et de B en une

ayant un contenu). L'articulation entre « percepts » (= objets de construction) et « concepts » suggérée par cette conception pourrait constituer un autre aspect important du caractère kantien de l'épistémologie intuitionniste. Depuis la rédaction du présent article, nous avons eu connaissance d'une remarque similaire dans Tieszen (1992).

construction démonstrative ayant $A \wedge B$ pour contenu. Pour cette raison, la conception de la conjonction intuitionniste qui soutient qu'il est équivalent d'être en possession d'une construction démonstrative de $A \wedge B$ et d'être en possession d'une construction démonstrative de A et d'une construction démonstrative de B est intenable.

En examinant les deux conceptions contemporaines de la conjonction intuitionniste, il nous est donc apparu qu'aucune des deux ne rend compte de manière plausible de la manière dont l'inférence conjonctive peut être incorporée aux procédures mentales intuitionnistes. De plus, ce que nous avons dit de la conjonction semble pouvoir aussi bien s'appliquer à d'autres éléments de la logique intuitionniste. Nous pouvons par conséquent conclure que l'on peut remettre en question le rôle de la logique intuitionniste au sein du raisonnement | mathématique intuitionniste, et trouver suspecte l'idée selon **532** laquelle l'« algèbre » des constructions sur laquelle cette logique est censée s'appuyer constitue une description du mode intuitionniste de formation des constructions complexes.

6. CONCLUSION

Dans le présent article, nous avons tenté d'esquisser une présentation de l'intuitionnisme brouwerien qui est nouvelle en ce qu'elle fait porter l'accent, non pas sur le caractère privé ou intérieur de « l'activité de construction autonome et intérieure » (*cf.* Brouwer (1955), p. 551), mais sur son *autonomie* et en ce qu'elle prétend reconnaître dans cette autonomie la base de son rejet radical de la logique, évitant ainsi les écueils solipsistes d'une approche fondée sur l'inté-

riorité[1]. Nous avons, de plus, présenté deux manières différentes de mettre l'accent sur l'autonomie : d'une part, un
modèle pratique de la connaissance qui insiste sur l'autonomie
structurale dont jouit la construction démonstrative en tant
qu'espèce naturelle d'activité possédant son propre type
naturel de « transformation » et, d'autre part, un modèle théorétique de la connaissance dans lequel l'autonomie vient du
fait que le flot de connaissance est rendu possible par une saisie
locale plutôt que par des possibilités inférentielles globales.
Les deux fournissent des bases sur lesquelles on peut s'ap-
puyer pour minimiser le rôle de l'inférence logique au sein du
raisonnement mathématique.

    Ces deux modèles apparaissent comme des hypothèses
transcendantalement déduites par la recherche de l'explication

---

1. *Cf.* Brouwer (1948), p. 480-2. En abandonnant cette emphase mise sur le
caractère privé ou intérieur de l'activité mentale de construction, nous
délaissons aussi la séparation opérée par Brouwer pour distinguer les divers
moyens – actifs/causaux et passifs/réflexifs – d'élargir l'expérience mathématique personnelle. Selon cette conception, la qualité épistémique (qui constitue
à n'en pas douter pour Brouwer une forme de qualité esthétique) du « déploiement » de la notion fondamentale de dyade est affectée par le degré de manipulation causale volontaire impliquée dans sa production. La manipulation
causale « habile » et « astucieuse », dont le but « immoral » est d'essayer de
contrôler le flot des expériences pour son propre plaisir produit des expériences
de mauvaise qualité. Une qualité supérieure résulte d'un type d'activité causale
sans calcul ou dessein – plus « ludique », comme le formule Brouwer – dont le
but est d'élargir l'expérience « sans être animé par le désir, la crainte, la voca-
tion, l'inspiration ou la compulsion ». On trouve une « beauté de la construction » dans une telle activité causale ludique et elle donne accès à « un degré
supérieur de liberté dans le déploiement » et à « un pouvoir, un équilibre et une
harmonie » plus grands que ne le peut la manipulation causale astucieuse.
Toutefois, le déploiement causal ludique de l'expérience demeure inférieur au
déploiement parfaitement libre de l'expérience, au sein duquel on rencontre « la
pleine beauté de la construction ».

d'un « donné » fondamental de l'épistémologie des mathématiques – à savoir l'observation d'une apparente différence importante entre la condition épistémique du mathématicien véritable et celle du « logicien » entendu au sens de Poincaré (c'est-à-dire celui qui parvient à ses conclusions par le moyen de séquences de manipulations logiques). Cette observation ne vise pas à questionner la faisabilité ou la plausibilité en tant qu'elle constituerait le véritable *avantage* d'une logique intuitionniste. Elle suggère en effet que, si l'on suivait le conseil du logicien intuitionniste, la plausibilité de l'épistémologie intuitionniste serait menacée, puisqu'elle ne permettrait plus alors de rendre compte de la différence qu'il y a entre la qualité épistémique du raisonnement fondé sur une authentique connaissance mathématique et celle de l'inférence qui ne l'est pas.

À notre avis, l'observation de Poincaré a été injustement négligée | et devrait être considérée comme un *desideratum* de **533** l'épistémologie des mathématiques. De même, il nous apparaît que l'épistémologie brouwerienne des mathématiques, à condition qu'on la recentre sur l'autonomie du raisonnement mathématique (à partir duquel on peut apporter une réponse à ce qui préoccupait Poincaré) et qu'on abandonne son insistance sur le caractère privé, a été largement sous-estimée. Nous espérons avoir posé quelques jalons qui contribueront à réparer ces négligences et avoir mis en évidence certains aspects intéressants et stimulants des conceptions de Brouwer et de Poincaré qui, dans une large mesure, ont échappé à l'attention des philosophes des mathématiques contemporains.

Références

BRIDGES, D., RICHMAN, F. (1987) *Varieties of Constructive Mathematics*, London Mathematical Society Lecture Note Series, Cambridge University Press.

BROUWER, L. E. J. (1908) « The Unreliability of the Logical Principles », in Heyting (1975), p. 107-111.

– (1923) « On the Significance of the Principle of Excluded Middle in Mathematics, especially in Function Theory », in van Heijenoort (1967), p. 334-345.

– (1933) « Volition, Knowledge, Language », in Heyting (1975), p. 443-446.

– (1948) « Consciousness, Philosophy, and Mathematics », in Heyting (1975), p. 480-494.

– (1949a) « The Non-equivalence of the Constructive and the Negative Order Relation on the Continuum », in Heyting (1975), p. 495-497.

– (1949b) « Contradictory of Elementary Geometry », in Heyting (1975), p. 497-498.

– (1951) *Brouwer's Cambridge Lectures on Intuitionism*, ed. D. van Dalen, Cambridge University Press.

– (1952) « Historical Background, Principles, and Methods of Intuitionism », in *Heyting* (1975), p. 508-515.

– (1954) « Points and Spaces », in Heyting (1975), p. 522-548.

– (1955) « The Effect of Intuitionism on Classical Algebra of Logic », in *Heyting* (1975), p. 551-554.

DALEN, D. v. (1979) « Interpreting Intuitionist Logic », *Proceedings, Bicentennial Congress, Wiskundig Genootschap*, vol. I, *Mathematical Center Tracts, Mathematisch Centrum*, Amsterdam.

DUMMETT, M. (1973) « The Philosophical Basis of Intuitionist Logic », in *Truth and Other Enigmas*, Harvard University Press.

– (1977) *Elements of Intuitionism*, Oxford University Press.

GÖDEL, K. (1932) «Zum Intuitionistischen Aussagenkalkül», *Akademie der Wissenschaft in Wien, Mathematisch-Natur-wissenschaftliche Klasse*, p. 65-66.

HEIJENOORT, J. van (1967) *From Frege to Gödel*, Harvard University Press.

HEYTING, A. (1934) *Mathematische Grundlagenforschung. Intuitio-nismus. Beweistheorie*. Les références des pages renvoient à la réédition de 1974 par Springer-Verlag.

– (1956) *Intuitionism: An Introduction*, North-Holland Publishing Co. Les références des pages renvoient à la troisième édition revisée de cet ouvrage publié en 1971.

– (1958) «Intuitionism in Mathematics», *in* R. Klibansky (ed.), *Philosophy in the Mid-Century*, Firenze.

– (1975) *L. E. J. Brouwer: Collected Works*, vol. I, ed. A Heyting, North-Holland Publishing Co.

KREISEL, G. (1962) «Foundations of Intuitionist Logic», in *Logic, Methodology and Philosophy of Science*, ed. E. Nagel, P. Suppes, and A. Tarski, North-Holland Publishing Co.

LORENZEN, P. (1984) Elementargeometrie. Das Fundament der analytischen Geometrie, Mannheim.

– (1985) «Das Technische Fundament der Geometrie», *Philosophia naturalis* XXII, p. 22-30.

MARTIN-LÖF, P. (1983) «On the Meaning of the Logical Constants and the Justification of the Logical Laws», *Atti Degli Incontri di Logica Matematica*, ii, University of Siena, Italy, p. 203-281.

– (1984) *Intuitionistic Type Theory*, Bibliopolis, Naples.

– (1987) «Truth of a Proposition, Evidence of a Judgement, Validity of a Proof», *Synthèse*, lxxiii, p. 203-281.

MCCARTY, C. D. (1983) «Introduction», *Journal of Philosophical Logic* (Special Issue on Intuitionism), XII, p. 105-149.

POINCARÉ, H. (1905) *The Value of Science, in The Foundations of Science*, édition et traduction par G. Halsted, The Science Press, 1946.

SUNDHOLM, G. (1983) « Constructions, Proofs, and the Meanings of the Logical Constants », *Journal of Philosophical Logic*, XII, p. 151-172.

TARSKI, A. (1935) « On the Concept of Logical Consequence », in his *Logic, Semantics, Metamathematics*, trad. J. H. Woodger, Oxford University Press, 1956.

TIESZEN R. (1992) « What Is a Proof? », in *Philosophical Essays on Proof*, M. Detlefsen ed., Routledge, London.

TROELSTRA, A. S. (1969) *Principles of Intuitionism*, Lecture Notes in Mathematics, no. 95, Springer-Verlag, Berlin.

Traduction Igor Ly

BIBLIOGRAPHIE

AIGNER M., ZIEGLER G., *Raisonnements divins: quelques démonstrations mathématiques particulièrement élégantes*, Paris, Springer, 2002 ; 2ᵉ éd. 2006.

ARKOUDAS K., BRINGSJORD S., «Computers, Justification, and Mathematical Knowledge», *Minds and Machines* 17(2), 2007, p. 185–202.

ARMSTRONG D., *Universals and Scientific Realism*, Cambridge, Cambridge University Press, 1978.

ARNAULD A., NICOLE P., *La logique ou l'art de penser*, Paris, Vrin, 1993.

ASPRAY W., KITCHER P. (eds), *History and Philosophy of Modern Mathematics*, Minneapolis, University of Minnesota, 1988.

ATTEN M. van, *On Brouwer*, London, Wadsworth, 2004.

– *Brouwer meets Husserl, On the Phenomenology of Choice Sequences*, Berlin, Springer, 2007.

— et DALEN D. van, «Arguments for the Continuity Principle», *The Bulletin of Symbolic Logic* 8 (3), 2002, p. 329-347.

AVIGAD J., «Computers in mathematical Inquiry», *in* Mancosu (2008), p. 302-316.

AVIGAD J., FEFERMAN S., «Gödel functional ("Dialectica") interpretation», *in* S. Buss, *Handbook of Proof Theory*, Amsterdam, Elsevier, 1995.

AWODEY S., «Structure in Mathematics and Logic: A categorical Perspective», *Philosophia Mathematica*, 4 (3), 1996, p. 209-237.

— et RECK E. H., « Completeness and Categoricity. Part I : Nineteenth
    Century Axiomatics to Twentieth Century Metalogic », *History
    and Philosophy of Logic* 23 (1), 2002a, p. 1-30.

— et RECK E. H.,« Completeness and Categoricity. Part II : Twentieth
    Century Metalogic to Twenty-First Century Semantics », *History
    and Philosophy of Logic* 23 (2), 2002b, p. 77-94.

BALAGUER M., *Platonism and Anti-Platonism in Mathematics*,
    Oxford, Oxford University Press, 1998.

BENACERRAF P., PUTNAM H. (eds.), *Philosophy of Mathematics :
    Selected Readings*, 1re éd., Englewood Cliffs, Prentice Hall,
    1964 ; 2e éd., Cambridge, Cambridge University Press, 1983.

BENACERRAF P., « What Numbers Could Not Be », *The Philosophical
    Review*, vol. 74, n° 1, 1965, p. 47-73.

– « Mathematical truth », *The Journal of Philosophy*, vol. 70, n° 19,
    Seventieth Annual Meeting of the American Philosophical
    Association, Eastern Division, 1973, p. 661-679.

BERNAYS P., 1935, « On Platonism in Mathematics », *in* Benacerraf,
    Putnam (1964, p. 258-271) ; trad. fr. dans Bernays (2003),
    p. 83-98.

– *Philosophie des mathématiques*, Paris, Vrin, 2003.

BOLZANO B., *Les paradoxes de l'infini*, Paris, Seuil, 1993.

– *De la méthode mathématique*, Paris, Vrin, 2008.

BOOLOS G., « On Second-Order Logic », *The Journal of Philosophy*,
    LXXII, n° 16, 1975, p. 509-527.

– « The Consistency of Frege's *Foundations of Arithmetic* », dans
    J. J. Thompson, *On Being and Saying. Essays in honor of Richard
    Cartwright*, Cambridge, MIT Press, 1987, p. 3-20.

– « Is Hume's principle analytic ? », dans Heck (1997a), p. 245-262.

– *Logic, Logic, and Logic*, Cambridge, Harvard University Press,
    1998.

— et HECK R. G., «*Die Grundlagen de Arithmetik* § 82-3 », *in*
    Schirn M. (ed.), *Philosophy of Mathematics Today*, Clarendon
    Press, 2003, p. 407-428.

— et JEFFREY R., *Computability and logic*, 1re éd. Cambridge,
    Cambridge University Press, 1974 ; 3e éd. élargie, 1989.

BOURBAKI N., « L'architecture des mathématiques », dans F. le Lionnais, *Les grands courants de la pensée mathématique*, Paris, Hermann, 1948 (rééd. 1997), p. 35-47 ; trad. angl., *American Mathematical Monthly*, 1950, 57, p. 221-231.

– *Éléments d'histoire des mathématiques*, Paris, Hermann, 1960.

BROUWER L. E. J., *Brouwer's Cambridge Lectures on Intuitionism*, ed. D. van Dalen, Cambridge University Press, 1951.

BRUNSCHVICG L., *Les étapes de la philosophie des mathématiques*, Paris, Félix Alcan, 1912 ; réédition, Paris, A. Blanchard, 1981.

BURGE T., « Computer Proof, A Priori Knowledge, and Other Minds », *Philosophical Perspectives*, 12, 1998, p. 1-37.

BURGESS J., ROSEN G., *A Subject with No Object : Strategies for Nominalistic Interpretation of Mathematics*, Oxford, Clarendon Press, 1997.

BUZAGLO M., *The Logic of Concept Expansion*, Cambridge, Cambridge University Press, 2001.

CANTOR G., *Abhandlungen mathematischen und philosophischen Inhalts*, ed. E. Zermelo, Berlin, Springer, 1932.

CARNAP R., *La construction logique du monde*, Paris, Vrin, 2001.

– *The Logical Syntax of Language*, New York, Routledge, 1951.

– « Empiricism, Semantics and Ontology » (1950), *in* Benacerraf, Putnam (1964, p. 241–257).

CAVAILLÈS J., *Œuvres complètes*, Paris, Hermann, 1994.

– *Sur la logique et la théorie de la science*, Paris, Vrin, 1987.

CAVEING M., *Le problème des objets dans la pensée mathématique*, Paris, Vrin, 2004.

CHIHARA C., *Ontology and the Vicious Circle Principle*, Ithaca, Cornell University Press, 1973.

– *Constructibility and Mathematical Existence*, Oxford, Oxford University Press, 1990.

CHURCH A., *Introduction to Mathematical Logic*, Princeton, Princeton U.P., 1956.

COHEN P., « Comments on the Foundations of Set Theory », *in* D. Scott (ed.) *Axiomatic Set Theory* (Proceedings of Symposia in

Pure Mathematics, vol. XIII, Part. 1), American Mathematical Society, 1971, p. 9–15.

CORCORAN J., « A semantic definition of definition », *The Journal of Symbolic Logic* vol. 36, 1971, p. 366-367.

– « Categoricity », *History and Philosophy of Logic* 1, 1980, p. 187-207.

– « From Categoricity to Completness », *History and Philosophy of Logic* 2, 1981, p. 113-119.

CORFIELD D., *Towards a philosophy of real mathematics*, Cambridge University Press, 2003.

CORRY L., « Linearity and Reflexivity in the Growth of Mathematical Knowledge », *Science in Context*, 3 : 2, 1989, p. 409-440.

COLYVAN M., *The Indispensability of Mathematics*, Oxford, Oxford University Press, 2001.

CURRY H., *Outlines of a Formalist Philosophy of Mathematics*, Amsterdam, North-Holland, 1958.

D'AMBROSIO U., SELIN H., *Mathematics Across Cultures : The History of Non-western Mathematics*, Dordrecht , Kluwer, 2000.

DAHAN-DALMEDICO A., PEIFFER J., *Une histoire des mathématiques : routes et dédales*, Paris, Seuil, 1986.

DEDEKIND R., *Stetigkeit und irrationale Zahlen*, Vieweg, Braunschweig (1872) ; trad. et présentation française dans *La création des nombres*, Paris, Vrin, 2008.

– *Was sind und was sollen die Zahlen ?* Vieweg, Braunchweig (1888) ; traduction et présentation française dans *La création des nombres*, Paris, Vrin, 2008.

DEHAENE S., *La Bosse des Maths*, Paris, Odile Jacob, 1996.

DEMOPOULOS W., *Frege's Philosophy of Mathematics*, Cambridge, Harvard University Press, 1995.

DESANTI J.-T., *La philosophie silencieuse*, Paris, Seuil, 1975.

DETLEFSEN M., « On Interpreting Gödel's Second Theorem », *Journal of Philosophical Logic*, 8 (1), 1979, p. 297-313.

– *Hilbert's Program. An Essay on Mathematical Instrumentalism*, Dordrecht, Reidel, 1986.

– « On an Alleged Refutation of Hilbert's Program using Gödel's First Incompleteness Theorem », *Journal of Philosophical Logic*, 19, 1990, p. 343-377.

– « Brouwerian Intuitionism », *Mind*, 99 (396), 1990, p. 502-534.

— et LUKER M., « The Four-Color Theorem and Mathematical Proof », *The Journal of Philosophy*, vol. 77, n° 12, 1980, p. 803-820.

DIEUDONNÉ J., *Panorama des mathématiques pures : le choix bourbachique*, Paris, Gauthiers-Villars, 1977.

DUMMETT M., « The philosophical basis of intuitionistic logic », *in* J. Shepherson, H. E. Rose (eds.), *Logic Colloquium '73*, Amsterdam, North-Holland, 1975, p. 5-40. Repris dans Benacerraf, Putnam (1983), p. 97-129.

– *Elements of Intuitionnism*, Oxford University Press, 1977.

– *Frege : Philosophy of Mathematics*, Cambridge, Harvard University Press, 1991.

ENDERTON H. B., *A Mathematical Introduction to Logic*, New York – San Francisco – London, Academic Press, 1972.

FEFERMAN S., « Hilbert's program relativized : Proof-theoretical and foundational reductions », *The Journal of Symbolic Logic*, 53, 1988, p. 364-434.

– « What rests on what ? The proof-theoretical analysis of mathematics » (1993), réimprimé dans Feferman (1998), p. 187-208.

– *In the Light of Logic*, New York, Oxford University Press, 1998.

FERREIROS J., GRAY J. (eds), *The Architecture of Modern Mathematics*, Oxford, Oxford University Press, 2006.

FIELD H., *Science without Numbers : a defense of nominalism*, Oxford, Blackwell, 1980.

– *Realism, Mathematics & Modality*, Oxford, Blackwell, 1989.

FINE K., *Reasoning with Arbitrary Objects*, Cambridge, Blackwell, 1982.

– *The Limits of Abstraction*, Oxford, Oxford University Press, 2002.

FREGE G., *Begriffsschrift : Eine der aritmetischen nachgebildeten Formelsprache des reinen Denkens*, Halle, Louis Nebert,

1879; trad. angl. dans van Heijenoort (1967), p. 5-82; trad. fr., C. Besson, *L'idéographie*, Paris, Vrin, 1999.

– *Die Grundlagen der Arithmetik: Eine logischmathematische Untersuchung über den Begriff der Zahl*, Breslau, Wilhelm Koebner, 1884; trad. fr., *Les fondements de l'arithmétique*, Paris, Seuil, 1969.

– *Die Grundgesetze der Arithmetik, begriffsschriftlich abgeleitet*, 2 vol., Jena, Pohle, 1893/1903; réimp. 1962, Hildesheim, Olms; trad. angl. partielle dans Frege (1964).

– *The Basic Laws of Arithmetic*, Berkeley, University of California Press, 1964.

– *Écrits logiques et philosophiques*, Paris, Seuil, 1971.

– *Philosophical and Mathematical Correspondence*, Oxford, Blackwell, 1980.

– *Écrits Posthumes*, Paris, Chambon, traduits de l'allemand sous la direction de Ph. de Rouilhan, C. Tiercelin, 1994.

GARDIES J.-L., *Du mode d'existence des objets de la mathématique*, Paris, Vrin, 2004.

GAUSS C., *Disquisitiones Arithmeticae* (1801); trad. fr., Poulet-Delisle, Courcier imp., Paris, 1807 (réédition J. Gabay 1989)

GENTZEN G., Die Widerspruchsfreiheit der Zahlentheorie, *Mathematische Annalen* 112, 1936, p. 493–565; trad. fr. dans Largeault (1992), p. 285-357.

GILLIES D., *Philosophical Theories of Probability*, London, Routledge, 2000.

GÖDEL K., « Über formal unentscheidbare Sätze der *Principia Mathematica* und verwandter Systeme I », *Monatshefte für Mathematik und Physik* 38, 1931, p. 173-199; trad. angl. dans van Heijenoort (1967).

– « What is Cantor's Continuum Problem? » (1947), *in* Benacerraf, Putnam (1964), p. 470-485.

– « Über eine bisher noch nicht benützte Erweiterung des finiten Standpunktes », *Dialectica*, 12, 1958, p. 280-287; rééd. avec une traduction anglaise dans Gödel (1990), 240-251; trad. fr. dans Largeault (1992), p. 501-507.

– *Collected Works*, vol. 1 : *Publications 1929-1936*. S. Feferman *et al.* (eds), Oxford, Oxford University Press, 1986.

– *Collected Works*, vol. 2 : *Publications 1938-1974*. S. Feferman *et al.* (eds), Oxford, Oxford University Press, 1990.

GOLDFARB W., « Logic in the Twenties : The Nature of the Quantifier », *The Journal of Symbolic Logic* 44 (3), 1979, p. 351-368.

GRANGER G.-G., *Pour la connaissance philosophique*, Paris, Odile Jacob, 1988.

HACKING I., « What is Logic ? », *The Journal of Philosophy*, LXXVI, 1979, N°6.

HACKING I., *The Taming of Chance*, Cambridge University Press, 1990.

HALE B., WRIGHT C., *The Reason's Proper Study : Essays Towards a Neo-Fregean Philosophy of Mathematics*, Oxford, Oxford University Press, 2001.

HALLETT M., *Cantorian Set Theory and Limitation of Size*, Oxford, Clarendon Press, 1984.

– « Physicalism, reductionism and Hilbert », *in* Andrew D. Irvine (ed.) *Physicalism in Mathematics*, Dordrecht, Reidel, 1990, p. 183-257.

– « Hilbert's axiomatic method and the laws of thought », *in* Alexander George (ed.), *Mathematics and Mind*, Oxford, Oxford University Press, 1994, p. 158-200.

– « Hilbert and Logic », M. Marion, R. Cohen (eds.), *Québec Studies in the Philosophy of Science, Part 1 : Logic, Mathematics, Physics and the History of Science*, (Boston Studies in the Philosophy of Science, vol. 177), Dordrecht , Kluwer Publishing Co., 1995, p. 135-87.

HECK R. G., « The Development of Arithmetic in Frege's *Grundgesetze der Arithmetik* », *Journal of Symbolic Logic*, 58, 1993, p. 579-601.

– « Definition by Induction in Frege's *Grundgesetze der Arithmetik* », dans Demopoulos (1995).

– *Langage, Thought, and Logic: Essays in Honour of Michael Dummett*, Oxford, Oxford University Press, 1997a.

– « The Julius Caesar Objection », dans Heck (1997a), p. 273-308.

– « Introduction au Théorème de Frege », *in* M. Marion, A. Voizard, *Frege: Logique et Philosophie*, Paris, L'Harmattan, 1998.

HEIJENOORT J. van, *From Frege to Gödel: A Source Book in Mathematical Logic (1879–1931)*, Cambridge (MA), Harvard University Press, 1967.

HELLMAN G., *Mathematics without Numbers*, Oxford, Clarendon Press, 1989.

HERBRAND J., *Recherches sur la théorie de la démonstration*, thèse de Doctorat, Université de Paris, Travaux de la Société des Sciences et des Lettres de Varsovie, Classe III, sciences mathématiques et physiques, 33 ; rééd. dans J. Herbrand, *Écrits Logiques*, J. van Heijenoort (éd.), Paris, P.U.F., 1930, p. 25-135.

HEYTING A., « Die Formale Regeln der intuitionistischen Logik », *Sitzungsberichte der Preussische Akademie von Wissenschaften, Physikalischmathematische Klasse*, 1930, p. 42-56.

– *Mathematische Grundlagenforschung. Intuitionismus. Beweistheorie*, Berlin, Springer, 1934 ; trad. fr., *Les fondements des mathématiques. Intuitionnisme et théorie de la démonstration*, Paris, Gauthier-Villars, 1955.

– *Intuitionism. An Introduction*, Amsterdam, North-Holland, 1956.

– « Intuitionistic Views on the Nature of Mathematics », *Synthese* 27, 1974, p. 79-91.

— (ed.), *L. E. J. Brouwer: Collected Works*, vol. I, North-Holland Publishing Co., 1975.

HILBERT D., *Grundlagen der Geometrie*, Leipzig, Teubner, 1899 ; trad. fr., *Les fondements de la géométrie*, Paris, Gabay, 1997.

– « *Über* das Unendliche », *Mathematische Annalen*, 95, 1926, p. 161-190 ; trad. fr. dans Largeault (1972, p. 233-247) ; trad. angl. dans van Heijenoort (1967, p. 367-392).

— et ACKERMANN W., *Grundzüge der theoretischen Logik*, Berlin, Springer, 1928.

— et BERNAYS P., *Grundlagen der Mathematik*, vol. 1, 2ᵉ éd., Berlin, Springer-Verlag, 1968; trad. fr. dans D. Hilbert, P. Bernays (1934, 1968), *Fondements des mathématiques 1*, Paris, L'Harmattan, 2001.

— et BERNAYS P., *Grundlagen der Mathematik*, vol. 2, 2ᵉ éd., Berlin, Springer-Verlag, 1970; trad. fr. dans D. Hilbert, P. Bernays (1939, 1970), *Fondements des mathématiques 2*, L'Harmattan, Paris, 2001.

HINTIKKA J., « On the Development of the Model-Theoretic Viewpoint in Logical Theory », *Synthese*, 57, 1988, p. 1-36.

– « Standard vs Nonstandard Distinction : a Watershed in the Foundations of Mathematics », *in* Hintikka (1998), *Selected Papers* 3, *Language, Truth and Logic in Mathematics*, Dordrecht, Kluwer, 1995.

– *Les principes des mathématiques revisités*; trad. fr., M. Rebuschi, Paris, Vrin, 2007.

— et SANDU G., « The Skeleton in Frege's Cupboard : The Standard versus non standard distinction », *The Journal of Philosophy* 89 (6), 1992, p. 290-315; repris dans Hintikka (1998), *Selected Papers* 3.

IGNJATOVIC A., « Hilbert's Program and the Omega-Rule », *The Journal of Symbolic Logic*, 59 (1), 1994, p. 322-343.

HUSSERL E., *Philosophie der Arithmetik : psychologische und logische Untersuchung*, vol. I, Halle a. d. Saale, Pfeffer, 1891; trad. fr. *Philosophie de l'arithmétique : Recherches psychologiques et logiques*, Paris, Vrin, 1992.

KANT E., *Prolégomènes à toute métaphysique future qui pourra se présenter comme science* (1783), Paris, Vrin, 1986.

KITCHER P., « Hilbert's Epistemology », *Philosophy of Science* 43, 1976, p. 99-115.

– *The nature of mathematical knowledge*, Oxford, Oxford University Press, 1983.

— et SALMON W. (eds.), *Minnesota Studies in the Philosophy of Science*, vol. XIII, Minneapolis, University of Minnesota, 1989.

KREISEL G., « Hilbert's Programme », *Dialectica* 12, 1958, p. 346-372; repris sous une forme révisée dans Benacerraf, Putnam (1983), p. 207-238.

– « Ordinal logics and the characterization of informal notions of proof », *in* J. A. Todd (ed.), *Proceedings of the International Congress of Mathematicians*, Edinburgh, 14–21 August 1958, Cambridge, Cambridge University Press, 1960, p. 289–299.

– « Informal Rigour and Completeness Proofs », *in* I. Lakatos (ed.), *Problems in the Philosophy of Mathematics*, Amsterdam, North-Holland, 1967.

– « Lawless sequences of natural numbers », *Compositio Mathematica* 20, 1968, p. 222-248.

– « What have we Learned from Hilbert's Second Problem? », *in* F. E. Browder (ed.), *Mathematical Developments Arising from Hilbert's Problems*, Proceedings of the Symposia in Ure Mathematics 28, AMS, Providence, 1976.

KRIPKE S., *Wittgenstein on Rules and Private Language*, Cambridge, Harvard, 1982.

KRÖMER R., *Tool and object : a history and philosophy of category theory*, Birkhauser, 2007.

KUHN T., *The Essential Tension*, Chicago, University of Chicago Press, 1977.

LAKATOS I., *Proofs and Refutations : The Logic of Mathematical Discovery*, ed. by J. Worrall, E. Zahar, Cambridge, Cambridge University Press, 1976.

– *Mathematics, Science and Epistemology : Philosophical Papers*, vol. 2, ed. by J. Worrall, G. Currie, Cambridge, Cambridge University Press, 1978.

LAKOFF G., NÚÑEZ R. E., *Where Mathematics Comes From. How the Embodied Mind Brings Mathematics into Being*, New York, Basic Books, 2000.

LARGEAULT J., *Logique mathématique – textes*, Paris, Armand Colin, 1972.

– *Intuitionisme et théorie de la démonstration*, Paris, Vrin, 1992.

– *Intuition et intuitionnisme*, Paris, Vrin, 1993.

LINDSTRÖM S., PALMGREN E., SEGERBERG K., STOLTENBERG-HANSEN V., *Logicism, Intuitionism, and Formalism : What Has Become of Them ?*, Heidelberg, Springer, 2008.

MADDY P., « Perception and Mathematical Intuition », *The Philosophical Review*, 89, 1980, p. 163-196.

– *Realism in Mathematics*, Oxford, Clarendon Press, 1990.

– « Indispensability and practice », *Journal of Philosophy* 59, 1992, p. 275-289.

– *Naturalism in Mathematics*, Oxford, Clarendon Press, 1997.

– *Second Philosophy : A Naturalistic Method*, Oxford, Clarendon Press, 2007.

MANCOSU P., K. JØRGENSEN, S. PEDERSEN (eds.), *Visualization, Explanation and Reasoning Styles in Mathematics*, Berlin, Springer, 2005.

– *Philosophy of Mathematics and Mathematical Practice in the Seventeenth Century*, Oxford, Oxford University Press, 1996.

— (ed.), *The Philosophy of Mathematical Practice*, Oxford, Oxford University Press, 2008.

MANDERS K., « Logic and Conceptual Relationships in Mathematics », in *Logic Colloquium '85*, Holland, Elsevier, 1987.

– « Domain Extensions and the Philosophy of Mathematics », *Journal of Philosophy*, 86, 1989, p. 553-562.

MARTIN-LÖF P., « On the Meanings of the Logical Constants and the Justification of the Logical Laws », *Atti Degli Incontri di Logica Matematica*, II, Sienne, Université de Sienne, 1983, p. 203-81.

– *Intuitionistic Type Theory*, Naples, Bibliopolis, 1984.

– « Truth of a Proposition, Evidence of a Judgement, Validity of a Proof », *Synthese*, LXXIII, 1987, p. 407-420.

MOORE G. H., « The Emergence of First-Order Logic », in *History and Philosophy of Modern Mathematics*, Minnesota Studies in the Philosophy of Science, W. Aspray, P. Kitcher, (eds.), Minneapolis, University of Minnesota Press, 1988, p. 95-135.

MYHILL J., « On the Ontological Significance of the Löwenheim-Skolem Theorem », *Academic Freedom, Logic and Religion* (M. White, ed.), American Philosophical Society, Philadelphia,

Pennsylvania, 1951, p. 57-70; repris dans *Contemporary Readings in Logical Theory*, I. Copi, J. Gould, New York, Mac Millan, (1967), p. 40-54.

– « Notes towards an Axiomatization of Intuitionistic Analysis », *Logique et Analyse* 35, 1966, p. 280-297.

– « Formal Systems of Intuitionistic Analysis, I », in *Logic Methodology and Philosophy of Science* III, van Rootselaar, Stall, (eds.), Amsterdam, North Holland Publishing Company, 1968, p. 161-178.

OUMRAOU L., *Pourquoi les mathématiques sont-elles difficiles ?*, Paris, Vuibert, 2009.

PANZA M., SERENI A., *Introduction à la philosophie des mathématiques. Le problème de Platon*, Paris, Flammarion, 2013.

PARSONS C., « Frege's Theory of Numbers », dans Black (ed.), *Philosophy in America*, Ithaca, Cornell UP, 1965, p. 180-203.

– Présentation de Brouwer (1927), « On the domains of definition of functions » *in* J. van Heijenoort (1967).

– « Mathematical Intuition », *Proceedings of the Aristotelian Society*, 80, 1980, p. 145–168.

– *Mathematics in Philosophy: Selected Essays*, Ithaca, Cornell University Press, 1983.

– « Finitism and intuitive knowledge », *in* Schirn (1998), 1998, p. 249-270.

– *Mathematical Thought and its Objects*, New York, Cambridge University Press, 2008.

PEACOCKE C., « What is a Logical Constant ? », *The Journal of Philosophy*, vol. 73 (9), 1976.

PEANO G., « Arithmetices principia, nova methodo exposita », Torino, Bocca, 1889; trad. angl. dans H. C. Kennedy (ed.), *Selected Works of Giuseppe Peano*, Toronto, University of Toronto Press, 1973, p. 101-134.

PEIRCE C. S., *Écrits sur le signe*, Paris, Seuil, 1978.

POINCARÉ H., *La Science et l'Hypothèse* (1902), Paris, Flammarion, (1968).

– *La valeur de la science* (1905), Flammarion, Paris (1970).

POSY, Carl J., «Brouwer's constuctivism», *Synthese* 27, 1974, p. 125-159.

– «Varieties of Indeterminacy in the Theory of General Choice Sequences», *Journal of Philosophical Logic* 5, 1976, p. 91-132.

– «The Theory of Empirical Sequences», *Journal of Philosophical Logic* 6, 1977, p. 47-81.

– «Intuitionism and philosophy», *in* S. Shapiro (ed.), *The Oxford Handbook of Philosophy of Mathematics and Logic*, Oxford, Oxford University Press, 2005, p. 318-386.

POTTER M., *Sets : An Introduction*, Oxford, Oxford University Press, 1990.

– *Set Theory and its Philosophy*, Oxford, Oxford University Press, 2004.

PRAWITZ D., «Philosophical Aspects of Proof Theory», *in* G. Flöistad (ed.), *Contemporary Philosophy, a New Survey*, vol. I, La Haye, Martinus Nijhoff, 1981, p. 235-277.

PUTNAM H., *Philosophy of Logic*, London, George Allen & Unwin, 1972.

– *Mathematics, Matter and Method. Philosophical Papers*, vol. 1. Cambridge, Mass., Cambridge University Press, 1975.

– «What is Mathematical Truth ?», *in* Putnam (1975), p. 60-78.

QUINE W.V.O., *Word and Object*, London, MIT Press (1960); trad. fr., *Le Mot et la Chose*, Paris, Flammarion, 1977.

– «Epistemology Naturalized», *in* W.V.O. Quine, *Ontological Relativity and Other Essays*, New York, Columbia University Press, 1969, p. 69-90.

– *Philosophy of Logic*, 2ᵉ éd., Cambridge, Harvard University Press, 1970 ; trad. fr., *Philosophie de la Logique*, Paris, Aubier, 1975.

– *From a Logical Point of View*, Cambridge, Harvard University Press, 1980 ; trad. fr., *Du point de vue logique. Neuf essais logico-philosophiques* ; Paris, Vrin, 2003.

RAATIKAINEN P., «Hilbert's Program Revisited», *Synthese* 137, 2003, p. 157-177.

RASHED R., «Probabilité conditionnelle et causalité : un problème d'application des mathématiques », dans J. Proust, E. Schwartz (éd.), *La connaissance philosophique. Essais sur l'œuvre de Gilles Gaston Granger*, Paris, P.U.F., 1994, p. 271-293.

RAYO A., UZQUIANO G., *Absolute Generality*, Oxford, Oxford University Press, 2006.

RESNIK M., *Mathematics as a Science of Patterns*, Oxford, Clarendon Press, 1997.

RIVENC F., DE ROUILHAN Ph., *Logique et fondements des mathématiques*, Paris, Payot, 1992.

RUSSELL B., *Letter to Frege* (1902), dans van Heijenoort (1967), p. 124-125.

– *Introduction to Mathematical Philosophy*, London, George Allen and Unwin, 1919; trad. fr., *Introduction à la philosophie mathématique*, Paris, Payot, 1991.

SABATIER X., *Les formes du réalisme mathématiques*, Paris, Vrin, 2009.

SALANSKIS J.-M., SINACEUR H. (éd.), *Le labyrinthe du continu*, Paris, Springer, 1992.

SCHIRN M., *The Philosophy of Mathematics Today*, Oxford, Oxford University Press, 1998.

SHAPIRO S., « Second-order languages and mathematical practice », *The Journal of Symbolic Logic* 50, 1985, p. 714-742.

– « Second-Order Logic, Foundations, and Rules », *The Journal of Philosophy*, 87/5, 1990, p. 234-261

– *Foundations without Foundationalism: A Case for Second-order Logic*, Oxford, Clarendon Press, 1991.

– *Philosophy of Mathematics: Structure and Ontology*, Oxford, Oxford University Press, 1997.

– « Do Not Claim Too Much: Second-order Logic and First-order Logic », *Philosophia Mathematica* (3) 7, 1999, p. 42-64.

– *The Oxford Handbook of Philosophy of Mathematics and Logic*, Oxford, Oxford University Press, 2004.

SIEG W., « Foundations for Analysis and Proof Theory », *Synthese* 60 (2), 1984, p. 159-200.

– « Fragments of arithmetic », *Annals of Pure and Applied Logic* 28, 1985, p. 33-71.

– «Hilbert's Program Sixty Years Later», *Journal of Symbolic Logic* 53 (2), 1988, p. 338-348.

– «Relative Consistency and Accessible Domains», *Synthese* 84, 1990, p. 259-297.

– «Hilbert's Programs : 1917-1922», *The Bulletin of Symbolic Logic*, 5 (1), 1999, p. 1-44.

– «Beyond Hilbert's Reach ?», in *Reading Natural Philosophy. Essays in the History and Philosophy of Science and Mathematics*, D. Malament (ed.), Open Court Press, 2002, p. 363-405.

– «Hilbert's Proof Theory» in *Handbook of the History of Logic*, vol. 5, D. Gabbay, J. Woods, (eds.), Amsterdam, Elsevier, 2009, p. 321-384.

— et SCHLIMM D., «Dedekind's analysis of number : systems and axioms», *Synthese* 147 (1), 2005, p. 121-170.

SIMPSON S. G., «Which set existence axioms are needed to prove the Cauchy/Peano theorem for ordinary differential equations ?», *Journal of Symbolic Logic* 49, 1984, p. 783-802.

– «Partial Realizations of Hilbert's Program», *The Journal of Symbolic Logic* 53, 1988, p. 349-363.

– *Subsystems of Second Order Arithmetic*, 1ʳᵉ éd., Berlin, Springer, 1999 ; 2ᵉ éd., ASL, Cambridge University Press, 2009.

SINACEUR H., *Corps et Modèles*, Paris, Vrin, 1991.

SKOLEM T., «Logisch-kombinatorische Untersuchungen über die Erfüllbarkeit oder Beweisbarkeit mathematischer Sätze nebst einem Theorem über dichte Mengen» (1920), Videnskapsselskapets skrifter. I. Matematisk-naturvidenskabelig klasse, n°4 ; trad. angl. *in* J. van Heijenoort (ed.) (1967), p. 252-263.

– «Einige Bemerkungen zur axiomatischen Begrindung der Mengenlehre» (1922), *Wissenschaftliche Vortrage gehalten aufdem Funflen Kongress der Skandinavischen Mathematiker in Helsingfors vom 4. bis 7. Juli 1922*, Helsinki, Akademiska Bokhandeln, 1923, p. 217-232 ; trad. angl. *in* J. van Heijenoort (ed.) (1967), p. 290-301.

– «Begründungen der elementaren Arithmetik durch die rekurierrende Denkweise ohne Anwendung scheinbarer

Veränderlichen mit unendlichem Ausdehnungsbereich » (1923), *Skrifter utgit av Videnskapsselskapet i Kristiana, I, Mathematisk-naturvidenskabelig klasse*, 6, 1-38; trad. angl. *in* J. van Heijenoort (ed.) (1967), p. 302-333.

SMORYNSKI C., « The incompleteness Theorems », *in* J. Barwise (ed.), *Handbook of Mathematical Logic*, North-Holland, Amsterdam, Elsevier, 1977, p. 821-866.

– *Logical Number Theory I. An Introduction*, Berlin-Heidelberg-New York, Springer, 1991.

STEIN H., « *Logos, logic*, and *logisitikè* : Some philosophical remarks on nineteenth-century transformation of mathematics », *in* W. Aspray, Ph. Kitcher (ed.), *History and Philosophy of Modern Mathematics*, volume 11 of Minesota Studies in the Philosophy of Science, University of Minnesota Press, 1988, p. 238-259.

STEINER M., « The Application of Mathematics to Natural Science », *Journal of Philosophy* 86 (9), 1989, p. 449-480.

– *The Applicability of Mathematics as a Philosophical Problem*, Cambridge, Harvard University Press, 1998.

SUNDHOLM G., « Constructions, Proofs, and the Meanings of the Logical Constants », *Journal of Philosophical Logic*, XII, 1983, p. 151-172.

TAIT W., « Finitism », *Journal of Philosophy* 78, 1981, p. 524-526.

– « Remarks on Finitism », *in* W. Sieg, R. Sommer, C. Talcott (eds.), *Reflections on the Foundations of Mathematics. Essays in Honor of Solomon Feferman*, Lecture Notes in Logic 15. ASL and A. K. Peters, 2002 ; repris dans Tait (2005), p. 43-53.

– *The Provenance of Pure Reason : Essays in the Philosophy of Mathematics and its History*, Oxford, Oxford University Press, 2005.

TAPPENDEN J., « Geometry and Generality in Frege's Philosophy of Arithmetic », *Synthese* 102, 3, 1995, p. 319-361.

– « Extending Knowledge and "Fruitful Concepts": Fregean Themes in the Foundations of Mathematics », *Noûs* 29, 4, 1995, p. 427-467.

– « The Caesar Problem in its Historical Context : Mathematical Background », *Dialectica* 59, 2, 2005, p. 237-264.
– « Proof Style and Understanding in Mathematics I : Visualization, Unification and Axiom Choice », *in* Mancosu *et alii* (eds.), 2005, p. 147-214.
– « The Riemannian Background to Frege's Philosophy », *in* Ferreiros and Gray, 2006, p. 97-132.
– « Mathematical Concepts and Definitions », *in* Mancosu, 2008, p. 359-384.
– « Mathematical Concepts : Fruitfulness and Naturalness », *in* Mancosu, 2008, p. 276-301.

TARSKI A., *Logic, Semantics, Metamathematics*, traduit par J. H. Woodger, Oxford, Oxford University Press, 1956.

THARP L., « Which logic is the right logic ? », *Synthese* 31, 1975, p. 1-31.

TIESZEN R., *Phenomenology, Logic, and the Philosophy of Mathematics*, Cambridge, Cambridge University Press, 2006.

TROELSTRA A. S., « The theory of choice sequences », *in* B. van Rootselaar, J. F. Staal (eds.), *Logic, Methodology and Philosophy of Science III*, North-Holland, Amsterdam, 1968, p. 201-223.
– « Principles of Intuitionism », Lecture Notes in *Mathematics*, n° 95, Berlin, Springer-Verlag, 1969.
– « Aspects of Constructive Mathematics », in *Handbook of Mathematical Logic*, J. Barwise (ed.), Amsterdam, North-Holland Publishing Company, 1977, p. 973-1052.
– « On the Origin and Development of Brouwer's Concept of Choice Sequence », *in* A.S. Troelstra, D. van Dalen (eds.), *The L. E. J. Brouwer Centenary Symposium*, Amsterdam, North-Holland, 1982, p. 465-486.
– « Analyzing Choice Sequences », *Journal of Philosophical Logic* 12, 1983, p. 197-260.
– « Choice Sequences and Informal Rigour », *Synthese* 62, 1985, p. 217-227.
— et DALEN D. van, *Constructivism in Mathematics : An Introduction* (volumes I and II), Amsterdam, North-Holland, 1988.

TURING A., « On Computable Numbers, with an Application to the Entscheidungsproblem » (1936), reprinted *in* M. Davis (ed.), *The Undecidable : Basic Papers on Undecidable Propositions and Uncomputable Functions*, Hewlett, Raven Press, 1965, p. 116-151.

TYMOCZKO T., « The Four-Color Problem and Its Philosophical Significance », *Journal of Philosophy*, 76(2), 1979, p. 57-83.

VUILLEMIN J., *La philosophie de l'algèbre*, Paris, P.U.F., 1962, (rééd. 1993).

WEYL H.,*Le continu et autres écrits* (1918) ; trad. fr., J. Largeault, Paris, Vrin, 2002.

WHITE M. J., *The Continuous and the Discrete : Ancient Physical Theories from a Contemporary Perspective*, Oxford, Clarendon Press, 1992.

WIGNER E., « The Unreasonable Effectiveness of Mathematics in the Natural Sciences », *Communications in Pure and Applied Mathematics*, vol. 13, n° I, 1960.

WILSON M., « Frege : The Royal Road from Geometry », *Noûs* (26) 2, 1992, p. 149-180.

– « Can We Trust Logical Form ? », *Journal of Philosophy*, 91 (10), 1994, p. 519 -544.

–« To Err is Humean », *Philosophia Mathematica* (3) 7, 1999, p. 247-257.

– « The Unreasonable Uncooperativeness of Mathematics in the Natural Sciences », *The Monist*, 83 (2), 2000.

– « Theory Façades », *Proceedings of the Aristotlean Society*, 104 (1), 2004, p. 273-288.

– « Ghost World : A context for Frege's Context Principle », *in* E. Reck, M. Beaney (eds.), *The Routledge Companion to Frege*, Routledge, 2006, p. 157-175.

– *Wandering Significance : An Essay on Conceptual Behavior*, Oxford, Clarendon Press, 2006.

WITTGENSTEIN L., *Bemerkungen über die Grundlagen der Mathematik*, Anscombe, Rhees, von Wright (eds.), London, Basil Blackwell, 1956 ; trad. angl., *Remarks on the Foundations of*

Mathematics, 1956 ; trad. fr., *Remarques sur les fondements des mathématiques*, Paris, Gallimard, 1983.

WRIGHT C., *Frege's Conception of Numbers as Objects* (Scots Philosophical Monographs, vol. 2), Aberdeen, Aberdeen University Press, 1983.

– « On the Philosophical Significance of Frege's Theorem », *in* Heck (1997b), p. 201-244.

YABLO S., « A Paradox of Existence », *in* Everett and Hofweber (eds.), 2000, *Empty Names, Fiction and the Puzzles of Non-Existence*, Stanford, CSLI Publications, 2000, p. 275-312.

– « Apriority and Existence », *in* P. Boghossian, C. Peacocke (eds.), *New Essays on the A Priori*, Oxford, Oxford University Press, 2000, p. 197-228.

– « Go Figure : A Path Through Fictionalism », *in* French, Wettstein (eds.), *Midwest Studies in Philosophy*, vol. XXV : *Figurative Language*, Oxford, Blackwell, 2001, p. 72-102.

INDEX DES NOMS

TABLE DES MATIÈRES

TROISIÈME PARTIE
FONDATIONALISMES REVISITÉS :
LOGICISME, INTUITIONISME ET FORMALISME

DANS LA MÊME COLLECTION

ACHEVÉ D'IMPRIMER
EN JANVIER 2014
PAR L'IMPRIMERIE
DE LA MANUTENTION
A MAYENNE
FRANCE
N° 2142875Y

Dépôt légal : 1er trimestre 2014